中国人民大学劳动法和社会保障法研究所主办

顾问 曾宪义 关 怀 贾俊玲

社会法评论

（第八卷）

主 编 林 嘉

中国人民大学出版社

·北京·

卷首语

　　《社会法评论》第八卷又将付梓，过去一年发生了许多令我们印象深刻的事件。党的二十大胜利召开，二十大报告明确提出，必须坚持在发展中保障和改善民生，鼓励共同奋斗创造美好生活，不断实现人民对美好生活的向往。报告描绘了民生新图景，为社会法领域法治建设提出了新要求、作出了新部署，为社会法学术研究提供了方向指引。同时，社会法治建设稳步推进，劳动法律体系和社会保障制度也在逐渐完善。在劳动法领域，我国批准了《1930 年强迫劳动公约》（第 29 号公约）和《1957 年废除强迫劳动公约》（第 105 号公约），表明了打击强迫劳动的决心。多部门联合印发《关于进一步加强劳动人事争议协商调解工作的意见》，旨在规范裁审衔接，推动劳资关系健康有序发展。在社会保障法领域，人社部发布《社会保险基金行政监督办法》，有助于规范社保基金运作，保障社保基金安全。在人口老龄化的背景下，我国也提倡建立多支柱的养老保障体系，制定了《个人养老金实施办法》，为补充养老保险的发展提供了契机。在特定群体保障方面，全国人大常委会通过新修订的《中华人民共和国妇女权益保障法》，立足我国国情，进一步完善妇女权益保障制度，促进我国妇女的全面发展和对各项人权的全面享有。此外，2023 年以来，我国经济社会全面恢复常态化运行，经济运行延续恢复向好态势，但国际环境依然复杂严峻，国内需求仍显不足，经济回升内生动力还不强。在此背景下，如何使人民适应经济社会和劳动力市场的发展变化，刺激总体需求、提振消费信心，支持经济持续恢复，或许将成为社会法下一步所面临的重要议题。

　　本卷《社会法评论》分为"新业态劳动者保护专题"、"法学论坛"、"域外法学"和"青年法苑"等 4 个栏目共计 15 篇文章。

　　"新业态劳动者保护专题"收录 3 篇文章。沈同仙教授等撰写的《新业态从业人员权利保障研究》以人社部等联合印发的《关于维护新就业形态劳动者劳动保障权益的指导意见》等政策文件为背景，结合江苏省新就业形态从业现状的实证研究，着重探讨了新业态从业人员的权利保障。班小辉副教授与汪静雯同学合作的《西班牙〈骑手法〉出台背景、规则及启示》介绍了西班牙《骑手法》的相关制度及立法评价，为我国新业态劳动者保护的研究带来了比较法的视野与素材。王飞法官和童小标法官合作的《"刺破业务外包的面纱"——以一个案例谈互联网平台业务外包中劳动关系的认定》，结合实践案例，分析了当前平台广泛使用的"众包"或者业务外包等用工模式，探讨了如何刺破业务外包的"面纱"，考察平台在配送业务中所应当承担的相应责任，防止平台通过合同安排逃逸责任。

"法学论坛"收录 5 篇文章。朱军副教授的《新冠疫情对劳动法的挑战——来自德国的经验》分析了突发的新冠疫情背景给劳动合同履行所带来的挑战，并结合德国劳动法的比较经验，从劳资平衡的视角提供了有益的启示。李俊杰讲师的《医疗救助对象识别机制的法律建构》探讨了我国医疗救助对象识别机制存在的问题，并从政策目标辨析、基本原则构建和具体方案等方面对完善医疗救助对象识别机制法律制度进行了全面的分析。于汇讲师的《远程劳动中女性工作权益的发展及法律保护》立足于远程劳动普遍适用的当下现实，关注到女性劳动者基于女性的特殊生理需求及家庭角色，在工作权益保护中呈现出与男性劳动者不同的保护需求，指出应当根据女性劳动者的权益保护需要，结合远程劳动的特点，提供适当的保护措施。赵进讲师的《职场性骚扰的界定——以德国立法改革为视角》以德国的立法改革为背景，结合欧盟和美国的性骚扰规制经验，探讨了德国立法变化及其反思对我国职场性骚扰的司法界定所带来的启示。张韵助理研究员及何欢泉讲师合作的《我国最低生活保障认定标准的法律适用与完善》探讨了最低生活保障标准的基本法理，指出了我国现行最低生活保障认定标准存在的问题，并在借鉴国外最低生活保障标准的基础上，为我国完善最低生活保障认定标准提供了建议。

"域外法学"收录 3 篇文章。吴锦宇讲师与殷树喜教授合作翻译了卡门·佩吉斯和劳拉·里帕尼所著的《第四次工业革命中的就业》，该文从经济学的视角解读了第四次工业革命对就业领域的影响，提出灵活性、独立性、合作、网络和技术革新都是未来工作的特征，但同时附带着失业、脆弱和不平等的风险。欧旭鸿同学翻译了杰里迈亚斯·亚当斯-普拉斯所著的《如果算法成为老板？——经济刺激、法律挑战和人工智能在工作中的兴起》，该文指出算法控制向传统劳动法提出了挑战，劳动法应该均衡放松管制和完全管制的倾向，平衡科技发展与劳动者保护的利益。李帛霖同学翻译了岛田阳一所著的《同工同酬原则与生活工资原则概述》，该文介绍了同工同酬原则的内涵及其产生的背景，并探讨了同工同酬原则和生活工资原则的关系，进一步丰富了工资制度的劳动法理。

"青年法苑"收录 4 篇文章。钟晓雯同学的《人工智能的职业替代风险：异化、冲击与回应》讨论了人工智能技术发展所可能产生的职业替代风险，并尝试对劳动就业市场法律制度的风险回应展开分析。李富成同学的《建筑领域违法分包背景下的用工主体责任研究》对建筑领域中用工主体责任承担问题进行了研究，并尝试对用工主体责任与劳动关系的"脱钩"及其与连带赔偿责任之间的关系展开论证。于楚涵同学的《新就业形态劳动者权益保障规范解析——基于发展法学的视角》分别在实然和应然层面对新就业形态劳动者权益保障的制度进行了解读，并将发展法学的相关理论融入到社会法问题的讨论当中，探讨新就业形态劳动者权益保障的思路反思。史常亮同学的《我国特殊工种养老金优待制度的问题及完善》基于特殊工种劳动者的特殊工作性质，以及特殊工种劳动者适用优待制度的正当性和公平性，结合比较法的经验，尝试提出构建特殊工种养老金优待制度的完善建议。

在整理第八卷《社会法评论》时，我的心中既有感慨也有惊叹。我感慨于社会法学科还有很长的一段路要走，又惊叹于社会法学科的生机勃勃。社会法既是存在诸多空白的一张纸，又是一片值得展望的学术沃土，这也注定了社会法学研究是迷茫和希望相伴、艰辛与成就共存的一条学术道路。在这条学术道路上，我感恩于各位专家学者及青年才俊的陪伴。正是因为他们不吝赐稿，才使大家能在《社会法评论》中看到各种学术观点的激流碰撞。在此，我想向各位作者、读者及编辑表达衷心的感谢，感谢你们的努力奉献，让我们在共同的学术道路上不再孤独。同时，我们也向其他的社会法学人发出诚挚邀请，愿我们能协同与共，一齐推动中国社会法学走向繁荣！

林嘉

2023 年 8 月

于明德法学楼

目　　录

［青年法苑］

新业态劳动者保护专题

新业态从业人员权利保障研究[①]

沈同仙　邱　涛　孟上飞　陈越姿　邹俊怡 *

[摘要]　随着新业态经济的迅猛发展，新形态从业人员权利保障也进入了人们关注的视野。滴滴、美团、饿了么等典型的新业态从业人员线上问卷调研数据显示，以签订劳动合同方式就业的人员占三成多，其他形式就业的占六成多。根据国家最近发布的《关于维护新就业形态劳动者劳动保障权益的指导意见》制定的分类施策方案，本文运用劳动法学的一般理论，结合社会调研以及域外"第三类劳动者"的实践经验，建议在确认用工关系上，将劳动层次相对较低、对劳动法的依赖程度和保护需求相对较高的新业态从业人员以纳入劳动关系保护范畴为原则，以赋予企业举证排除为例外，压实新业态用工单位的用工主体责任，发挥多路径多渠道协同保护功能。

[关键词]　新业态　从业人员　不完全劳动关系　权利保障

*　沈同仙，苏州大学王健法学院教授；邱涛，江苏省人力资源和社会保障厅劳动关系处副处长；孟上飞，江苏省行政管理科学研究所八级职员；陈越姿，苏州大学王健法学院硕士研究生；邹俊怡，苏州大学王健法学院硕士研究生。本文系江苏省人力资源和社会保障厅2021年度"新业态从业人员权利保障研究"合作课题（项目编号：HZ202102）。
①　收稿时间：2021年9月。

近年来,新业态的迅猛发展,已经成为我国新旧经济动能转换的重要支撑。平台经济、共享经济、数字经济吸纳了大量转移劳动力和新成长劳动力①,成为稳就业和促就业的新引擎,同时由于其高度灵活自主的就业特征,激发了劳动力市场新的活力和灵活性。但由于新业态从业人员缺乏身份的法律定位和配套制度的支持,新业态就业在高歌猛进的同时,也受到社会各界的诟病。某些电商员工及外卖骑手接连猝死、"讨薪自焚"等关于新业态从业者生存状况堪忧的报道时常见诸各大媒体。"有就业无门槛、有劳动无单位、有上班无下班、有报酬无工资、有伤残无工伤、有风险无保险、有问题无监管"②体现出当前新业态从业者普遍面临的难题和困境。因此,探索适应经济发展的新业态从业人员权利保障机制成为我们当下非常紧迫的使命。本文立足于江苏省新业态就业发展现状,通过文献梳理、问卷调查、现场座谈和实证研究等方式,倾听新业态从业者对权利保障的诉求,了解平台企业在提供保障过程中的难处与窘境,分析现有法律规范适用于新业态情形下的缺漏与短板,在结合国家有关加强新就业形态劳动者权益保障政策精神的基础上,就进一步探索新业态从业人员权利保障机制提出建议。希望本文的研究,能对解决新业态经济发展过程中社会普遍关注的焦点、痛点和堵点等问题有所裨益。

一、新业态从业人员含义

顾名思义,"新业态从业人员"又称"新业态就业人员",是指在新业态中从业或者就业的人员。何谓"新业态"?新业态是相对于传统业态而言,"业态"可拆分为"业"和"态"两个方面。"业"是指行业、产业等。例如,人们比较熟悉的农业、工业、服务业等,经过经济革新、产业重组和科技发展,农业可划分为种植业、林业、养殖业等,工业可分为轻工业、重工业两大类等。"态"是指与"业"相联系的运行状态、形态和样式,它们与一定的企业核算、商务模式(盈利模式)相关联,通常来说新业态的出现主要依靠

---

① 根据国家信息中心在2019年至2021年发布的《中国共享经济发展报告》:我国2018年平台员工数为598万人,2019年增加到623万人,同比增长4.2%,2020年增加到631万人,同比增长1.3%;2018年共享经济参与者人数为7.6亿人,2019年增加至8亿人,2020年则增加至8.3亿人,其中服务提供者人数在三年中分别为6 800万人、7 800万人与8 400万人,2019年与2020年分别同比增加了4%和7.7%。https://www.ndrc.gov.cn/xxgk/jd/wsdwhfz/202003/t20200310_1222769.html,访问日期:2021年8月10日。

② 《全国政协委员汤维建:保障带薪休假权,建议为网约车司机等新型就业者立法》,https://baijiahao.baidu.com/s?id=1693369000465326477&wfr=spider&for=pc,访问日期:2021年8月26日。

分工细化和融合两个路径。显然，"新业态"是一个动态的概念，它随着经济发展、技术革新或者产业重组等因素的变化而不断变化。当一种业态刚刚出现时，人们称之为新业态，但当该业态发展成熟或者定型后，就可能成为传统业态。目前所称"新业态"，一般是指由信息技术、互联网和通信技术等新技术带来的生产方式变革所形成的新型企业、商业乃至产业的组织形态，例如平台企业。

"新业态从业人员"与"新就业形态人员"或者称"新就业形态劳动者"密切关联。"新就业形态"也是相对于传统就业形态而言的，虽然目前学界缺乏对"新就业形态"含义的统一界定，但基本共识是：新就业形态与新技术、新经济和新业态的产生和发展密切相关；它通常以移动互联网、大数据、云计算等信息技术为依托，以互联网平台、共享经济等新业态经济运行活动为表现形式，呈现出灵活多样的就业形态。从逻辑上讲，新业态从业人员可能以新的就业形态从业，也可能以传统就业形态从业，例如，与互联网平台企业以直接签订劳动合同方式就业的人员、为平台企业提供配餐的经营餐饮的传统个体工商户等等都属于新业态中的传统从业方式；同样，新就业形态既存在于新业态中，也可能渗透于传统业态中。但总体而言，新就业形态与新业态就业高度关联，在许多学术文献甚至规范性文件中，"新就业形态"与"新业态就业"两者互通互用。

二、新业态从业人员权利保护实施现状

为了了解平台企业新就业形态分布及其从业人员权利保护现状，项目组选取了美团、滴滴、饿了么、T3出行、顺丰、好活（昆山）等头部互联网平台企业作为调研对象，采用线上问卷调查和线下座谈、实地考察等方法，了解平台企业对其从业者权利保护采取的主要措施、实施的效果以及平台企业从业人员对权利保障的诉求。

（一）参与线上问卷调研人员概况

1. 参与调研的行业和人数

在江苏省相关部门的协助下，我们对平台企业从业人员进行线上问卷调查，最终获得319份有效问卷，参与问卷调研的人员集中在网约车司机和餐饮外卖骑手两个职业，其中网约车平台司机255人（滴滴平台司机251名，T3平台司机4名）占参与问卷调研总人数的79.9%；美团外卖骑手64名，占参与问卷调研总人数的21.1%（见表1）。

表 1　参与问卷调研的行业和人数

行业	人数	占比（%）
网约车	255	79.9
餐饮外卖	64	21.1
共计	319	100

2. 参与调研人员的基本情况

（1）网约车司机与餐饮外卖骑手以男性和中年为主。本次参与问卷调研的 319 名人员中，男性 311 名，占 97.5％；女性 8 位，占 2.5％。从年龄结构看，虽然各年龄段均有分布，但 31～50 岁的中年占总人数的 77.1％，30 岁以下和 50 岁以上的占 22.9％（见表 2）。

表 2　参与问卷调研的从业人员年龄分布

年龄	人数（人）	占比（%）
30 岁以下	39	12.2
31～40 岁	146	45.8
41～50 岁	100	31.3
51～60 岁	34	10.7
共计	319	100

（2）网约车司机与餐饮外卖骑手在文化层次上以高职文化为主。从参与本次线上问卷调研的人员的文化层次看，高中以及相对于高中的中专、技校和职校文化程度的人员共 168 人，占总数的 52.7％，其他依次为大专、初中及以下和本科及以上，分别占 26.0％、16.6％和 4.7％（见表 3）。值得关注的是，网约车司机与餐饮外卖骑手对从业人员文化水平和专业技能的要求并不高，但仍然能吸引本科及以上高学历人员的加入。在我们与美团、滴滴、饿了么、T3 出行、顺丰等新业态平台企业管理人员座谈时，美团管理人员也指出存在高学历人员加入劳动密集型新业态就业增长趋势的现象。

表 3　参与问卷调研的从业人员文化程度统计

文化程度	人数（人）	占比（%）
初中及以下	53	16.6
高中文化/中专/技校/职校	168	52.7
大专	83	26.0
本科及以上	15	4.7
共计	319	100

（3）网约车司机与餐饮外卖骑手农村户籍与城镇户籍的人员基本对半。参与线上问卷调研的 319 人中，农村户籍 165 人，城镇户籍 154 人，分别占总人数的 51.7％和 48.3％（见表 4）。不同户籍人员对参加社会保险的意愿会有所区别，受新型农村社会养老保险的影响，一般农村户籍人员对参加养老保险的意愿相对较弱。

表4　参与问卷调研的从业人员的户籍占比

户籍	人数（人）	占比（％）
农村户籍	165	51.7
城镇户籍	154	48.3
共计	319	100

（4）网约车司机与餐饮外卖骑手以全职为主。本次调研显示：全职在平台从业的人员为 301 人，占总人数的 94.4％；兼职人员 18 人，占总人数的 5.6％（见表 5）。可以看出，平台业务是绝大多数网约车司机和餐饮外卖骑手的主要生活来源，对平台业务具有经济上的依赖性。

表5　参与问卷调研的从业人员对平台业务的经济依赖

经济依赖	人数（人）	占比（％）
全职	301	94.4
兼职	18	5.6
共计	319	100

（5）网约车司机与餐饮外卖骑手近半数从业年限达 3 年以上。本次调研显示：从业网约车司机与餐饮外卖骑手达 3 年以上的为 146 人，占总人数的 45.8％；1 年到 3 年的 62 人，占总人数的 19.4％；半年到 1 年的 52 人，占总人数的 16.3％；半年以下的 59 人，占总人数的 18.5％（见表 6）。这些数据显示，从事网约车司机与餐饮外卖骑手的人员工作相对比较稳定。

表6　参与问卷调研的从业人员的从业年限

从业年限	人数（人）	占比（％）
3 年以上	146	45.8
1 年到 3 年	62	19.4
半年到 1 年	52	16.3
半年以下	59	18.5
共计	319	100

（二）参与问卷调研从业人员的用工关系状况

1. 订立劳动合同的人员占少部分，订立合作协议和未订立协议的占绝大多数

本次参与调研的 319 人中，与平台企业或者管理第三方签订劳动合同的有 121 人，占总人数的 37.9%；签订合作协议（民事协议）的有 81 人，占总人数的 25.4%；没有签订任何协议的有 117 人，占总人数的 36.7%（见表 7）。后两者相加共计 198 人，占总人数的 62.1%。由此可见，网约车司机和餐饮外卖骑手目前与平台企业或者第三方管理公司建立劳动关系的人员仅占从业人员的三成左右，其他人员有的签订了合作协议，甚至有三成左右的人员没有签订任何协议，其权利义务处于无协议确定的状态。

表 7　参与问卷调研的从业人员用工关系状况

用工关系	人数（人）	占比（%）
签订劳动合同	121	37.9
签订合作协议	81	25.4
未签订协议	117	36.7
共计	319	100

在从业人员与平台企业关系的主观认同上，认为自己是受雇于平台企业，企业应该与自己订立劳动合同的有 182 人，占总人数的 57.1%；认为自己与平台企业之间是合作关系的有 102 人，占总人数的 32.0%；认为自己与平台企业没有关系及其他的为 35 人，占总人数的 10.9%（见表 8）。可以看出，新业态从业人员对平台企业与自己构成劳动关系的认同要远远高于劳动合同的签订率。

表 8　参与问卷调研的从业人员与平台企业关系的主观认同

主观认同	人数（人）	占比（%）
受雇关系	182	57.1
合作关系	102	32.0
没有关系及其他	35	10.9
共计	319	100

2. 平台企业或者管理第三方对参与问卷调研的从业人员有考核机制

参与问卷调研的从业人员都认可平台企业或者管理第三方对其有考核机制，半数以上的人了解考核机制的内容并认为考核机制合理，但仍然有三成多的从业人员认为平台企业考核机制不合理（分别见表 9 和表 10）；不合理的原因主要集中于"平台抽成高"、"工作时间长"、"没有加班费"和"霸王条款"这几个方面。另外半数以上平台从业人员受到过平台企业的处罚，其中141人受到了扣薪的处罚（见表11）。

表 9　参与问卷调研的从业人员对考核机制的了解情况

对考核机制的了解情况	人数（人）	占比（%）
非常了解	60	18.8
了解	124	38.9
一般	85	26.6
不太了解	35	11.0
完全不了解	15	4.7
共计	319	100

表 10　参与问卷调研的从业人员对考核机制的认可情况

认为考核机制是否合理	人数（人）	占比（%）
合理	203	63.6
不合理	116	36.4
共计	319	100

表 11　参与问卷调研的从业人员受平台企业惩戒情况

是否受过惩戒	人数（人）	占比（%）
未受惩戒	133	41.7
受过惩戒	186	58.3
惩戒形式	人数（人）	
A. 警告	63	
B. 扣薪	141	
C. 强制暂停接单	53	
D. 注销账号	14	
E. 其他_____	13	
共计	319	100

（三）参与问卷调研从业人员的劳动报酬和工作时间状况

劳动报酬是新业态从业者劳动权利中最核心的权利，而网约车和餐饮外卖平台从业人员的薪酬一般都实行计件制，因此劳动报酬的多寡与工作时长联系在一起。

1. 参与问卷调研从业人员每月收入以 5 000～8 000 元者居多，没有底薪保障的占绝对多数

根据调研显示，在接受调研的 319 人中，平均每月在 3 000 元以下的计 13 人，占总人数的 4.1%，其中有底薪保障的 3 人；平均每月在 3 000～5 000 元的计 89 人，占总人数的 27.9%，其中有底薪保障的 17 人；平均每月在 5 000～8 000 元的计 169 人，占总人数的 53.0%，其中有底薪保障的 53 人；平均每月在 8 000～12 000 元的计 42 人，占总人数的 13.2%，其中有底薪保障的 8 人；平均每月在 12 000 元以上的计 6 人，占总人数的 1.9%，均没有底薪保障。在接受调研的人员中，有底薪保障的共计 81 人，占总人数的 25.4%，没有底薪保障的占 74.6%（见表 12）。有底薪人员（81 人）与签订劳动合同的人员（121 人）相比，仍然有 40 人（占签订劳动合同人员的 12.5%）虽然签订了劳动合同但没有底薪保障。

表 12　受访新业态从业人员月收入统计

工资	是否有底薪（人）		共计/人（占比/%）
	有	无	
3 000 元以下	3	10	13（4.1）
3 000～5 000 元	17	72	89（27.9）
5 000～8 000 元	53	116	169（53.0）
8 000～12 000 元	8	34	42（13.2）
12 000 元以上	0	6	6（1.9）
共计/人（占比/%）	81（25.4）	238（74.6）	319（100）

2. 每日平均工作时间在 10 小时以上的从业人员占多数，收入越高工时越长（见表 13）

表 13　受访新业态从业人员月收入与每日工作时间对比

工资	1～2 小时	3～4 小时	5～6 小时	7～8 小时	9～10 小时	10 小时以上	该收入水平下每日工作时间在 10 小时以上的占比（%）
3 000 元以下	1	3	1	1	0	7	53.8
3 000～5 000 元	0	2	2	16	25	44	49.4

续表

工资	1～2小时	3～4小时	5～6小时	7～8小时	9～10小时	10小时以上	该收入水平下每日工作时间在10小时以上的占比（%）
5 000～8 000元	0	0	2	12	29	126	74.6
8 000～12 000元	0	0	0	2	2	38	90.5
12 000元及以上	0	0	0	0	0	6	100
共计（人）	1	5	5	31	56	221	319

3. 每月休息不超过 4 天的从业人员占九成以上

每月休息 1 天及以下的 127 人，占总人数的 39.8%；每月休息 2～4 天的 175 人，占总人数的 54.9%。两者总数即每月休息不超过 4 天的人数为 302 人，占总人数的 94.7%（见表 14）。

表 14　受访新业态从业人员每月休息天数

每月休息天数	人数（人）	占比（%）
1 天及以下	127	39.8
2～4 天	175	54.9
5～8 天	14	4.4
9 天及以上	3	0.9
共计	319	100

4. 延长工作时间但没有加班费或者加班补贴的占八成以上（见表 15）

表 15　参与问卷调研的从业人员加班费实施状况

加班费	人数（人）	占比（%）
有	52	16.3
无	267	83.7
共计	319	100

享受加班费的人员（52 人）与表 7 中签订劳动合同的人员（121 人）相比，仍然有 69 人（占签订劳动合同人员的 57%）虽然签订了劳动合同但没有按照劳动法的规定获得加班报酬。

（四）参与问卷调研从业人员参加社会保险状况

1. 从业人员的社会保险多样化，参加城镇职工社会保险的人员占三成左右

调查显示，新业态从业人员在参加保险方面存在城镇职工社会保险、灵活就业人员社会保险、新型农村合作医疗（以下简称"新农合"）、新型农村社会养老保险（以下简称"新农保"）和商业保险等多种保险。在本次调研中，参加调研座谈会的滴滴相关负责人表示，"滴滴公司于2019年对全国89万名网约车司机进行线上调研，当年的调研结果显示，农村户籍的司机，36%在城市缴纳了社保，未在城市缴纳社保的司机中63%在户籍所在地投保了新农合，31%在户籍所在地投了新农保。"

参与本次线上问卷的从业人员调研数据显示，平台企业为从业人员缴纳保险的共117人，占参与调研从业人员总人数的36.7%。其中缴纳商业保险的有23人，占平台缴纳保险人数的19.7%，占参与调研从业人员总人数的7.2%；缴纳城镇职工社会保险的有94人，占平台缴纳保险人数的80.3%，占参与调研从业人员总人数的29.5%，即从业人员参加城镇职工社会保险的参与率在三成左右。另外，从业人员自己参加灵活就业人员社会保险的有167人，占参与调研从业人员总人数的52.4%。有城镇职工社会保险、灵活就业人员社会保险和商业保险覆盖的从业人员三项合计284人，占参与调研从业人员总人数的89.0%（见表16）。

表16　参与问卷调研从业人员的社会保险参与状况

项目		人数	占参与调研人员总人数的比例	占平台缴纳保险人员比例
有效填写总人数		319	100.0%	
城镇职工社会保险、灵活就业人员社会保险和商业保险覆盖人员合计		284	89.0%	
人员参保类型	平台为从业人员缴纳保险合计	117	36.7%	100.0%
	商业保险	23	7.2%	19.7%
	城镇职工社会保险	94	29.5%	80.3%
	从业人员自行参加灵活就业人员社会保险	167	52.4%	

2. 工伤保险（职业伤害保险）是参与线上调研从业人员心目中最迫切获得的保险险种

针对现行《社会保险法》规定的养老保险、医疗保险、工伤保险、失业保险和生育保险五个险种，以从业人员主观认同的推行迫切性为标准进行先

后排序，结果显示，认为工伤保险（职业伤害保险）排第一的有 143 人，占总人数的 44.8%；后依次为医疗保险（88 人，占总人数的 27.6%）、养老保险（73 人，占总人数的 22.9%）、失业保险（8 人，占总人数的 2.5%）和生育保险（7 人，占总人数的 2.2%）（见表 17）。

表 17　社会保险各险种推行迫切性排序

险种	人数（人）	占比（%）
工伤保险（职业伤害保险）	143	44.8
医疗保险	88	27.6
养老保险	73	22.9
失业保险	8	2.5
生育保险	7	2.2
共计	319	100

（五）参与问卷调研从业人员最希望得到帮助和改善的权利选项情况

为了了解新业态从业人员对自己权利保障的真实需求，本次线上问卷中设定了"对于您的工作和生活现状您最希望得到改善或者帮助的选项"调研，在给定的劳动权益相关的法律援助、职业培训、社会保险、薪资待遇、带薪休假和其他选项中，有 145 人（占总人数的 45.5%）将薪资待遇选为首项，遥遥领先于其他选项；其他依次是社会保险（74 人选，占总人数的 23.2%），劳动权益相关的法律援助（65 人选，占总人数的 20.4%），带薪休假（21 人选，占总人数的 6.6%），职业培训（9 人选，占总人数的 2.8%），其他（5 人选，占总人数的 1.6%）（见表 18）。由此可见，合理的劳动报酬和薪资待遇是网约车司机和餐饮外卖骑手最核心的关切。

表 18　参与问卷调研从业人员最希望帮助和改善的权利选项情况

项目	人数（人）	占比（%）
薪资待遇	145	45.5
社会保险	74	23.2
劳动权益相关的法律援助	65	20.4
带薪休假	21	6.6
职业培训	9	2.8
其他	5	1.6
共计	319	100

三、国家对新业态从业人员权利保障的政策规定

（一）政策回顾

纵观我国对新就业形态发展的政策规定，大致可以分为支持鼓励创新、包容审慎监管、全面规范管理三个阶段。[1]

1. 支持鼓励创新阶段（2014—2018年）

在这一时期，政策层面的基本态度是"支持鼓励创新"，新就业形态被视为共享经济的组成部分。2016年3月发布的"十三五"规划纲要提出，促进"互联网＋"新业态创新，积极发展分享经济；2017年国务院出台了《关于做好当前和今后一段时期就业创业工作的意见》（国发〔2017〕28号），将促进新兴业态和新就业形态发展作为重要的创新性政策予以实施；2018年7月，国家发展改革委等十七部门印发《关于大力发展实体经济积极稳定和促进就业的指导意见》，提出大力发展平台经济、众包经济、共享经济等新业态新模式。这种政策取向对从业者劳动权益的影响集中体现在了2016年7月交通部等七部委发布的《网络预约出租汽车经营服务管理暂行办法》中，其第十八条规定网约车平台"根据工作时长、服务频次等特点，与驾驶员签订多种形式的劳动合同或者协议"。此项规定赋予网约车平台与司机充分的意思自治空间，并未施加强制性监管要求。[2]

2. 包容审慎监管阶段（2019—2020年）

国务院办公厅于2019年8月发布《关于促进平台经济规范健康发展的指导意见》（国办发〔2019〕38号），要求"创新监管理念和方式，实行包容审慎监管"；提出"保护平台、平台内经营者和平台从业人员等权益"，标志着平台经济的监管进入新阶段。2020年新冠疫情在全球暴发，在抗击疫情期间，我国数字经济展现出了强大的活力和韧性，众多领域成为数字新技术的"试验场"、新模式的"练兵场"、新业态的"培育场"，大量新业态新模式快速涌现，在助力疫情防控、保障人民生活、对冲行业压力、带动经济复苏、支撑稳定就业等方面发挥了不可替代的作用。2020年7月和9月国务院办公厅先后下发《关于支持多渠道灵活就业的意见》（国办发〔2020〕27号）和《关于以新业态新模式引领新型消费加快发展的意见》（国办发〔2020〕32号），在鼓励发展新

---

[1] 参见王天玉：《劳动三分法是如何形成的》，见光明网，https://m.gmw.cn/baijia/2021-08/03/1302453766.html，访问日期：2021年8月20日。

[2] 参见王天玉：《劳动三分法是如何形成的》，见光明网，https://m.gmw.cn/baijia/2021-08/03/1302453766.html，访问日期：2021年8月20日。

就业形态的同时，要求相关部门研究制定平台就业劳动保障政策，明确互联网平台企业在劳动者权益保护方面的责任，加快完善相关劳动保障制度。

3. 全面规范管理阶段（2021年开始）

2021年7月7日由国务院总理李克强主持召开的国务院常务会议指出，维护好新就业形态劳动者劳动保障权益，有利于促进灵活就业、增加就业岗位和群众收入；会议还对推动建立适应新就业形态的多种劳动关系，督促平台企业支付劳动报酬，制定规章制度不得损害劳动者权益以及开展灵活就业人员职业伤害保障试点，放开灵活就业人员在就业地参加基本养老、基本医疗保险的户籍限制等作了要求。随后在2021年7月16日，经国务院批准，人力资源和社会保障部、国家发展改革委、交通运输部、应急部、市场监管总局、国家医保局、最高人民法院和全国总工会联合发布《关于维护新就业形态劳动者劳动保障权益的指导意见》（人社部〔2021〕56号）（以下简称《指导意见》）；紧接着2021年7月26日，市场监管总局等七部门联合印发《关于落实网络餐饮平台责任 切实维护外卖送餐员权益的指导意见》（国市监网监发〔2021〕38号）。这些指导意见的颁布，标志着我国新就业形态劳动者的权益保障进入实质推进阶段。

（二）我国新业态从业人员权利保障政策的主要内容及亮点

国家对新业态从业人员权利保障政策的规定，是因地制宜制定依托互联网企业新业态从业人员权利保障指引的主要依据。综合近期国家对新业态从业人员权利保障的政策规定，其内容和亮点主要有如下几个方面：

1. 从实际出发，区别不同用工方式分类匹配不同的权利保护方案

在我国现行劳动法框架下，就业形态分为建立劳动关系和非劳动关系（民事关系）两种，有学者称之为"劳动二分法"。劳动法学的一般理论认为，基于独立劳动而产生的关系为民事关系，由民法调整；基于从属性劳动而产生的关系为劳动关系，由劳动法调整。而在现实生活中，存在许多介于独立劳动和从属性劳动之间的中间状态，学界称之为劳动关系的"灰色地带"。对处于"灰色地带"社会关系的性质认定及其法律适用一直以来都是理论界研究的热点和司法实务中的难点。随着新业态就业的出现和发展，"劳动二分法"法律适用的僵化与现实经济发展需要法律适用弹性化之间的矛盾更加凸显。《指导意见》适时地将依托互联网平台就业的形态分为三种类型（有学者称之为"劳动三分法"）：

（1）对于符合建立劳动关系情形的（以下简称"劳动关系"），要求企业与劳动者签订劳动合同，遵守现行劳动法律法规。

（2）对于不完全符合确立劳动关系情形但对劳动者进行管理的（以下简

称"不完全劳动关系"),要求企业与劳动者签订书面协议,合理确定双方的权利义务。

(3)对个人依托平台自主开展经营活动、从事自由职业等(以下简称"民事关系"),按照民事法律调整双方的权利义务。

2.补齐制度短板,聚焦劳动者底线权益保障

新就业形态劳动者工作时间过长、就业和收入不稳定、安全事故频发、社会保障不足、民主管理缺失等,广受社会各界的关注和诟病。《指导意见》按照"底线保障"原则,完善相关制度,为保障新就业形态劳动者的基本权益提供制度依据。

(1)保障新业态劳动者公平就业权,禁止企业设置性别、民族、年龄等歧视性条件,不得以缴纳保证金、押金或者其他名义向劳动者收取财物,不得违法限制劳动者在多平台就业。

(2)保障新业态劳动者获得最低工资权利,将不完全劳动关系情形劳动者纳入制度保障范围。

(3)保障劳动者的休息权,要求各地政府和行业明确劳动定员定额标准,科学确定劳动者工作量和劳动强度。督促企业按规定合理确定休息办法,在法定节假日支付高于正常工作时间劳动报酬的合理报酬或者补贴。

(4)保障劳动者的身心健康权,要求企业严格执行国家劳动安全卫生保护标准,要牢固树立安全红线意识,禁止制定损害劳动者安全健康的考核指标。

(5)保障劳动者的社会保险权,重点突出新业态从业人员最为迫切的基本养老保险、医疗保险和职业伤害保险的保障。

在基本养老保险和医疗保险方面,要求各地要放开灵活就业人员在就业地参加基本养老、基本医疗保险的户籍限制,个别超大型城市难以一步实现的,要结合本地实际,积极创造条件逐步放开;组织未参加职工基本养老、职工基本医疗保险的灵活就业人员,按规定参加城乡居民基本养老、城乡居民基本医疗保险,做到应保尽保;督促企业依法参加社会保险。企业要引导和支持不完全符合确立劳动关系情形的新就业形态劳动者根据自身情况参加相应的社会保险。

在职业伤害保险方面,要求以出行、外卖、即时配送、同城货运等行业的平台企业为重点,组织开展平台灵活就业人员职业伤害保障试点,平台企业应当按规定参加。采取政府主导、信息化引领和社会力量承办相结合的方式,建立健全职业伤害保障管理服务规范和运行机制。鼓励平台企业通过购买人身意外、雇主责任等商业保险,提升平台灵活就业人员保障水平。

我们注意到，《指导意见》对新业态从业人员职业伤害的保障未沿用现行《社会保险法》中的"工伤保险"的概念，而是使用了"职业伤害保障"，有效地避免了现行工伤保险以劳动关系为前提的制度障碍，为各地探索适合新业态从业人员社会保险机制预留试点空间。

（6）保障劳动者民主参与权，要求企业制定修订平台进入退出、订单分配、计件单价、抽成比例、报酬构成及支付、工作时间、奖惩等直接涉及劳动者权益的制度规则和平台算法，充分听取工会或劳动者代表的意见建议，将结果公示并告知劳动者。工会或劳动者代表提出协商要求的，企业应当积极响应，并提供必要的信息和资料。指导企业建立健全劳动者申诉机制，保障劳动者的申诉得到及时回应和客观公正处理。

另外，《指导意见》还对政府优化新就业形态劳动者权益保障服务、完善劳动者权益保障工作机制等内容作了规定。

四、推进新业态从业人员权利保障面临的挑战

《指导意见》是我国国家层面第一个系统规定新就业形态劳动者权益保障的政策性文件，《指导意见》坚持实事求是，对新业态从业人员权益保障区分不同用工方式进行分类施策，这为切实维护新业态从业人员利益、创新新业态从业人员权利保障机制指明了方向并提供了政策依据。但毋庸讳言，《指导意见》总体而言是原则性和方向性的规定，要将《指导意见》分类施策的方案付诸实施，仍然面临着巨大的挑战，主要体现在如下两个方面：

（一）不完全劳动关系定位不清晰

《指导意见》将平台企业的用工区分为劳动关系、不完全劳动关系和民事关系三种形态，其中劳动关系和民事关系是我国现行法律框架下对劳动用工关系的划分方式，虽然学界和实务界对劳动关系和民事关系（劳动法和民法）之间是相互独立关系还是包含关系持有不同观点，但对劳动关系的认定标准大致有着基本的共识。而不完全劳动关系是一种全新的形态划分，其法律性质是归属于劳动关系（或者称特殊劳动关系）还是民事关系（或者称特殊民事关系）不清晰。对不完全劳动关系的法律属性定位，不仅仅是一个理论问题，更是一个实务问题，因为不同的定位涉及因其引发的权利纠纷适用的法律程序不同。如果归属于劳动关系，则其争议需要适用劳动争议处理程序；如果归属于民事关系，则其争议直接由人民法院受理，无须经过劳动争议仲裁前置程序。也许有人认为不完全劳动关系既不属于劳动关系，也不属于民事关系，是独立于劳动关系和民事关系之外的单独的第三种状态。我们认为

这个观点在现有法律框架下是不能成立的,因为现有法律体系是按照劳动关系和民事关系"二分法"进行制度设计的,在劳动争议中,关于劳动关系的确认之诉,要么确认是劳动关系,要么确认不构成劳动关系,尚没有不完全劳动关系的名称,更没有支撑劳动关系和民事关系之外的第三种状态的法律程序体系。

(二) 不完全劳动关系识别标准难以把握

按照劳动法的一般理论,劳动关系的从属性主要包括人格从属性、经济从属性和履行义务的从属性三个方面。域外一般将具有经济从属性但不具有人格从属性的就业者视情形归为"第三类劳动者"。按照《指导意见》的规定,"不完全符合确立劳动关系情形但企业对劳动者进行劳动管理的"是不完全劳动关系。在这一表述中,"对劳动者进行劳动管理"(通常是履行义务从属性的主要考量因素)成为不完全劳动关系的核心要件之一,而该要件在实务中的识别会面临两大难题:一是劳动管理的拿捏尺度问题,即平台企业实施哪些行为属于进行了劳动管理。二是如果确认平台企业对从业人员实施了劳动管理行为,又如何区界不完全劳动关系和劳动关系问题。因为不完全劳动关系是由《指导意见》首次提出,理论界尚不能为不完全劳动关系的即时推行提供应有的理论支撑。

我们也注意到,自新就业形态如火如荼发展,平台用工是否构成劳动关系成为包括我国在内的互联网经济迅猛发展国家司法面临的巨大难题以来,欧洲国家的"第三类劳动者"的实践探索成为我国劳动法学界的热门话题,借鉴其他国家从业人员在自雇和雇佣二元结构之外设立第三类劳动者(劳动关系)的路径,成为许多学者在解决我国新业态从业人员权利保障方面持有的观点。确实,域外的第三类劳动者制度对我国设计分类保护新业态从业人员权利有重要的借鉴意义。总体而言,第三类劳动者制度是将不具有人格从属性但具有经济从属性且具有一定保护需求的人,赋予其一定的劳动权益保护。但在借鉴的同时,也要清楚地意识到新业态从业人员权利保障分类与域外第三类劳动者制度在诸多方面的不同及其潜在的挑战:一是实施条件不同。无论是德国的"类雇员"、英国的"非雇员劳动者"、加拿大的"依赖性承包人",还是西班牙的"经济依赖性自雇佣劳动者"[1],当时都是针对传统就业形态而言的,在依托互联网平台企业产生之前就有相关的法律规定,而我国的不完全劳动关系主要是针对新就业形态而言的。二是上述这些国家对第三类劳动者的法律属性的认识并不相同。例如,德国的类雇员不属于劳动者范畴,

---

[1] 参见肖竹:《第三类劳动者的理论反思与替代路径》,载《环球法律评论》,2018年第6期。

他们主要受商法典的调整。而在英国法律下，劳动者包含雇员和非雇员劳动者。2016 年伦敦劳动法庭就 Uber（优步）司机对 Uber 公司的纠纷作出的裁判，确认 Uber 司机具有《1996 年就业权利法》、《1998 年国家最低工资法》和《1998 年工作时间条例》中规定的劳动者身份，有权享受最低工资和带薪休假待遇，但要确认雇员身份还是充满了不确定性。三是第三类劳动者的身份认定和权利保护有巨大的复杂性和模糊性，法官的自由裁量空间很大。以德国的类雇员为例，德国的类雇员制度由 1926 年的《劳动法院法》首次在法律上作了规定，后在《集体协议法》中作了更详细的界定。但需要说明的是，《集体协议法》对类雇员的界定和判断标准不适用于其他法律，也不可拓展到一般法上，由此导致的状况是类雇员没有统一的法律界定，其概念须根据特定法律的规定与立法目的予以解释。法官在进行类雇员判断时充满了考察因素的综合性和个案性，自由裁量权比较大，经常出现相同合同情形有不同的判决结果。例如，相同合同情形，低收入者被判定为类雇员的可能性比较大，但相对高收入者也可能被判定为类雇员；在确定类雇员享有的劳动权益时，不同类型的类雇员，与劳动者可以类比的方面也不同，故赋予的权利也不同。总体而言，第三类劳动者权益保护的复杂性在于，究竟哪些权利和责任被该类劳动者所拥有或被排除是合适的，如果给予第三类劳动者较少的权利，就会面临企业在成本控制利益的驱动下套利的风险，将原本的雇员变为第三类劳动者；如果权利赋予过多，就必然对其地位的确认有相当严格的要求，会使实际上适用该分类的劳动者数量非常有限。① 我们在"劳动三分法"下进行具体制度设计时应充分考虑这一潜在风险。

五、夯实新业态从业人员权利保障的思考与建议

随着互联网经济、数字经济等新经济形态的出现和发展，如何保护新业态从业人员的劳动权利成为社会各界关注的话题。适逢国家层面就保护新业态从业人员的权利保障发布了《指导意见》。本文根据《指导意见》的规定，结合针对新业态从业人员权利保障现状的调研，就推进和夯实新业态从业人员权利保障工作提出如下建议：

（一）紧扣新业态用工关系本质，鉴别《指导意见》新业态用工关系的三种状态

如前所述，《指导意见》将新业态从业人员用工关系区分为劳动关系、不

---

① 参见肖竹：《第三类劳动者的理论反思与替代路径》，载《环球法律评论》，2018 年第 6 期。

完全劳动关系和民事关系三种状态,并就三种状态下从业人员匹配不同权利保障内容提供了框架性意见。其中确定为劳动关系的应按照现行劳动法进行充分全面保护;不完全劳动关系的进行部分保护;民事关系的按照双方的协议确定双方的权利和义务。根据《指导意见》的规定,我们将不同形态下的从业人员获得强制性保护的权利内容梳理如下(见表19)。

表 19 不同形态下的从业人员获得强制性保护的权利内容

项目	劳动基准	社会保险	休息休假	加班工资	其他
劳动关系	禁止就业歧视、劳动安全卫生保护、最低工资保护	必须参加城镇职工社会保险,险种包括养老、医疗、工伤、失业和生育	必须执行国家休息时间、带薪休假、工作时间和延长工作时间的规定	必须执行国家加班工资的规定;加点、休息日和法定节日分别支付劳动者本人工资的150%、200%、300%	必须依法执行二倍工资、解雇保护、强制签无固定期限合同、经济补偿金等规定
不完全劳动关系	禁止就业歧视、劳动安全卫生保护、最低工资保护	选择参加灵活就业人员基本养老、基本医疗保险,城乡居民基本养老、基本医疗保险;试点职业伤害保险;鼓励平台企业购买人身意外险、雇主责任险	推动行业明确劳动定员定额标准,科学确定劳动者工作量和劳动强度。督促企业按规定合理确定休息办法	在法定节假日支付高于正常工作时间劳动报酬的合理报酬	没有规定
民事关系	按照协议约定	按照协议约定	按照协议约定	按照协议约定	没有规定

从表19中可以看出,劳动关系、不完全劳动关系和民事关系三种状态下从业人员获得的权利保障从内容到保护力度都有明显的区别。从企业角度看,不同的状态意味着企业承担的用工成本和用工主体责任也不同,按照劳动关系、不完全劳动关系和民事关系呈从高到低走向。逐利、趋利避害是一般企业的本能,在成本控制的利益驱动下,企业采用各种方式从形式上规避劳动关系是有其内在驱动力的,使本该签订劳动合同的不再签订劳动合同、本该是不完全劳动关系的签订合作协议等等,以规避应该承担的用工主体责任。因此,科学、合理地识别新就业形态用工关系的法律属性,成为切实保护新业态从业人员合法权利的关键。我们认为在网约车和餐饮外卖行业的多数从业人员符合劳动关系的特征:

1. 多数平台从业人员对平台企业业务具有经济上的依赖性（从属性）

本次调研的数据显示，94.4％的平台从业为全职人员，即平台业务是绝大多数网约车司机和外卖骑手的主要生活来源，这些人员与平台企业之间具有经济上的从属性或者依赖性（见表5）。但目前与网约车、餐饮外卖平台建立劳动关系的只占参加调研总人数的37.9％（见表7），其余人员均以个体职业者身份与平台企业或者第三方签订民事协议或者是没有签任何协议。

2. 多数从业人员与平台企业或者第三方管理公司之间实际存在人格从属性

在本次调研中，我们注意到，许多新业态从业人员被平台企业或者管理第三方设计成个体工商户（为了与传统个体工商户相区别，称之为"新个体"）或者自由职业者，以此与之签订承揽关系、承包关系等民事合同，用以隔离劳动关系人格从属性的认定要件。但我们认为，这些"新个体"与我国法律规定的个体工商户并不相符合。我国《民法典》第54条规定："自然人从事工商业经营，经依法登记，为个体工商户。个体工商户可以起字号。"根据这一规定，法学界普遍认为个体工商户在本质上属于商主体。虽然我国法律对商主体的条件没有作明确规定，但学界一般认为，商主体应该具备如下条件：一是商主体以营利为目的；二是商主体以实施商行为为职业或者持续从事营业行为；三是商主体以自己的名义实施商行为。[①] 对照我国法律对个体工商户的规定及定位，这些"新个体"作为个体工商户并不相符。主要理由如下：

（1）"新个体"不以自己的名义实施商行为。"新个体"只能依附于平台企业的形象进行工作，没有固定的摊点亦没有可供辨识的字号。以餐饮外卖骑手为例，骑手对于商家来说是面目模糊的。由于系统随机派单的机制，商家并不能对骑手进行选择，而选择功能对于商家来说也是多余的，商家在发出有关服务需求的要约时，并不需要精确地指向某一骑手，而是指向商家所在该片区域内的所有骑手。骑手与商家接触的时间极短，所有骑手几乎都在提供同质化的服务，即使送餐平台将骑手划分为全职骑手与兼职骑手，在商家眼中也只存在两类服务的选择，而不存在对骑手个体的选择。骑手个体之间极度趋同，不具有区分度，各个骑手之间虽然在进行同质化工作但并不存在明显的竞争关系（至少不存在直接的竞争，因为派单被平台系统所决定，

---

① 参见蒋大兴：《〈商法通则〉/〈商法典〉的可能空间？——再论商法与民法规范内容的差异性》，载《比较法研究》，2018年第5期；梁慧星：《中国民法典草案建议稿附理由：总则编》，21页，北京，法律出版社，2004；汪青松《民法总则民商事主体界分的制度缺陷与完善思路》，载《浙江工商大学学报》，2019年第5期。

并不由商家直接决定)。每位骑手都只是某一类骑手群体中的一员,只是作为配送流程中的"工具人"一般存在,日夜奔行在系统安排的订单与订单之间,与商家或点餐者都无从形成稳定、持续的联系。

(2)"新个体"不具有营利性目的。商事主体的设定是为了实现商业利益,为财富增长提供有效的制度安排,而非对个体生存命运的关怀。[1] 对于商主体,法律的设定附加了有别于普通民事主体的特殊的权利与义务,这都是为了服务于商主体营利的目的。营利性实际上也就是通过商事交易而谋取超出投入资本利益即追求资本增值的目的性所在,行为主体实施商行为的根本指向即为资本。[2]"新个体"日夜反复从事的活动所获取的利益最终只是为了基本的生活需要,而非财富的增长或投资利润,且没有进一步拓展财富增长的可能,其营利性目的是不成立的。

(3)"新个体"不具有商主体要求的"自主经营、自负盈亏"能力。我国2016年修订的《个体工商户条例》第2条规定:"有经营能力的公民,依照本条例规定经工商行政管理部门登记,从事工商业经营的,为个体工商户。"即自然人要成为个体工商户需要具有一定的自主经营、自负盈亏的能力。而平台"新个体"仅是被动接受业务分配,按照平台事先确定的计件单价,"干多少得多少",不承担经营亏损,这与个体工商户作为市场经营主体自主经营、自负盈亏之间有本质性的区别。

3. 平台企业或者管理第三方对平台从业人员行使了管理行为

从平台企业的商业运作模式中看出,平台从业人员实际上接受平台或者管理第三方的管理[3],按照平台企业制定的规则履行劳动义务、接受考核(见表9、表10和表11),具备了劳动关系履行义务从属性的条件。

综上所述,新形态用工中隐蔽劳动关系还是普遍存在的。在错综复杂、眼花缭乱的各种新业态灵活就业形态下,我们认为要透过现象看本质,围绕劳动关系从属性特性,甄别不同形态的用工关系,按照不同形态依法保护从业人员的合法权利。基于劳动关系与不完全劳动关系之间的模糊性和难以鉴别性,我们建议,从平台用工关系本质属性出发,切实维护新业态从业人员权利,防范新业态企业用工去劳动关系化越演越烈,建议考虑将劳动层次相对较低、对劳动法的依赖程度和保护需求相对较高的网约车、外卖、即时配送等以纳入劳动关系保护范畴为原则,以赋予企业举证排除为例外,即平台

---

① 参见吕来明:《论我国商事主体范围的界定》,载《北方法学》,2008年第4期。

② 参见于新循:《商行为特征的法理分析》,载《河北法学》,2005年第2期。

③ 参见陈龙:《"数字控制"下的劳动秩序——外卖骑手的劳动控制研究》,载《社会学研究》,2020年第6期。

企业可以举证认为与从业者之间构成民事关系或者不完全劳动关系。

(二) 压实新业态用工单位的用工主体责任

在现实经济生活中，新业态用工单位通过将业务层层外包或者利用平台将工作分解成数以万计的互不相连的项目或者任务，以事先拟定好的承揽协议的方式撒给云集在平台上的自愿从业者。在这样的用工模式下，与从业人员相对的用工主体可能是多元的，也可能是隐蔽在平台后面的，且在各自的合同中都能寻找到不应承担用工主体责任的理由或者条款。从切实保护从业人员权利出发，我们建议将从业人员相对方的层层外包主体一并纳入用工主体范畴，并就侵害或者损害劳动者权益所有承担的赔偿责任相互之间承担连带责任。在多个用工主体内部，有协议约定从约定，若无约定，则按照"谁决定谁负责"的原则，由对从业人员管理事项有决定权的主体承担相应的用工主体责任。

(三) 充分发挥调解在新业态从业人员争议解决中的作用

有就业，就会有就业纠纷。虽然我国针对劳动争议纠纷和一般民事纠纷有不同的纠纷处置机制，但基于新业态就业形态的多样性，其形成的法律关系性质的特殊性，单一的纠纷解决机制难以满足化解新业态就业纠纷的实际需求。在现有解决劳动纠纷和一般民事纠纷机制的基础上，应探索适合新业态就业纠纷的多元化解机制，探索建立"互联网＋法律"职工服务新模式，充分发挥工会组织和人民调解组织在化解新业态就业纠纷中的积极作用。

另外，基于不完全劳动关系在我国是一种全新用工关系形态，其法律属性不清晰，因其引发的纠纷处理目前也没有法律规定的支撑。为此建议就不完全劳动关系引发的争议，视其争议内容确定争议处理方式。例如：因劳动基准、劳动安全引发的争议，纳入劳动监察范畴；其他方面的纠纷除调解外，比较合适的是由人民法院处理，因为目前尚没有法律支撑进入劳动争议仲裁程序。

(四) 发挥多路径多渠道协同保护功能

新业态是人类社会科技和经济发展到一定阶段的产物，新业态从业人员的权利保护方式和渠道也不能是单一的，而是包括技术路径、经济路径和行政路径等在内的多元路径的综合运用，发挥多路径多渠道在新就业形态从业人员的权利保护中的协同保护功能。

1. 技术路径

技术路径是指在新业态从业人员的权利保护上，要充分利用包括互联网、大数据、平台等在内与新业态相匹配的技术，对损害劳动者权益的算法行为进行规范或者反制。例如，劳动定额和工作时间的取中间算法、电子劳动合同的推广等。

2. 经济路径

经济路径是指运用精算和经济预测等经济手段使新业态从业人员劳动权益保障的途径、内容和范围与经济发展水平相一致。就新业态从业人员职业伤害保障而言，选择不同的保障路径、方式和水平，涉及的缴费金额、赔偿额度、财政补贴额度等都不同。任何服务和管理都离不开经济基础，既要尽力而为，更要量力而行。

3. 行政路径

行政路径是指运用行政服务、行政指导和行政监督等一系列行政手段创新和完善新业态从业人员权益保障机制。在目前缺乏国家层面立法的情况下，行政方法因其具有权威性、灵活性和高效性等方面的优势，承担着探索创建新业态从业人员权益保障的主干重任。

4. 法律路径

相对于行政路径而言，法律路径具有更强的权威性、稳定性和强制性，也是社会治理中各种权利义务分配和矛盾纠纷化解的最后屏障。应在先试先行实践经验成熟的基础上，充分发挥地方立法的作用，通过司法公信力引领人们认识和履行在新业态就业中的权利和义务，厘清新业态企业用工主体的责任范围。

六、余论

新业态的产生是科技发展的结果，也是市场经济的产物。市场经济就是法治经济。在我国，各级政府承担着经济调节、市场监管、社会管理、公共服务、生态环境保护等重要职责，是制定实施法律法规规章的重要主体。因此，法治经济的重要体现是法治政府，即要求政府在行使权力履行职责过程中坚持法治原则，严格依法行政，使各项权力都在法治轨道上运行。党的十九大把"法治国家、法治政府、法治社会基本建成"确立为到2035年基本实现社会主义现代化的重要目标。因此，创设新业态从业人员权利保障机制也应遵循合法原则，在法律框架内创新机制。

西班牙《骑手法》出台背景、规则及启示①

班小辉　汪静雯*

[摘要]　为适应平台经济发展，破解新技术下的劳动关系认定和算法黑箱困境，西班牙于 2021 年颁布《骑手法》，成为欧盟首个通过立法规范平台用工的国家。《骑手法》确立了外卖平台领域的劳动关系推定规则，并强调通过集体代表权加强算法透明度。然而，西班牙国内对此项立法褒贬不一，尤其是劳动关系推定规则引起了平台企业甚至平台工人的反对，算法透明度规则也被认为虽有创新，但难以落实。基于《骑手法》经验与争议，我国应明确平台企业劳动关系认定的指示性因素，在重点行业渐进式推进劳动关系推定规则，并积极推动行业集体协商的发展，强化工会在保障平台算法透明度上的功能，从而进一步落实对平台工人的权益保障。

[关键词]　西班牙　骑手法　平台经济　劳动关系　算法

近年来，我国平台经济迅速发展，成为经济高质量发展的新引擎。国家信息中心发布的《中国共享经济发展报告（2021）》显示，2020 年我国共享经济市场交易规模约为 33 773 亿元，参与者人数约为 8.3 亿人，其中服务提供者约为 8 400 万人，平台企业员工数约 631 万人。② 在平台用工快速发展的

---

* 班小辉，武汉大学法学院副教授；汪静雯，武汉大学法学院硕士研究生，武汉大学劳动与社会保障法研究中心研究人员。本文系国家社会科学基金青年项目"数字经济下我国劳动法面临的挑战与转型研究"（项目编号：19CFX077）的阶段性成果。

① 收稿时间：2022 年 3 月。

② 参见国家信息中心：《中国共享经济发展报告（2021）》，http://www.sic.gov.cn/News/557/10779.htm，访问日期：2021 年 11 月 25 日。

同时,劳动权益保护的问题也日趋凸显。学界对平台用工的劳动关系认定、集体劳动权保障、社会保险构建、算法技术问题等开展了研究。2021 年 7 月 16 日,人力资源和社会保障部等八部委联合颁布了《关于维护新就业形态劳动者劳动保障权益的指导意见》(以下简称《意见》),提出规范平台用工关系、督促企业修订平台算法等多项明确要求。然而,该《意见》不具有立法意义,对平台企业缺乏实质约束力,如何从立法角度建构规则仍在探索阶段。

从国际上看,平台用工同样是欧美发达国家司法实践的热点与难点,各国也在尝试推动相关立法的出台。2021 年 5 月,西班牙颁布了《骑手法》(Ley Rider),成为欧盟第一个通过立法规范平台用工的国家,对劳动关系和算法知情权作出明确规定,具有重要的里程碑意义。为此,本文以西班牙《骑手法》为研究视角,分析立法出台前西班牙平台用工的监管困境与司法实践,并探讨《骑手法》在规范劳动关系、明确算法知情权问题上的有益经验与争议内容,以期对我国建构平台用工规则有所裨益。

一、西班牙《骑手法》出台背景:新技术下平台用工的规范困境

近些年,平台经济作为数字经济的主要代表形式,在西班牙发展迅速,已经扩展至餐饮、运输、旅游等多个领域。[①] 根据西班牙数字经济协会(Adigital)的数据,2020 年间,平台经济总量约占西班牙国内生产总值的 19%。[②] 其中,配送平台的产值自 2018 年起成倍增长,至 2020 年达到约 22.77 亿欧元。[③] 西班牙数字经济协会与国际金融分析公司(Analistas Financieros Internacionales)于 2020 年发布的报告显示,2019 年西班牙仅配送平台的使用人数就达到近 470 万人,较三年前增长了 526%。[④] 数据统计网站 Statista 显示,截至 2020 年,西班牙配送平台提供的就业岗位达到约 51 000

[①] Cita Albert Cañigueral Bagó, "Hacia una economía de plataformas responsable", Cuadernos Económicos de ICE, n° 97, 2019, pp. 9 – 33.

[②] Cita Adigital y BCG, "Economía digital en España", 2020, https://www.adigital.org/doc/202006_informe-economia-digital.pdf.

[③] Cita La Fundación Alternativas, "Las plataformas digitales bajo demanda en España", 2020, https://www.fundacionalternativas.org/laboratorio/documentos/documentos-de-trabajo/las-plataformas-digitales-bajo-demanda-en-espana.

[④] Cita Adigital, "Importancia económica de las plataformas digitales de Delivery y perfil de los repartidores de España", 2020, https://www.adigital.org/media/importancia-economica-de-las-plataformas-digitales-de-delivery-y-perfil-de-los-repartidores-en-espana.pdf.

个。① 2018 年欧盟委员会联合研究中心的调查显示，18％的西班牙劳动力人口通过平台就业，在数量上处于欧盟的领先地位。②

　　然而，随着西班牙平台经济的快速发展，平台用工权益保障问题也逐步显现。立法和集体协议保障下的标准工作逐步被一种隐匿、不稳定、薪酬低的非正规工作所取代，加之现有法律制度的不适配，从业人员面临着法律地位不明确、待遇不公平的问题③，尤其是平台用工的劳动关系认定困难、平台算法技术对劳工保护的挑战，成为推动西班牙出台《骑手法》的重要原因。

（一）平台用工的劳动关系认定困境

　　西班牙《工人法》（El Estatuto de los Trabajadores）在第 1 条第 1 款将雇员界定为："自愿受雇于他人提供有偿劳动、受雇主组织管理的工人。"④ 其中，"受雇于他人"解释为工人为雇主提供劳动，雇主有权获得其劳动及成果收益；"受雇主组织管理"则解释为工人的劳动过程是在雇主的组织和管理下完成的。⑤ 由于立法并未对具体指示性因素作出规范，具体内涵由法院在司法实践中解释，并形成依赖性（dependencia）和经济从属性（ajenidad）⑥ 两大标准。具体而言：依赖性强调雇主对雇员的指挥与管理，即雇主能够指挥雇员提供劳动，发布规章制度，监督雇员的遵守情况，并酌情对雇员实施惩戒。同时，雇员亦有遵守雇主命令和指示的义务。经济从属性标准则强调雇员为雇主提供劳动，其生产资料、工作成果、经济收益及劳动过程中的信息资源（如客户等）均为雇主所有，雇主则承担工资给付义务和相关劳动风险责任，并决定市场关系或与公众的关系，例如产品定价、客户选择等。⑦ 然而，平台经济作为以互联网技术为基础的新经济形态，其在用工模式和生产模式上的革新均对现有的劳动关系认定标准发起了挑战。具体而言，主要体现在以下

---

　　① Cita Statista, "El mercado online mundial de reparto de comida", 2021, https：//es. statista. com/temas/8657/el-mercado-online-mundial-de-reparto-de-comida-food-delivery/♯dossierKeyfigures.

　　② Cita Luz Rodríguz, First collective agreement for platform workers in Spain, 2022, https：//socialeurope. eu/first-agreement-for-platform-workers-in-spain.

　　③ Cita Graciela López De la Fuente, "El trabajador joven en la economía de las plataformas：juventud, divino tesoro?", International Journal of Information Systems and Software Engineering for Big Companies：IJISEBC, n° 1, 2019, pp. 133－141.

　　④ Real Decreto-Ley 9/2021, de 11 de mayo.

　　⑤ Cita Manual Alonso Olea, Fermín Rodríguez-Sañudo and Fernando Elorza Guerrero, *Labour Law in Spain*, 3th ed.（The Netherlands：Kluwer Law International BV, 2018）, 45.

　　⑥ 欧盟经济和社会委员会出台的研究报告《平台经济下的工人定义：劳工风险及规制手段之探析》也将 ajenidad 标准解释为"为他人工作"（working for others）。

　　⑦ Cita Rodríguez Escanciano, Trabajo subordinado y trabajo autónomo：los nuevos contornos de la dependencia de los profesionales cualificados, Susana Revista de Jurisprudencia Laboral. Número 4/2020, p. 7.

三点：

第一，平台企业对工人的监督管理程度形式上削弱。在用工模式上，由于数字平台对算法、移动网络以及远程传感器的广泛应用，平台用工在劳动过程中多受到上述互联网通信技术的监管，如骑手在工作过程中行为受定位系统监管、在接单时受评分系统影响。相应地，在系统对平台用工的"无形控制"之下，传统雇主缺失的问题①随之出现。因此，无论从西班牙《工人法》在定义雇员时对其"受雇主组织管理"的规定来看，或是从在司法层面适用依赖性标准判断双方间的管理与被管理关系来看，均存在劳动关系的认定困境。例如，在2019年1月马德里社会法庭审理的Glovo案中，平台认为骑手有权自主确定工作时间，享有接单和拒单自由，且不受任何排他性条款约束，因而主张双方间只存在经济上的依赖关系。②

第二，生产资料的物质化特征降低。平台本身不生产产品，而是依靠电子信息技术吸引资源加入，沟通产业链上下游，成为生产者和消费者间的纽带。③由此也产生了平台这一新型生产资料与传统的工厂机器、运输工具等物质生产资料在认定上的争议。例如，在2019年6月的Deliveroo一案中，巴塞罗那法庭就该案中的生产资料究竟是骑手的自行车和电话还是平台的应用程序展开讨论。④

第三，平台经济运行过程中众多参与者的加入也使得劳动收益和劳动过程中的风险承担主体认定成为难题。平台的劳动收益和劳动过程中的风险涉及平台企业、平台内经营者和平台从业人员等多个主体，因而在认定最终经济从属时需厘清各主体间的关系。2020年1月马德里社会法庭审理的Deliveroo案中就曾对平台消费者究竟是平台企业还是平台从业人员的"客户"进行讨论。⑤

（二）算法黑箱下平台工人知情权困境

随着平台企业普遍使用的算法技术日趋强大，其信息采集和自动决策能力正逐步渗透至用工管理的各个方面，算法黑箱对劳工权益保护的影响也日

---

① Cita Francisco Fernández-Trujillo, "Mecanismos y dinámicas del trabajo en las plataformas digitales: los casos de Airbnb y de las plataformas de reparto", Revista de Metodología de Ciencias Sociales, n° 52, 2021, pp. 175 - 198.

② Cita Báez Laguna, Erika, "El retorno del derecho laboral. A propósito de la 'Ley Rider' y el caso GLOVO", Revista de Estudios Jurídicos y Criminológicos, n° 4, 2021, pp. 235 - 259.

③ Cita Sentencia del Juzgado de lo Social de 11 de enero de 2019 (núm. 269/2019).

④ Cita Sentencia del Juzgado de lo Social de 11 de junio de 2019 (núm. 2253/2019).

⑤ Cita Sentencia del Tribunal Superior de Justicia de Madrid (Sala de lo Social) de 17 de enero de 2020 (núm. 40/2020).

益突出。所谓算法黑箱，是指用户无法看见内部工作原理的算法系统①，其对平台工人带来的知情权困境主要体现在以下三个方面：

首先，算法采集信息不透明。平台企业利用算法对工人信息的采集内容逐步增多，相关数据库也日渐庞大，而算法黑箱下工人难以知晓其最终采集的信息内容、来源及作用。例如，有西班牙学者表示，部分有关民族、政治立场、性取向、宗教信仰、疾病健康等方面的数据信息均可能在工作场所内外被获取，而上述信息也将影响劳动关系的确立与否。②

其次，算法应用和决策过程不透明。在自动决策过程中，算法参数和规则应用也存在不规范的问题，甚至产生歧视劳工的问题。当前，算法能够通过数据库对已入职或期望入职的劳工进行分析，并依据输入标准对其进行分类，从而作出聘用筛选的决策，还能够运用自动化手段完成平台用工的工作条件、薪资待遇、职业晋升决策。③ 然而，上述的既定标准和自动化手段在算法黑箱下不透明，加之先前采集了可能导致歧视的数据信息，使得歧视问题随着算法自动运行过程重复出现并长期存在。④

最后，算法技术难以被雇员个体理解。一方面，对于大部分的平台工人而言，算法在信息分类、分析和决策的过程中所用的编程语言专业程度过高。正如西班牙学者所言，算法模型的难以解读是其最主要的缺陷。⑤ 尽管 2018年5月欧盟正式出台的《通用数据保护条例》（General Data Protection Regulation，GDPR）规定了数据主体对自动化决策参数规则、过程以及可能后果的知情权⑥，但如何使平台工人理解该专业模型，保障其对算法运行过程的知情权，仍是亟须克服的困难之一。另一方面，在人工设置的参数规则之外，算法自身对数据和规则的自主整理、归纳和学习过程缺乏人类意志的参与，从而使得工人对此过程的解读变得模糊、困难。在运行系统接收数据输入和输出预期结果后，算法将自主习得数据输入输出间的规则逻辑，并应用至新

---

① Cita Andrea Isabel Franconi, "El algoritmo de la discriminación sobre la base del género", Congreso Internacional "Retos interdisciplinares en el entorno de la industria 4.0", 2021, pp. 27 - 39.

② Cita Andrea Isabel Franconi, "El algoritmo de la discriminación sobre la base del género", Congreso Internacional "Retos interdisciplinares en el entorno de la industria 4.0", 2021, pp. 27 - 39.

③ Cita Jorge Toyama Miyagusuku, Ariana Rodríguez León, "Algoritmos laborales: big data e inteligencia artificial", THEMIS: Revista de Derecho, n° 75, 2019, pp. 255 - 266.

④ Cita Anna Ginès Fabrellas, "El derecho a conocer el algoritmo: una oportunidad perdida de la 'Ley Rider'", Iuslabor, n° 2, 2021.

⑤ Cita Haideer Miranda Bonilla, "Algoritmos y Derechos Humanos", Revista de la Facultad de Derecho de México, n° 280 (2), 2021, pp. 705 - 732.

⑥ Cita Regulation (EU) 2016/679.

一轮的数据处理中。^① 这一自主习得过程正是"破解"算法黑箱的困难之一。对此，欧洲科学与新技术伦理组织（European Group on Ethics in Science and New Technologies）在《人工智能和自动化系统报告》中阐明，人工智能以大数据为知识来源，具有强大的自主学习能力，要监管、解释并评价人工智能的内在运行方式是十分困难的。^②

因此，由于算法黑箱的存在，一方面平台工人不能充分了解算法对个人信息的收集内容、应用逻辑及决策结果，另一方面算法本身存在的专业程度高、自主程度高的问题，也会加剧平台工人的知情权困境，并引发相关权益保护问题。

二、西班牙《骑手法》的制度回应：劳动关系与算法透明度

鉴于平台经济的高速发展和上述困境的持续存在，西班牙尝试以立法手段规范平台用工，对劳动关系和算法透明度问题作出明确的制度回应。在西班牙劳工部部长约兰达·迪亚兹（Yolanda Díaz）的领导下，2021 年 3 月，西班牙政府与西班牙劳工委员会（Comisiones Obreras，CC.OO.）、总工会（Unión General de Trabajadores，UGT）、企业组织联合会（Confederación Española de Organizaciones Empresariales，CEOE）、中小企业联合会（Confederación Española de la Pequeña y Mediana Empresa，CEPYME）以社会对话的形式达成劳动改革协议，为后续立法奠定基础。同年 5 月 11 日，《骑手法》颁布，并于三个月后正式生效，开启平台用工规范的新时代。^③ 结合立法内容来看，此次《骑手法》是从明确劳动关系的推定规则、加强算法技术的透明度两方面对西班牙《工人法》进行的修正。

（一）劳动关系认定规则

1. 确立数字配送平台劳动关系推定规则

面对平台用工领域的劳动关系认定难题，西班牙司法领域对两大标准的定义及其关键要素进行了灵活解释与适用。尤其是西班牙最高法院社会法庭在 2020 年对 Glovo 外卖平台劳动关系案所作的判决，对《骑手法》确立劳动

---

① Cita Andrea Isabel Franconi, "El algoritmo de la discriminación sobre la base del género", Congreso Internacional "Retos interdisciplinares en el entorno de la industria 4.0", 2021, pp. 27 – 39.

② Cita European Group on Ethics in Science and New Technologies, "Statement on artificial intelligence, robotics and 'autonomous' systems", 2018, https://ec.europa.eu/info/publications/ege-statements_en.

③ Cita Agencia estatal Boletín Oficial del Estado, "BOE-A-2021-7840", https://www.boe.es/eli/es/rdl/2021/05/11/9.

关系的推定规则具有重要影响。在该案中，西班牙最高法院认为，尽管 Glovo 外卖平台与工人的合同存在与劳动关系相悖的因素，但是综合来看，双方之间的法律关系仍然符合劳动关系的认定标准。

其一，双方关系符合依赖性标准。虽然骑手具有拒绝平台订单、选择工作时间及配送路线的自由，且不会受到惩罚，但平台所设计的骑手评分系统会因此而降低骑手分数，对其优先接单的机会带来不利影响。① 因此，骑手不得不极力减少拒单，并在高峰时段相互竞争接单，以维护自身评分，获取后续的工作机会及收入。此外，骑手虽可自由选择配送路线，但其劳动过程中的地理位置变化始终受 Glovo 平台的 GPS 记录。② 鉴于此，法院认为 Glovo 外卖平台对骑手劳动过程有明确规定，运用 GPS 和评分系统监管该过程，且将奖惩制度融入订单分配中，与依赖性标准相符。其二，双方关系符合经济从属性标准。虽然骑手须为配送未完成或餐品损坏丢失承担风险，但法院认为 Glovo 外卖平台决定产品定价且直接占有了收益，拥有所有商家和客户的信息资源以及数字平台这一基础生产资料，且骑手未完成配送时的无报酬风险应被理解为骑手薪酬是计件工资模式，而非自担风险，因此仍应认定经济从属性标准成立。③

在归纳总结司法实践结果，采纳上述 Glovo 案的最高法院立场后④，《骑手法》在《工人法》中增设第 23 条附加条款（disposición adicional）⑤ "数字配送平台的劳动关系推定"。该条款规定，在不影响《工人法》第 1 条第 3 款所列举的适用范围排除情形下，依据《工人法》第 8 条第 1 款，雇主通过数字平台直接或间接行使组织管理权，利用算法管理劳动过程和工作条件的有偿商品配送活动受本法管辖⑥，即推定符合上述规则的平台工人与平台企业间存在劳动关系，主张不存在劳动关系的一方须承担举证责任⑦，以切实维护该部分工人的合法权益。

2. 关于劳动关系推定规则的评析

《骑手法》的劳动关系认定条款是对司法实践标准要素革新的吸收采用。

---

① Cita Sentencia del Tribunal Supremo de 25 de septiembre de 2020（núm. 805/2020）.

② Cita Sentencia del Tribunal Supremo de 25 de septiembre de 2020（núm. 805/2020）.

③ Cita Sentencia del Tribunal Supremo de 25 de septiembre de 2020（núm. 805/2020）.

④ Cita Anna Ginès Fabrellas, "El derecho a conocer el algoritmo: una oportunidad perdida de la 'Ley Rider'", Iuslabor, n° 2, 2021.

⑤ 附加条款是西班牙常用以修订法律规范主题以外内容的手段。

⑥ Cita Real Decreto-Ley 9/2021, de 11 de mayo.

⑦ Cita Adrián Todolí Signes, "Cambios normativos en la Digitalización del Trabajo: Comentario a la 'Ley Rider' y los derechos de información sobre los algoritmos", Iuslabor, n° 2, 2021.

对此，西班牙有学者表示，该条款并未对《工人法》进行实质上的修改，仅构成针对平台工人的一项明确说明。[①]其贡献在于使得司法实践中综合考量适用的判断要素取得普遍效力，为解决平台用工的劳动关系认定及权益保障困境提供了法律支持，统一司法裁决。[②]但同时，该条款存在适用范围有限和实践效果有待考察的问题。

第一，适用范围有限。该劳动关系推定规则仅适用于配送平台工人，将其他按需工作（Trabajo a demanda）和众包工作（Crowd employment）平台的工人排除在外。其原因在于立法的社会对话过程中，雇主方和工人方的利益需求不一致。[③]对此，CC. OO. 和骑手权利组织（Riders X Derechos）均表示该有限的保护范围仍未能保障其余平台工人的劳动权益。[④]因而，为规范平台用工劳动关系认定，有必要将推定规则适用范围扩大至使用人数众多的其他平台。

第二，实践效果有待考察。该条款虽以规范平台劳动关系、维护平台用工合法权益为目的，但实践后平台方和工人方的反响并不理想。例如：Glovo公司称仅准备在西班牙的12 000名工人中雇佣2 000名，对于剩余部分工人将继续采用目前的自营职业模式，并改变部分合同条款以适应新立法[⑤]；Deliveroo公司则在2021年11月宣布，公司将退出西班牙市场。[⑥]在平台工人方面，其一，岗位减少带来了失业问题，使得其就业竞争压力加大，且对于多平台就业劳工而言，规范的工作时间使得其难以在多个平台同时就业[⑦]，进而降低其工资收入。正如Adigital在《认定骑手劳动关系的经济影响分析》报

---

① Cita Adrián Todolí Signes, "Cambios normativos en la Digitalización del Trabajo: Comentario a la 'Ley Rider' y los derechos de información sobre los algoritmos", Iuslabor, n° 2, 2021.

② Cita Adrián Todolí Signes, "Cambios normativos en la Digitalización del Trabajo: Comentario a la 'Ley Rider' y los derechos de información sobre los algoritmos", Iuslabor, n° 2, 2021.

③ Cita Anna Ginès Fabrellas, "El derecho a conocer el algoritmo: una oportunidad perdida de la 'Ley Rider'", Iuslabor, n° 2, 2021.

④ Cita Unión General de Trabajadores, "La Ley Rider, una oportunidad perdida para regular la economía digital", 2021, https://www.ugt.es/la-ley-rider-una-oportunidad-perdida-para-regular-la-economia-digital.

⑤ Cita Miguel Fiter, "Las 'tretas' de Glovo para sobrevivir a la nueva 'ley rider'", 2021, https://www.vozpopuli.com/economia_y_finanzas/glovo-ley-rider.html.

⑥ Cita Bankinter, "Ley Rider: quién cambia y a quién afecta", 2021, https://www.bankinter.com/blog/empresas/ley-rider.

⑦ Cita Bankinter, "Ley Rider: quién cambia y a quién afecta", 2021, https://www.bankinter.com/blog/empresas/ley-rider.

告中预估，80％的骑手可能因此失去收入来源。^① 其二，立法可能促使平台企业采取其他规避雇主责任的策略，如 Riders X Derechos 所担忧的劳务外包等^②，这会使得工人面临新的劳动权益保障困难。

（二）算法技术透明度规则

1. 以集体劳动权加强算法透明度

算法透明度问题同样受到了西班牙司法实践的关注。在 2019 年 2 月的 Glovo 外卖平台案中，马德里社会法庭分析了算法技术发展下保障工人知情权的必要性，认为算法以配送效率、客户评分等为标准自动为骑手分配劳动任务^③，肯定了算法技术对工人权益的重要影响。同年 11 月，马德里高等法院表示，算法具有秘密性的特点。数字平台的用工对提供给该技术工具的信息不具有控制权，且由于技术壁垒，应用上述信息的编程对工人而言也非透明。^④ 在此背景下，西班牙政府、企业和工会三方代表于 2020 年 10 月以社会对话的形式就此问题进行协商，并达成了"立法应考量算法技术对工人的集体权利、个人权利以及企业间竞争的影响"^⑤ 的共识。正如西班牙官方公报所述，要确保传统企业和应用算法进行数据管理、数字控制的企业间的竞争透明，以及在此基础上工人的待遇平等。^⑥

由此，《骑手法》就算法透明问题对《工人法》进行了第二项修正，即在"集体代表权"一章新增第 64 条第 4 款第 4 项。该项规定，工会有权定期知悉影响工作条件、获得和维系就业岗位决策的算法或人工智能系统所依据的参数、规则。^⑦ 上述规定的适用范围不仅限于平台企业，所有应用该技术完成上述决策的企业均包含在内，意图通过集体代表权加强算法技术的透明度，保障工人对算法技术的知情权，预防其对工人的歧视。

2. 关于算法透明度规则的评析

《骑手法》该规定的目的是运用集体代表权加强算法技术透明度。西班牙

---

① Cita Adigital, "Análisis del impacto económico de la laboralización de repartidores", 2020, https://www. adigital. org/media/publicacion_analisis-impacto-economico-laboralizacion-repartidores. pdf.

② Cita Riders X Derechos, "Un paso insuficiente, poco que celebrar", 2021, https://www. ridersxderechos. org/?p=3260.

③ Cita Sentencia del Juzgado de lo Social de 11 de febrero de 2019（núm. 53/2019）.

④ Cita Sentencia del Tribunal Superior de Justicia de Madrid（Sala de lo Social）de 27 de noviembre de 2019（núm. 11243/2019）.

⑤ Agencia estatal Boletín Oficial del Estado, "BOE-A-2021-7840", https://www. boe. es/eli/es/rdl/2021/05/11/9.

⑥ Cita Agencia estatal Boletín Oficial del Estado, "BOE-A-2021-7840", https://www. boe. es/eli/es/rdl/2021/05/11/9.

⑦ Cita Real Decreto-Ley 9/2021, de 11 de mayo.

学界针对该项规定进行了分析讨论,并与此前 GDPR 中的相应规定对比,肯定了其创新权利保障思路、扩大适用情形的两点贡献。

其一,相较于 GDPR 保障工人知情的个人权利,该项规定将焦点转至集体代表权,提供了破解劳工知情权困境的新思路。欧盟 GDPR 赋予了雇员数据主体的知情权和不受制于自动化决策的权利[①],为算法技术发展下雇员的个人知情权保障提供了法律依据。但是,由于算法技术专业程度较高,且平台方和工人方的力量对比悬殊,个人权利难以切实保障工人知悉全部算法逻辑。正如西班牙工人委员会所言,在社会、经济的数字化转型过程中,工会的参与是民主治理所不可或缺的。[②] 此番引入集体代表权是寻求双方力量平衡、切实维护算法透明的积极举措。

其二,相较于 GDPR 仅适用于无大量人工干预的算法自动决策,该项规定将适用情形扩展至影响工作条件、获得和维系就业岗位的所有决策,进一步加强算法决策过程的透明度。西班牙官方公报也在规则解读中提及,算法技术的透明程度以及其筛选决策过程信息的可获得性构成了劳动关系推定规则有效的重要基础。[③]

但同时,该项规定也存在着与先前立法联系不强、权利范围有限、适用规则模糊等三项待改进之处。

第一,该规定未能有效联系并延伸发展先前的 GDPR。GDPR 中已赋予了数据主体的知情权和不受制于自动化决策的权利,而本次立法仅提及工人对算法决策过程所使用的规则、参数的集体代表知情权,未能在权利内容和权利主体层面起到补充发展先前立法的作用。

第二,该项规定中工人的知情权范围仅限于算法决策所使用的规则和参数,其有限性使得保障算法透明、评估算法歧视成为困难。这一问题也是西班牙学界的讨论核心之一,有观点认为算法的输入数据、输出结果两点也应当后续纳入权利范围。一方面,算法的数据输入是建立数据关联,并随后作出决策的基础,也是保障不产生算法歧视问题的关键。学界早在算法技术的相关研究中提出,如果算法输入数据包含偏见,其决策将自然产生歧视问

---

① See Regulation (EU) 2016/679.

② Cita Confederación Sindical de Comisiones Obreras, "Reforzar la participacioón sindical para una transicioón justa a la digitalizacioón", 2019, https://www.ccoo.es/noticia:387630—Reforzar_La_Participacion_Sindical_Para_Una_Transicion_Justa_A_La_Digitalizacion.

③ Cita Agencia estatal Boletín Oficial del Estado, "BOE-A-2021-7840", https://www.boe.es/eli/es/rdl/2021/05/11/9.

题。① 另一方面，算法输出结果的透明有利于直观评估歧视问题存在与否。②例如，算法对工人就业、晋升、工资的干预程度，算法决策过程中的人工参与程度和决策结果的统计信息③等，均有必要纳入知情权扩展的考量范围。

第三，该项规定中"工会有权定期知悉"的适用规则仍模糊，暂未明晰知情权适用的时间、频率和形式，这不利于工会监督功能的发挥。

三、西班牙《骑手法》对我国平台用工立法的启示

当前，我国同样面临着平台用工的劳动关系认定和算法黑箱下的劳工保护的困境。在破解上述困境的过程中，西班牙《骑手法》在"规范劳动关系、明确算法知情权"两方面的经验与教训具有一定的借鉴启示意义，主要有三：

（一）融入劳动关系认定新的指示性因素

我国八部委的《意见》虽已提出平台企业应当规范用工，与符合确立劳动关系情形的劳动者依法订立劳动合同，与不完全符合确立劳动关系情形者订立书面协议④，但仍未为符合确立劳动关系情形的判断建立具体规则，并未有效解决劳动关系判定的司法难题。

我国目前认定劳动关系时，主要依据原劳动和社会保障部的《关于确立劳动关系有关事项的通知》（劳社部发〔2005〕12号），从人格从属性、经济从属性、组织从属性进行全面考察。然而，当前劳动关系和从属性概念是以工业化时代的工厂劳动关系为原型⑤，平台企业借助互联网和算法技术，已改变了传统的用工组织模式，必须结合平台经济的用工过程去理解从属性的表现因素。例如，在李相国案中，法院在考量互联网信息技术介入传统劳动供求关系的新特征后，认为相比交通工具而言，平台所掌握的信息技术是更为重要的生产资料，同时也特别指出工人无法与客户就服务价格、收费标准等进行协商，这区别于居间合同的性质。⑥

借鉴我国和西班牙已有的相关司法裁判，劳动争议处理机构应当判断平

---

① See HARDT, Moritz, "How big data is unfair", Medium 2014, https://medium.com/@mrtz/how-big-data-is-unfair-9aa544d739de.

② Cita Anna Ginès Fabrellas, "El derecho a conocer el algoritmo: una oportunidad perdida de la 'Ley Rider'", Iuslabor, n° 2, 2021.

③ Cita Adrián Todolí Signes, "Cambios normativos en la Digitalización del Trabajo: Comentario a la 'Ley Rider' y los derechos de información sobre los algoritmos", Iuslabor, n° 2, 2021.

④ 参见人社部等八部门发布的《关于维护新就业形态劳动者劳动保障权益的指导意见》（人社部发〔2021〕56号）。

⑤ 参见谢增毅：《互联网平台用工劳动关系认定》，载《中外法学》，2018年第6期。

⑥ 参见北京市海淀区人民法院（2017）京0108民初53634号民事判决书。

台企业与平台工人合同的实质内容,而非形式上的文本表述,综合考量劳动用工过程中的各种因素,而非仅关注个别劳动关系的否定性因素。① 立法与司法部门应当结合平台用工特点,制定新的指示性因素,为实践提供指引。具体而言,应当注重三个方面的因素:第一,平台算法规则对平台工人的管理与控制。例如,规划线路、记录其 GPS 地址、建立了客观上使平台工人接受其指挥管理的规则体系。第二,平台工人是否具有协商价格能力。即平台工人是否能够与平台企业的客户进行协商议价,而不是由平台单方决定其服务价格。第三,平台工人提供的劳务是否属于平台企业日常的经营范围,即是否属于其生产组织体系的组成部分。

最高法院应加快推出涉及平台用工的指导性判例,为此后的司法判决提供普适性参考。人社部可以在《意见》的基础之上进一步出台判断是否符合确立劳动关系情形的具体指导规则,明晰平台用工的劳动关系认定参考要素,为平台规范用工提出具体指导。

(二)逐步推进建立劳动关系推定规则

在平台工人的身份认定规则方面,我国目前一般采取的是"谁主张谁举证"的方案,使得平台工人方负担较重。通常来说,发生平台工人身份认定争议时,平台企业为规避用人单位义务,常主张双方不存在劳动关系,而为自身权益寻求保障的平台工人方则须承担较重的举证责任。尤其是许多平台企业引入了第三方合作企业从事劳务管理,甚至将平台工人注册为个体工商户,法律关系错综复杂,平台工人难以明辨其主体及性质②,加之相较于企业方其本就处于弱势地位,因而难以为佐证其劳动者身份提供相应证据,陷入身份认定困难、权益保障受阻的境地。

上述西班牙的立法实践,通过建立劳动关系推定规则将符合条件的平台工人纳入《工人法》适用范围,从而将主张双方不存在劳动关系的举证责任倒置给平台企业方,以减轻工人方的负担。类似的实践还有美国加利福尼亚州的 AB5 法案,首先将工人假定为法律意义上的雇员,并通过适用 Dynamex案件中对雇员身份认定的 ABC 标准,要求雇主证明该标准所述情形同时存在,方可主张不存在劳动关系。③ 然而,与西班牙立法争议相似,这种举证责任加大了平台用工认定为劳动关系的可能性,在美国 AB5 法案通过后不久,平台企业又推动通过了加州 22 号提案,豁免了 Uber、Lyft 等平台适用上述

---

① 参见班小辉:《"零工经济"下任务化用工的劳动法规制》,载《法学评论》,2018 年第 3 期。
② 参见谢增毅:《平台用工劳动权益保护的立法进程》,载《中外法学》,2022 年第 1 期。
③ 参见柯振兴:《美国网约工劳动关系认定标准:进展与启示》,载《工会理论研究(上海工会管理职业学院学报)》,2019 年第 6 期。

推定规则。[①]

鉴于此，我国可参照上述实践，渐进式建立劳动关系推定规则，倒置举证责任。在规则制定时，一是可以将上文所述的新指示因素融入其中，平台企业利用算法管理平台工人劳动过程和工作条件的，推定为劳动关系，除非平台有相反证据证明不存在上述行为；二是应吸取其教训，谨慎扩展该规则的适用范围。尽管有学者批评西班牙《骑手法》仅适用于配送平台，无法达到规范平台劳动关系的目标，但是从后续平台企业和平台工人的反应以及美国加州 AB5 的法案波折来看，我国在确立推定规则时，可首先以骑手行业作为试点，在征求企业代表和工会代表意见的基础上，推行劳动关系推定规则，并跟踪后续的相关利益主体的反应，做好立法实施的动态评估。在适当时，再结合平台特点，逐步将该规则进行推广。

（三）强化工会在保障算法透明度上的作用

我国的平台从业者同样处于算法黑箱之下，面临着算法数据追踪下的个人隐私泄露、算法自动筛选下的就业歧视、算法系统分配下的工作自主权受限等权利危机。[②] 我国虽已经通过立法手段，在《个人信息保护法》等中对从业者作为信息主体的部分个人知情权作出了规定，但仍存在权利主体单一、权利内容有限等待改进之处，尤其对于平台工人而言，其面临着欠缺算法专业知识、个人力量薄弱的困难，仅依靠自身力量难以在算法透明度上与平台企业开展平等对话，亟须集体权利作为补充救济。我国可以借鉴西班牙《骑手法》的立法思路，强化工会在算法透明度上的作用。具体而言：

首先，应加快推进工会与平台企业的集体协商机制建构，并将行业集体协商作为重点方向。《意见》第（10）条指出："督促企业制定修订平台进入退出、订单分配、计件单价、抽成比例、报酬构成及支付、工作时间、奖惩等直接涉及劳动者权益的制度规则和平台算法，充分听取工会或劳动者代表的意见建议，将结果公示并告知劳动者。"我国最新修订的《工会法》第 3 条亦强调："工会适应企业组织形式、职工队伍结构、劳动关系、就业形态等方面的发展变化，依法维护劳动者参加和组织工会的权利。"进一步强化工会维护新业态从业人员合法权益的功能和义务，为工会介入算法透明度问题提供了法律基础。我国目前已有多个地区尝试建立平台从业者工会，为其提供维

---

① See Dara Kerr, "Proposition 22, backed by Uber and Lyft, passes. Drivers say they'll keep fighting", 2020, https://www.cnet.com/tech/tech-industry/proposition-22-backed-by-uber-and-lyft-passes-drivers-say-theyll-keep-fighting/.

② 参见徐智华、解彩霞：《算法逻辑下平台从业者权利保护的危机及应对》，载《西安交通大学学报》（社会科学版），2022 年第 1 期。

权援助等服务①，但由于平台企业在用工实践中引入了第三方企业加入劳动管理，在形式上切断了与平台工人的劳动关系，导致许多工会的组建仍以企业层级为主。因此，如何推动行业工会的组建，以切实建立新业态从业人员与平台企业的平等协商机制是下一步亟须加快探索的问题。

其次，立法应为工会在算法透明度的协商问题上提供指引。我国立法可以借鉴西班牙《骑手法》和 GDPR 的规定，将算法规则参数透明、算法逻辑和结果透明作为规制内容，并指导工会就相关重点事项开展集体协商，具体应当包括平台企业算法收集的数据信息及其目的、运行使用的规则参数和逻辑、输出的决策及其意义评估在内的事项。若是相关算法规则关系到新业态从业人员的切身利益，平台企业应当听取工会或职工代表的意见，经过平等协商确定。② 此外，考虑到数字经济的发展、算法技术的创新以及现有的监管能力，对于算法自主学习和运行模型等直接介入技术内部的监管③，可以暂缓纳入透明内容中。

四、结语

平台经济和算法技术的迅猛发展，在促进经济发展、提供就业岗位的同时，也使得劳动者面临着传统规则下劳动关系认定、算法黑箱下权益保障的双重困境。此次西班牙《骑手法》作为国际层面规范平台用工的先驱性尝试，其归纳司法实践明确平台劳动关系推定规则、运用集体代表权保障算法知情权的立法内容，对于面临相似困境的我国具有较强的启示意义。一是借鉴其有益经验，建立劳动关系推定规则，注重考量平台实质用工过程中的新指示性因素，并在破解算法困境时引入工会集体权这一新思路；二是吸取其教训，试点评估劳动关系推定规则的实践效果后扩展其适用范围，并在保障算法知情权时，应注重组建行业工会与平台企业平等协商，并通过立法为相关协商内容予以指导。通过多元维度处理平台用工问题，确保平台经济在保障劳动者权益的前提下实现高质量发展。

---

① 参见周聪：《广州首家即时配送领域工会成立网约送餐员有了自己的"职工之家"》，见金羊网，https://news.ycwb.com/2019 - 01/09/content_30172276.htm，访问日期：2021 年 12 月 21 日。

② 参见郭振纲：《算法规则应建立在双方利益平衡和相对公平的基础上》，载《工人日报》，2022 年 1 月 20 日，第 5 版。

③ 参见江庆华：《算法透明的多重维度和算法问责》，载《比较法研究》，2020 年第 6 期。

"刺破业务外包的面纱"①

——以一个案例谈互联网平台业务外包中劳动关系的认定

王　飞　童小标*

[摘要]　为规避用工风险，互联网平台企业越来越多地采用业务外包方式开展经营，甚至将核心业务外包，并深度介入外包企业用工。而部分外包企业在承接外包业务后，不与劳动者签订书面劳动合同，不依法规范用工，平台企业对此失察、失管。平台企业甚至设计协议、流程，帮助外包企业排除与劳动者的劳动关系，导致劳动者的劳动关系没有着落，权利保障缺失。平台企业通过隐蔽用工，刻意规避劳动法，使劳动法的实施陷入危险之境。在此背景下，有必要"刺破业务外包的面纱"，建立视为雇主制度，即当平台采用业务外包模式，但未将劳动关系切割清楚时，视平台为共同雇主，由平台与外包企业共同承担用人单位的责任，以督促相关企业规范用工，切实保障劳动者合法权利，使劳动法不被人为架空。

[关键词]　平台企业　业务外包　隐蔽用工　劳动关系　视为雇主

---

* 王飞，上海市长宁区人民法院法官；童小标，上海市普陀区人民法院法官。

① 收稿时间：2021年4月。

一、前言

《劳动合同法》实施后，经济发展对劳动关系领域的影响和冲击，以互联网平台用工①最为典型。互联网平台的用工，是一个不断变化的过程。早期的互联网平台业务量不大，基本上在小打小闹阶段，用工模式是由平台直接雇佣员工，员工与平台签订劳动合同，听从平台的直接指挥管理，这样的用工模式还是在《劳动合同法》预设的范围内。后来，互联网平台的业务范围越来越广，到如今是覆盖全国，需要使用大量的人员提供服务。也许是看到用工成本的增加和员工在外工作带来的风险，互联网平台创设了一种名为"众包"的用工方式。在这种众包模式下，人们通过互联网平台开发的 APP 可以成为互联网平台的司机、骑手等，当然在你注册的时候需要接受其设定的条件。以互联网送餐平台为例，申请成为骑手的人必须承认与互联网平台之间不是劳动、雇佣、劳务这样的关系，给付的报酬甚至也不是劳动报酬，互联网平台只是为有送餐需求的商家与有送餐意愿的骑手之间提供所谓"居间"服务，匹配双方需求，进而完成送餐。互联网平台作如此制度设计，避免成为劳动法上的用人单位的意图是很明显的。这种用工模式实施一段时间之后，必然会产生各种劳动争议，司法给出的判决并没有实现互联网平台的目的，还是有相当多的法院认定，互联网平台并非居间角色，其与骑手之间建立的就是劳动关系，仍然要承担劳动法上用人单位的责任，并且必须为骑手的侵权行为对外承担用人单位的替代责任。面对这种不确定的法律风险，互联网平台公司又采取了另外一种用工模式，也就是本文要着重分析的用工模式——业务外包。仍以互联网送餐平台为例，互联网平台将送餐业务外包给其他公司（以下简称"外包企业"），名义上由外包企业招录骑手，从事送餐业务。互联网平台希望以这种模式，避免与骑手直接发生关系，彻底摆脱用人单位的风险和责任。目前，因为外包模式可以在最大限度上避免平台企业承担用人单位责任，它已经取代众包，日益成为互联网送餐平台的主要用工模式。还有的平台甚至和一些人力资源公司合作，要求个人以"注册个体工商户"的形式与平台开展所谓合作。② 互联网平台采用的所谓业务外包，其实际运行到底是怎样的？在外包模式下，互联网平台是什么角色？外包企业是什么身份？骑手又如何提供劳动？这些都是我们在判断劳动关系时必须考虑的问题。

---

① 本文所称互联网平台用工是指互联网企业招募人员向社会提供乘客运输、餐饮配送等服务。

② 参见蔡梦雨：《"外卖小哥"变"个体户"模式可复制吗？》，见央广网，http://finance.cnr.cn/txcj/20200729/t20200729_525186205.shtml，访问日期：2021 年 2 月 19 日。

二、业务外包的概念

外包本来是一个经济学上的概念，是指企业将自己的某些业务交由其他企业来做，在其他企业完成相关业务之后，自己支付相应的报酬。被用来外包的业务，通常是企业的辅助业务，或是自己难以完成，或是经济上并不合理。例如，某个造船公司其核心业务是船舶制造，船舶制造中需要一款木制衣箱，其并不擅长生产，而市场上有这样的木材加工厂。于是，这个造船公司将生产木制衣箱的业务外包给加工厂，并向加工厂支付相应价款。如此一来，造船公司就节省了很多成本。又如，某个手机厂家其核心业务是芯片制造，因为经济原因不愿意投资手机壳生产线，选择将手机壳交由其他企业生产，从而可以利用其他企业的优势，减少自己的成本。如此做法，经济上可行，法律上也不反对。通常，业务外包有两个重要特点：一是被外包的业务是非核心的、次要的或辅助性的业务；二是被外包的业务由外包企业自主完成。外包企业员工不受发包企业的直接管理，并且以外包方的名义进行工作。[①]

实践中，业务外包逐渐向劳动（务）外包发展。在改革开放的初期，也有些大型企业尝试将一些诸如运输、搬运等需要大量劳动力投入的体力活交由劳务公司或者其他公司完成，自己再与这些公司进行结算。但是，将这种劳动（务）外包做到极致、包装到极致的，是现在的互联网平台企业。这些平台企业将劳动（务）外包，而且外包的是其主营业务。仍以送餐平台为例，其将主营业务送餐外包给其他企业来做，由外包企业雇佣骑手来完成。有意思的是，互联网平台企业在与外包企业签订合同时还回避"劳动（务）外包"这一称谓，合同名称有的叫"代理"，有的叫"合作"，还有的叫"加盟"。互联网平台企业极力避免与劳动、雇佣甚至劳务沾边的意图，可见一斑。互联网平台会将市场作划分，一定区域的送餐业务交由一家外包企业做。外包企业需要遵守互联网平台制定的规则，使用平台的 logo，接受平台的管理、指令，必须使用互联网平台的系统完成一系列操作，如订餐、送餐、评价等，平台的指令直接到达骑手。合同中平台还就外包企业雇佣骑手的送餐规范提出一系列具体要求，设置详细考核指标，并且规定平台企业有权对于外包企业的相关经营活动进行合规性检查，有权依据合同对违规行为作出处罚。

---

① 参见刘国祥：《业务外包劳动纪律风险与防范》，载《劳动保障世界》，2013 年第 7 期。

互联网平台的这种外包模式，实际上已经突破了传统的业务外包或者劳动（务）外包概念。一则传统外包事项应当是企业的非核心业务，而外卖平台外包的送餐业务显然是其核心业务；再则传统外包系由外包企业自行安排人员完成工作，并向发包人交付工作成果，在这一过程中，发包企业一般不作干预，但互联网外卖平台却是深度介入外包企业对骑手的招录和使用，甚至直接指挥骑手提供劳动。在此背景下，劳动争议发生时，谁是用人单位，谁实际管理、支配劳动者，劳动成果归属谁，等等，均会产生争议，甚至对于建立劳动关系的意思表示的判断也会遇到障碍。故有必要对此进行分析研究。

三、业务外包中劳动关系认定的具体分析

鲜活的案件总是能够最好地说明现实。我们不妨把从实际案例中提取的某互联网外卖平台的外包经营模式当作一个麻雀进行解剖，分析现在互联网外卖平台涉及的业务外包用工到底是怎样运行的，分析其中的平台、外包企业、骑手各自的角色，他们又是如何订立、履行外包合同，骑手的劳动过程又是怎样的。再分析一下，这样的模式提出了怎样的问题，法律上又该如何规制。

(一) 协议内容

在这种外包模式下，平台企业会与外包企业签订由平台企业拟定的《配送代理合作协议》，协议约定有效期内平台企业授权外包企业使用"mm配送"（mm为平台企业的品牌）系列产品，在特定区域内经营"mm配送"业务。这种协议明确了外包企业的三个主要义务：

第一，外包企业必须使用平台企业的标志，且不能与平台企业的竞争对手开展合作。例如，合作协议中会规定，外包企业可以使用自己的商标logo，但必须和"mm配送"的商标logo联合露出，且"mm配送"的平面元素所占比例不得低于50％。外包企业有权使用"mm配送"的产品、服务、装备和商标logo进行日常配送行为，但不得利用其作违法和平台企业未授权的用途。外包企业不得与平台企业同行业竞争对手开展任何形式的合作，外包企业在配送过程中，不得向平台企业用户明示或暗示，使其不通过平台企业渠道购买配送服务；不得向平台企业用户宣传除"mm配送"之外的同类型配送平台；亦不得对平台企业用户的客户明示或暗示，使其不通过平台企业旗下平台下单；不得向平台企业用户的客户宣传除平台企业旗下以外的同类型O2O平台。

　　第二，外包企业及其骑手必须遵守平台企业制定的服务规范，如有违反要接受处罚。合作协议会规定，平台企业有权对合作业务进行监督管理，包括外包企业是否在约定范围和区域内开展业务，是否按最新更新的《配送代理服务规范》操作业务。平台企业会定期评估外包企业员工，对不符合评估要求的员工，平台企业有权要求外包企业5日内予以更换。对于骑手应该遵守的规范，作为协议附件的《配送代理服务规范》就配送基础规范（包括健康证规范、着装规范、范围规范）和配送行为规范（包括出发前的准备、在餐厅的行为规范、配送途中的行为规范、在客户处的行为规范）等作出了详细规定。如在"着装规范"中规定"配送商必须按照配送员数量1.2倍在平台企业购买并配备mm物资（mm标准物资包括：头盔、工服、腰包、餐箱），工作期间必须穿工服，佩戴头盔、腰包、餐箱，工服干净整洁，禁止穿短裤、拖鞋等影响平台企业形象的行为"。在"在餐厅的行为规范"中规定"取餐过程中，不得有插队、与顾客发生纠纷等打扰餐厅正常营业的行为。取餐时，配送商需当场核对订单，包括餐品、筷子、汤勺、餐巾纸等"。在"配送途中的行为规范"中规定"配送员在骑车过程中需戴安全帽。不得抽烟、打电话。不得出现闯红灯、逆行、超速等违反《交通安全管理规定》的行为"。在"在客户处的行为规范"中规定"到达客户楼下时，停车上锁，致电客户时，应该先说标准语：'您好，mm配送，您的外卖……'。与客户见面时，应面带微笑待人，若迟到，应该先行道歉，不得态度恶劣，不得与客户产生纠纷。主动提醒客人验餐"。《配送代理服务规范》还详细罗列了平台企业对外包企业关键数据的考核指标，如超时率、有效完成率、投诉率、退单责任等。并详细罗列了平台企业对外包企业违规的处罚项目和处罚标准，如刷单、虚假运力、无故终止配送、健康证缺失、拒绝配合检查人员检查、配送其他平台订单、配送超时、引起投诉、提前点击确认送达、行为影响平台形象等等均在处罚范围之内，处罚数额从数十元至上万元不等，直至扣除此前所有配送费、全部保证金。此外，协议还明确规定平台企业有权安排检查人员对外包企业违规行为进行检查，并依据配送规范进行处罚，外包企业应当配合。另规定外包企业向平台企业支付保证金数万元，罚款从保证金中扣除，扣除金额超过1万元，外包企业必须于15日内补足，否则平台企业将冻结外包企业配送费余额（配送费由平台企业根据有效订单量向外包企业结算），保证金不足以赔偿违约损失的，平台企业有权追偿。

　　第三，外包企业自行承担骑手的事故责任。合作协议规定："平台企业与外包企业员工不存在任何劳动关系，外包企业员工在工作期间出现的任何事故，包括但不限于造成平台企业、第三人或外包企业自身的人身、财产损失，一切责任由外包企业自行承担。"

(二)实际履行

1. 部分外包企业不与骑手签订劳动合同,否认与骑手存在劳动关系

在实践中,有部分外包企业不与骑手签订书面劳动合同,这些外包企业或是以"mm 配送"的名义招录骑手,不披露外包企业信息,或是根据其与平台企业之间的合作协议,当骑手在平台企业的众包 APP 上注册时,被动地与系统分配给它的骑手自动签订平台提供的非劳动关系的协议。而一旦发生涉及骑手的纠纷,这类外包企业往往都抗辩其与骑手不存在劳动关系,不应当承担相应责任。例如,有外包企业在劳动争议案件中抗辩,其未进行用工管理,站点已经转包,故其非用人单位。[1] 有外包企业在骑手侵权案件中抗辩,骑手系自行下载和注册众包 APP,外包企业对骑手不进行管理,骑手具有完全的自主性,双方系承揽关系,故外包企业不应当承担雇主责任。[2] 有外包企业在平台企业对外承担赔偿责任后向其追偿的案件中抗辩,涉案骑手虽然是其配送员,但不是其员工,双方没有劳动关系,其不应为骑手造成的侵权事故负责。[3]

2. 平台深度介入用工,骑手无法辨别雇主

骑手配送的订单均源自平台,或由平台直接派送,或由外包企业转发。骑手接单后,平台的 APP 会给出骑手建议路线,并通过 APP 对骑手进行实时定位,更新骑手状态,如已接单、已到店、已取货、已送达、所在位置、预计时间、超时提醒等等,并同步推送给骑手和相关交易各方。订单完成后,平台根据系统数据和客户评价对骑手进行考评。订单进行中,如遇客户投诉,平台也会介入处理。骑手的报酬一般由平台企业发放给外包企业,外包企业再转付给骑手。整个过程中,骑手无法判断谁是实际雇主,发生争议时往往以平台企业和外包企业为共同被告。

3. 平台企业刻意去劳动关系,疏于对外包业务的管理

平台企业虽通过协议对外包企业的用工管理提出了一系列具体要求和考核标准,也明确了平台的检查权、处罚权,却不对外包企业与骑手建立劳动关系作出要求,相反主动为外包企业设计"网约工协议""服务合作协议",并在骑手注册时强制缔约,直接排除劳动关系的适用,去劳动关系化的意图非常明显。同时,平台企业对外包企业的资质要求不高,某些外包企业资产

---

[1] 参见(2019)沪 0113 民初 14377 号民事判决书、(2020)沪 02 民终 300 号判决书。

[2] 参见(2020)沪 0112 民初 28114 号判决书、(2020)沪 0113 民初 840 号民事判决书、(2020)沪 02 民终 10140 号民事判决书。

[3] 参见(2019)沪 0107 民初 10566 号判决书、(2019)沪 02 民终 11680 号民事判决书。

少、偿债能力差，导致骑手缺乏保障。平台企业对签约主体审查不严，导致有外包企业被冒名，造成骑手关系无着落。平台企业对部分外包企业将劳务层层转包不加管束，导致骑手的劳动风险被不断放大。

（三）正面的立论

在外包企业未与骑手签订书面劳动合同的情况下，无论是否签订所谓"网约工协议""服务合作协议"，都应当从实际用工情况出发，从意思表示、从属性、劳动成果归属、行为过错、法定构成要件等角度对于是否建立劳动关系、与谁建立劳动关系作出全面、科学的分析和判断。

1. 从意思表示分析

是否建立劳动关系，与谁建立劳动关系，这涉及意思表示的认定。建立劳动关系与否的意思表示需以一定的形式外化，到达对方。①

首先，骑手有理由根据其接收的信息作出判断。当骑手未与任何一方签订劳动合同，而外包企业也未明确披露企业信息之时，则无论从站点招工还是骑手接单、送餐的劳动过程来看，骑手可见的外在信息均与平台企业相关，所接收的劳动指令均源自平台，其有理由相信系为平台企业工作。

其次，平台无理由强制适用合作协议条款。主要理由是：一则平台企业虽已在骑手的注册协议中明示其与骑手不存在劳动关系，但是，平台基于其与外包企业的合作协议，可以对外包企业招录、使用骑手进行深度干预，达到实际管控骑手的程度，这已经类似直接用工的效果。平台企业将其企业标识、指示以及一系列基于平台企业规则的考评和奖惩在整个招录、用工的过程中不断外化和强化，这些信息的昭示程度明显强于骑手注册时电子协议中载明的某一格式条款。二则平台企业与外包企业的代理合作协议无论是名称还是条款，都清楚地表明了双方的代理关系。而根据法律规定，代理人（即外包企业）对外以被代理人（即平台企业）的名义实施的法律行为，对被代理人发生效力。② 三则意思表示应当受到法律强制性规定的约束。劳动法具有社会法的特性，劳动关系一旦确定，就要强制适用劳动基准的规定，用人单位就要承担更多的强制义务。因此，实践中，用人单位采用各种方法掩盖劳动关系的情形屡见不鲜。为切实贯彻执行好劳动法，我们在判断当事人是否有建立劳动关系的合意时，应更多从实际履行情况分析，而不能仅根据所谓

---

① 《民法典》第 137 条规定，以对话方式作出的意思表示，相对人知道其内容时生效。以非对话方式作出的意思表示，到达相对人时生效。

② 《民法典》第 162 条规定，代理人在代理权限内，以被代理人名义实施的民事法律行为，对被代理人发生效力。

约定当然排除。① 同时，骑手通过 APP 注册时点击同意的是平台企业提供的格式合同。根据法律规定，提供格式条款一方不合理地免除或者减轻其责任、加重对方责任、限制对方主要权利的，或者排除对方主要权利的，该条款无效。② 故如果根据实际履行情况分析，双方确系劳动关系，就应当认定此类排除劳动关系项下权利义务的格式条款无效，并认定双方存在劳动关系。

2. 从从属性分析

骑手的劳动是在餐饮商家和消费者之间取餐送餐。但是，餐饮商家和消费者都不是骑手寻找的，而是从互联网平台得到信息，骑手按照平台的指令取餐、送餐，相关考核、奖惩办法均由平台企业制定，并直接或者间接传导至骑手。在当下，互联网平台的指挥和监督，已经不是传统"工厂制"用工下的"厂长指挥车间主任，车间主任指挥工人"的管理模式，而是通过互联网 APP 的方式进行指挥和监督。有学者指出，"平台对骑手的控制更为严格。凭借人工智能大数据和大数据技术的应用，'平台系统'替代了平台作为实际管理者参与具体的劳动过程，由于平台系统是虚拟的，进一步淡化了平台的雇主身份，增加了双方雇佣关系认定的难度。同时在骑手配送过程中，平台系统通过'算法控制'掌握骑手的'一举一动'，平台实现了对骑手劳动过程的全程管理"。并认为"在平台与骑手的雇佣关系中，外包企业取代平台的劳动人力部门，成为形式雇主；平台作为实质雇主只从事业务管理，遮蔽了平台实质雇主的身份。但平台与外包企业都同属平台，实则骑手只有平台一个雇主"③。事实上，平台企业确实通过规定、执行送餐标准、考核指标、处罚细则等，以及在送餐过程中发布具体指令，实际控制外包企业用工，管理和支配骑手劳动。在对骑手的用工中，平台企业与外包企业的关系确实类似单位与下属部门，单位发布指令，部门负责执行，而骑手是部门的员工，当然也是单位的员工。这种管控的形式相对隐蔽，但严格程度更胜以往。

3. 从劳动成果归属分析

由于劳动关系会产生劳动基准强制适用的特殊性，用人单位的明确、劳动关系的清晰，就显得尤为重要。但实践中，由于各种各样的原因，用人单位是谁经常会变得模糊。在用人单位的认定变得模糊的情况下，按劳动成果归属来判定谁是真正的用人单位，就是一个合理的选择。

---

① 《劳动合同法》第 7 条规定，用人单位自用工之日起即与劳动者建立劳动关系。用人单位应当建立职工名册备查。

② 参见《民法典》第 497 条。

③ 常凯：《平台去劳动关系化用工，如何保护骑手利益》，见财新网，http://opinion.caixin.com/2021－02－09/101662482.html，访问日期：2021 年 2 月 19 日。

让接受劳动成果的单位承担劳动法上的用工责任，是因为劳动者的劳动成果归属于它，这样认定符合权利义务对等原则。而骑手的劳动成果归属了谁，是非常清楚的，就是送餐平台企业。骑手在送餐的过程中，使用的是平台企业的标识，是在为平台企业的企业形象进行宣传，提升的是平台企业的商誉。而送餐正是平台企业的主营业务，正是因为广大骑手的送餐服务，平台企业才能不断扩大其影响力，并得以向商家收取入驻平台、发布广告以及送餐等费用，向消费者收取会员费用、送餐等费用，甚至从商品价款中直接抽成①，这些费用构成了平台企业营业收入的主要来源。即平台企业因骑手的配送行为不只是获取了配送费，还得以收取大量其他费用，并获得了自身影响力和商誉的提升。但在收益分配时，骑手仅获得了一份配送费（甚至还可能不是已收取的配送费的全部）。由此可见，骑手的劳动成果不是归属了其个人，而是归属了平台企业。

4. 从行为过错分析

平台企业一方面想做大业务，扩大市场占有率，同时又不想直接以自己的名义雇佣众多骑手，以减少用工成本，规避用工风险，故采用了外包的经营模式。② 但要以这种模式实现规避用工风险的目的，前提是必须将劳动关系切割清楚，外包企业以自己的名义与劳动者签订劳动合同，让劳动者知晓其与谁建立劳动关系。而部分外包企业未与骑手签订书面劳动合同，也未明确披露用工主体信息，平台企业对此失管失察，导致了劳动关系的主体模糊。部分外包企业以非劳动关系协议披露其为形式上的用工主体，平台企业不但为此提供协议文本，强制骑手缔约，还深度介入外包企业用工，人为加剧了劳动关系和劳动关系主体的模糊。

平台企业在业务外包中未将劳动关系切割清楚，是导致劳动关系模糊的主因，故其应当承担用工风险。

5. 从法律构成要件分析

根据政府规章，用人单位招用劳动者未订立书面劳动合同，但同时具备下列情形的，劳动关系成立。（1）用人单位和劳动者符合法律、法规规定的主体资格；（2）用人单位依法制定的各项劳动规章制度适用于劳动者，劳动

---

① 参见王仲昀：《平台上的"窘迫"商家》，见新民周刊，http://www.xinminweekly.com.cn/fengmian/2021/03/10/15603.html，访问日期：2021年3月10日。

② 有学者指出："以外包用工替代内包用工的深层原因在于，外包用工中的发包人对承包人只承担民法上的责任，而不承担劳动法上的责任，即以具有承揽关系性质的劳务关系割断了发包人与承包人所雇劳动者之间的联系，使劳动关系外部化。于是，发包人虽然可最终获得承包人使用劳动者所创造的收益，却将本应由其承担的用人单位责任转移给了承包人。"参见王全兴、黄昆：《外包用工的规避倾向与劳动立法的反规避对策》，载《中州学刊》，2008年第2期。

者受用人单位的劳动管理,从事用人单位安排的有报酬的劳动;(3)劳动者提供的劳动是用人单位业务的组成部分。①

根据本文此前论述,骑手与平台企业间的关系已经符合上述条件,应当确认双方存在劳动关系。

(四)反面的观点及我们对其的批判

第一,未见平台企业的名称显露于外,也未见骑手欲与平台企业缔结劳动关系之意。

我们认为,平台企业正是想通过外包方式规避自身责任,自然不允许合作方直接披露其作为用人单位,但是从骑手招录、工作的过程分析,无不体现出平台企业指挥、监督、奖惩的印记,平台企业实际指挥劳动,实际用工,双方构成事实劳动关系。

第二,平台企业注册登记地与骑手实际工作地相距甚远,缺乏基本联结点。

我们认为,对于送餐骑手这一职业而言,其工作所在站点与所属公司距离的远近根本不是判断有无联结点的因素,平台企业注册在某区,难道与其有劳动关系的骑手就只能在该区内配送?超出区域配送的就不是其员工?事实上,所有的快递公司、电商都在不同区域分布有配送点,配送点中有公司的员工,工作地点距离公司注册地的远近与认定劳动关系毫无关系。

第三,骑手自行采购送餐箱、电动车等工具,报酬支付方式不同于一般意义上的工资,没有底薪,缺乏长期、持续、稳定的职业性特征,而且骑手的工作并非如与用人单位建立劳动关系的员工一样,具有不可替代性。

我们认为,判断劳动关系的实质标准是从属性,而用于认定从属性的表征,并非从属性本身。从属性的表征应该与时俱进,在"互联网+"业态下,固守既定表征,完全用传统眼光去审视新型用工关系,显然不合时宜。(1)自备骑行工具,在骑手普遍有骑行工具的情况下,投入劳动也是正常,不能据此认定没有雇佣。(2)报酬支付方式是按单计酬,这是根据灵活用工形式灵活发放,并无不妥,劳动法及工资支付规定对此亦不禁止,不能据此认定没有雇佣。(3)没有底薪系这种用工模式所致,如果该人不工作,就没有薪酬,如果有工作就应该受到劳动法有关薪酬规定的约束。劳动关系的认定并不以底薪为必要条件。(4)工作的可替代性并不能够否认劳动关系存在,一位骑手可以将订单交同单位的其他骑手配送,类似单位员工将工作转交其他员工完成,只要不影响工作完成,单位制度不禁止,就不违法。事实上,在快递、骑手

---

① 参见《关于确立劳动关系有关事项的通知》(劳社部发〔2005〕12号)。

行业中，转单的情况普遍存在，用人单位也并不禁止，不能据此认定未雇佣。（5）在用工形式显著变化的当下，许多工作并没有长期、稳定、持续的要求。正如平台企业的骑手工作并不稳定，其通过众包骑手模式可以完成大量的核心业务，这些骑手是否长期、稳定、持续工作并不影响公司的经营，平台企业不要求这些骑手必须长期稳定工作，其只要保证骑手人数动态平衡，能匹配公司业务需求即可。

既然劳动关系早已超越了"一个劳动者只能有一个劳动关系"的时代，一个劳动者与多个用人单位建立劳动关系已不再为法律所禁止[①]，就应当正视现实情况，而非仍以传统眼光衡量新生事物，放任劳动法在互联网用工的大背景下被某些单位人为架空，背弃劳动法保护劳动者的立法初衷，造成数以百万计的骑手无从获得社会保障，劳动法在工作时间、劳动保护、休息休假、劳动报酬方面的既有规定无以适用，滋生出巨大的社会问题和法律纠纷。

第四，平台企业对通过互联网平台进行工作的从业人员进行一定的约束系行使相应的监管权，以保证平台的运行及良好形象，不应视为平台企业对骑手提供的劳动抑或劳务进行了全面的管理。

我们认为，该观点认可平台企业对骑手存在管理，但不认可存在全面的管理。但事实上，如前文所述，就配送基础规范（包括健康证规范、着装规范、范围规范）和配送行为规范（包括出发前的准备、在餐厅的行为规范、配送途中的行为规范、在客户处的行为规范），以及基于投诉的处罚、基于质效的奖励等等方面，平台企业有着全面的管理、考核与奖惩制度，这种管理方式已经足够全面、严格。

四、对将平台与骑手的关系认定为民事上的承揽关系和合作关系的批判

鉴于《劳动合同法》将非全日制用工限于以小时计酬为主的用工形式[②]，故对送餐骑手这样以送单量为计酬依据的用工形式似难以适用。而以完成一定工作任务为期限的劳动合同又似与骑手这种相对零散、自由的工作节奏不相匹配，也存在认定劳动合同期限的技术障碍。这导致即便骑手与互

---

① 《劳动合同法》第 69 条规定，非全日制用工双方当事人可以订立口头协议。从事非全日制用工的劳动者可以与一个或者一个以上用人单位订立劳动合同；但是，后订立的劳动合同不得影响先订立的劳动合同的履行。

② 《劳动合同法》第 68 条规定，非全日制用工，是指以小时计酬为主，劳动者在同一用人单位一般平均每日工作时间不超过四小时，每周工作时间累计不超过二十四小时的用工形式。

联网平台之间的关系已满足法律关于认定劳动关系所需的全部要件，亦难以将双方关系归为《劳动合同法》项下的任一劳动关系类型，从而导致劳动关系的认定困难。对此，本应通过完善劳动立法和更新司法政策加以解决，以切实贯彻执行劳动法，保护劳动者合法权益。有的人却借口不能泛化劳动关系，提出各种"去劳动关系化"的论调，对于所有未与互联网平台签订劳动合同的骑手均主张平台非雇主，其中以民事上的承揽关系和合作关系为主要观点。

1. 承揽关系

这种观点认为，互联网平台与众包骑手之间是承揽关系，理由在于平台一般不监管劳动过程（对工作量、工作时间、工作方式等不作要求），而主要验收工作成果，这符合承揽的特征。

我们认为，这种观点忽略了骑手提供送餐的实质属性是提供劳动而非交付成果。首先，互联网平台与骑手之间不符合承揽关系的特征。承揽合同区别于雇佣的主要特征在于，承揽人应当以自己的设备、技术、劳力完成主要工作，不受定作人指挥或管理。① 但正如此前所述，互联网平台对骑手取餐时间、送餐路线、配送时间、接触客户等都有具体要求，实时更新骑手状态，如已接单、已取餐、所在位置、预计时间、超时提醒等，并根据客户评价对骑手进行考评、奖惩，可以说互联网平台对劳动过程全程监管，其强度甚至已经高于传统工作。所谓对劳动过程一般不加监管，完全与事实不符。鉴于工作性质，平台没有必要实时介入送餐过程，考核一般也是在配送完成之后，或者发生客户投诉之时。这种监管方式与平台用工方式相适应，普遍存在于快递等类似上门服务的工作中。否认互联网平台对骑手的管理，相当于否认类似行业中用人单位对劳动者存在管理，这显然是不合理的。此外，这种不管理劳动过程的说法，也明显违背政府部门的规定。例如，按照国家市场监督管理总局的要求，送餐平台对于骑手配送的食品安全承担主体责任②，而2021年2月26日通过的《上海市非机动车安全管理条例》也明确规定，使用电动自行车从事快递以及外卖等网约配送活动的企业应当履行交通安全管理

---

① 《民法典》第772条规定，承揽人应当以自己的设备、技术和劳力，完成主要工作，但是当事人另有约定的除外。

② 《网络餐饮服务食品安全监督管理办法》第13条、第14条分别规定："网络餐饮服务第三方平台提供者和入网餐饮服务提供者应当加强对送餐人员的食品安全培训和管理。""送餐人员应当保持个人卫生，使用安全、无害的配送容器，保持容器清洁，并定期进行清洗消毒。"第34条、第35条分别规定，违反上述两条规定的，由市场监管部门对第三方平台或送餐人员所属企业进行处罚。

义务，应当履行消防法律、法规关于企业消防安全责任的规定。[①] 所谓不监管劳动过程的说法，明显有悖于企业责任和政府监管规定。

其次，缺乏认定承揽关系的基础。承揽合同作为一种民事合同，成立的前提是缔约双方为平等主体。反观互联网平台与骑手，双方交易中所有的规则均由平台设置，不存在任何平等协商，骑手只能选择"要么接受，要么离开"。互联网平台处于明显强势地位，并实际支配和管理骑手，骑手按互联网平台既定流程操作，从属于互联网平台，双方地位明显不平等。对此早有学者明确指出："个人承包人作为经济从属性劳动者应纳入劳动法的适用范围。"[②]

再次，不符合承揽合同的法律规定。《民法典》第770条规定："承揽合同是承揽人按照定作人的要求完成工作，交付工作成果，定作人支付报酬的合同。承揽包括加工、定作、修理、复制、测试、检验等工作。"第780条规定："承揽人完成工作的，应当向定作人交付工作成果，并提交必要的技术资料和有关质量证明。定作人应当验收该工作成果。"显然"送餐"既不属于条文列举的承揽事项中的任何一项，也不属于与已列明的事项相近而可以类推的情况。从交付工作成果来看，也显然不存在所谓技术资料和质量证明。就

---

① 《上海市非机动车安全管理条例》：

第三十二条 使用电动自行车从事快递、外卖等网约配送活动的快递企业、电子商务平台企业和其他相关企业（以下统称"企业"），应当履行下列交通安全管理义务：

（一）建立健全内部交通安全管理制度，明确安全责任人；

（二）做好驾驶人、专用号牌电动自行车的信息核查，并在与驾驶人签订的网约配送协议中明示驾驶人的交通安全义务及违约责任，定期对驾驶人开展道路交通安全法律、法规培训和考核；

（三）监督驾驶人使用悬挂专用号牌的车辆，做好车辆管理、维护等工作，确保车辆安全性能良好；

（四）督促驾驶人上道路行驶时佩戴安全头盔，遵守道路交通安全法律、法规；

（五）根据交通状况等因素，合理确定配送时间、路线等标准和要求，避免引发道路交通违法行为或者交通事故；

（六）将车辆、驾驶人信息和违法车辆配送时间、路线等与交通安全管理相关的信息接入公安机关非机动车道路交通管理信息系统；

（七）实施驾驶人惩戒机制，引导驾驶人依法、安全、文明驾驶，督促驾驶人及时处理道路交通违法行为；

（八）法律、法规规定的其他交通安全管理义务。

第三十三条 使用电动自行车从事快递、外卖等网约配送活动的企业，应当履行消防法律、法规关于企业消防安全责任的规定和下列规定：

（一）对驾驶人进行消防安全教育和培训；

（二）督促驾驶人使用符合国家标准的电动自行车以及蓄电池、充电器等产品；

（三）督促驾驶人规范停放电动自行车和进行安全充电。

② 王全兴、黄昆：《外包用工的规避倾向与劳动立法的反规避对策》，载《中州学刊》，2008年第2期。

难以认定符合承揽合同的概念，难以认定骑手以所谓"承揽人"的身份独立完成工作。将单位组织下的常规劳动，生搬硬套一个承揽的概念，才产生出这种张冠李戴的违和感。

最后，认定承揽的结果非常荒谬。《民法典》第1193条规定："承揽人在完成工作过程中造成第三人损害或者自己损害的，定作人不承担侵权责任。但是，定作人对定作、指示或者选任有过错的，应当承担相应的责任。"也就是说，如果认定平台与骑手之间存在承揽关系，则骑手送餐过程中造成的自身损害和他人损害，原则上由骑手自行承担，平台不承担责任。可以想见，承揽关系下，一旦发生事故和纠纷，骑手自身及相对方（如交通参与人、消费者、商家）的权利都将没有保障。

如若按照承揽认定，骑手送餐中受伤、死亡，将自行承担责任。例如2020年12月，饿了么一位众包骑手送餐途中猝死，平台表示与该骑手无劳动关系，出于人道愿意出2000元。此后在媒体、公众的广泛关注和质疑下，平台承认对于"众包骑手"的保险结构不尽合理，保额不足，2021年1月8日起将保额提升至60万元。新规则实施前，将提供60万元抚恤金给该骑手的家属。① 平台这种置身事外的做法，显然为公序良俗所不容，平台也自觉不能服众。此外，道路交通参与者因骑手过错致害，也显然不可能找骑手个人解决，无论是基于对骑手外观的辨识，还是对骑手工作流程的认知，都无法让互联网平台这一幕后推手置身事外。没有互联网平台为追求利润而对送餐时间提出苛刻要求，并且同时放松监管，骑手何至一再罔顾交通法规，频频发生交通事故？可以说，互联网平台的运营和监管模式是导致骑手违章和事故频发的重要原因。对此，平台又岂能以承揽为由置身事外？试问，一位使用平台标识的骑手交通违章，撞伤路人，路人求偿时需要询问骑手的用工形式吗？互联网平台能够以一纸内部协议而免除责任吗？

按照承揽认定，消费者对配送质效提出异议，遭到打击报复，也将自担风险。比如2021年1月，张女士因餐品尚未实际送达，但饿了么骑手虚假点击签收，而给予骑手差评。结果第二天被该骑手上门死亡威胁，并被要求转账200元赔偿损失。张女士报警并向饿了么平台投诉，饿了么对此仅表示愿意补偿100元优惠券。在媒体和公众的广泛关注和声讨下，公安机关以寻衅滋事为由给予该骑手10天行政拘留的处罚。②《人民日报》官方微博对此评论

---

① 参见手机中国：《饿了么终于让步！2000元人道主义赔偿变成60万元》，见搜狐网，https://www.sohu.com/a/443319058_115831，访问日期：2021年2月19日。

② 参见申江服务导报：《因为给了个差评，沪一独居女子被外卖员上门报复，遭遇"死亡威胁"！》见新浪网，http://k.sina.com.cn/article_1703540563_v6589f75301900ypqa.html，访问日期：2021年2月10日。

称"相关平台不能在纠纷争议面前做鸵鸟"①。我们认为，既然消费者在平台上点单，平台指派骑手配送，并给予消费者点评服务的权利，平台当然应当对骑手进行有效管理，保证骑手配送的质效，保护消费者包括点评在内的各项权利。然而按照承揽的理论，面对骑手的报复，消费者只能直接与骑手理论，或求助警方解决，无权要求平台处理。平台可以将其对骑手疏于审查、疏于管理所导致的风险直接推向社会，由每一位点餐的消费者个人承担，这样的结论相信没有任何一位消费者能认可和接受。如果互联网平台真是这样推脱责任，还有消费者敢于选择它的服务吗？再如，2019 年 12 月，武汉美团骑手超市杀人事件发生后，美团表示"因取货问题与店员发生口角最终酿成悲剧"，"我们责无旁贷，将承担责任、查找问题、全力改进"②。试问，若该骑手未与美团签订劳动合同，美团就无须担责？

事实上，在骑手侵权案件中，鉴于骑手形式上是为平台企业提供劳动，一般均确认此种情况下平台企业对外承担赔偿责任。甚至许多案例中，即便对于受外包企业雇佣的骑手所发生的交通事故，也以外观主义、权利义务对等为由，判令平台企业与外包企业承担连带责任。③

2. 合作关系

有互联网平台要求骑手注册成为个体工商户，与平台建立所谓合作关系。这种做法，可以称为劳动关系的"个体工商户化"。法律上如何看待这样的条款呢？

首先，相关条款可能被认定为无效格式条款。根据《民法典》第 497 条规定，提供格式条款一方不合理地免除或者减轻其责任、加重对方责任、限制对方主要权利，或者提供格式条款一方排除对方主要权利的，格式条款无效。如果互联网平台将注册成为个体工商户列为成为其骑手的前提，以免除其用人单位的责任，排除骑手劳动者权利，则该条款应属无效格式条款。双方的关系还应当根据实际履行情况分析，只要用工情况符合劳动关系的构成要件，就应当依法认定为劳动关系。

其次，所谓个体户实则有名无实。根据《民法典》第 54 条规定，自然人从事工商业经营，经依法登记，为个体工商户。即个体工商户应当是从事工商业经营的人。现实中，骑手没有自己的客户群体，也无法设定交易价格，其按照平台指令提供劳动，获得报酬，根本不存在所谓经营，称其为个体户，

---

① 见《人民日报》官方微博 2021 年 2 月 3 日 21：57 消息，访问日期：2021 年 2 月 10 日。

② 猎云网：《武汉外卖员持刀杀人致死事件｜美团：责无旁贷，承担责任、查找问题、全力改进》，见搜狐网，https://m.sohu.com/a/362189100_118792，访问日期：2021 年 2 月 10 日。

③ 参见（2020）沪 01 民终 9441 号民事判决书、（2018）沪 02 民终 565 号民事判决书。

完全名不副实。

最后，相关行为可能属于无效民事行为。某些互联网平台如此操作，无非是想以所谓商业合作关系取代雇佣关系，进一步去劳动关系化，避免自己被认定为用人单位。但对于建立事实劳动关系的情况而言，这样约定剥夺了劳动法给予劳动者的强制保护，对于数以百万计的骑手而言，剥夺了他们获得职业培训、劳动保护、休息休假、社会保障等一系列权利，使得他们在劳动中更易受到伤害，使得他们在生病、受伤、失业、年老之时生活无着，进而引发巨大的社会问题，从这个角度看，可以说这种行为有违公序良俗，属于无效民事法律行为。[1]

五、相关思考和建议

保护劳工权益，是劳动法从民法中分离出来时就有的鲜明性格。时代发展，用工模式不断变化，更趋灵活，但劳动法保护劳工的立法目的和原则从来没有改变。互联网平台现在滥用业务外包的用工方式，将主营业务全部外包出去，包括将劳动关系"个体工商户化"的做法，似乎是在切香肠，将劳动法、劳动基准的内容一块一块地分离出来，这是非常危险的情况。"劳动关系泛化"本身是个伪命题，严格依照劳动法来执行，是所有法律人应该坚持的核心价值。借反对"劳动关系泛化"之名，抽去劳动法的内核，将会使劳动法处于危机境地。现在，我们在立法和司法上应更加关注某些企业借新业态之名行规避劳动法义务之实的行为，为劳动法尽快打上"补丁"，不能让子弹再飞下去了，再飞下去，整个社会必将付出更高的代价。这些骑手现在还年轻，但他们风里来雨里去难免受伤，他们也总有老去的一天。法律上应该做的，是正视现实状况，完善劳动立法，更新审判理念，旗帜鲜明地反对劳动法在互联网用工的大背景下被人为架空，义无反顾地坚守劳动法保护劳动者的立法初衷。

（一）在劳动法立法上确立视为雇主制度。在业务外包情形下，如果互联网平台和外包企业之间因为没有切割清楚而导致劳动关系模糊，将互联网平台视为雇主，和外包企业共同承担用人单位责任

在现行的法律之下，带有劳务外包性质的外包也并不为法律所禁止。但

---

[1] 全国人大常委会法制工作委员编著的民法典释义中，就第八条"民事主体从事民事活动，不得违反法律，不得违背公序良俗"的释义，列举10种违反公序良俗的行为，其中就包括违反劳动者保护型。《民法典》第153条规定，违背公序良俗的民事法律行为无效。

是，正如劳务派遣需要满足一定条件那样①，业务（劳务）外包也应该具备合法性和正当性。有学者认为："只要发包单位介入到外包单位的劳动管理及生产过程，对劳动者实施管理控制权，就是以劳务外包之名行劳务派遣之实的'假外包、真派遣'。"② 更有学者指出："凡是发包单位对劳动者或者劳务过程实施管理与控制的，应当优先认定为业务外包不成立。"③

我们认为，业务外包的合法性和正当性体现在以下三个方面：一是外包企业与互联网平台有各自的独立性，不存在一方实际控制另一方的情况；二是外包企业直接、具体地使用和管理劳动者，互联网平台没有介入到对劳动者的使用和管理当中；三是互联网平台督促、监管外包企业与劳动者建立清晰的劳动关系，使得劳动者明确知晓自己是与外包企业建立劳动关系。④ 如果在某个个案中不具备上述条件，法律上可以刺破业务外包的面纱，认定互联网平台为隐蔽雇主⑤，由互联网平台与外包企业共同对劳动者承担劳动法上的责任。法律就是要去伪存真、由表及里，探求某个纠纷中法律关系的实质。我们在法律上揭掉当事人精心设计的马甲，其实质就是要刺破业务外包的面纱，让躲藏在背后的雇主浮出水面，承担起本应由其承担的劳动法责任。这种去伪存真、探求本质的做法，在其他法律领域已经有成功先例。例如，为了防止股东滥用公司法人独立地位和股东有限责任逃避债务，公司法上规定

---

① 参见《劳动合同法》第57条至第67条。第57条规定了经营劳务派遣应当满足的注册资本、场所设施、管理制度等方面的具体要求，并规定未经许可，不得经营该项业务。第67条规定，用人单位不得设立劳务派遣单位向本单位或者所属单位派遣劳动者。全国人大常委会法工委编著的《〈中华人民共和国劳动合同法〉释义及实用指南》对此释义："一些用人单位开始设立派遣单位向本单位或下属单位派遣劳动者。它将实际上只有两方法律主体的简单劳动关系，变成了三方的劳务派遣关系，为用人单位规避劳动法创造了'空间'。这种畸形的劳务派遣破坏了劳动力市场，不利于劳动者维权和劳动关系稳定。""本条禁止用人单位设立劳务派遣单位，目的在于真正将雇佣劳动者与使用劳动者相分离，维护劳动者权利，规范劳务派遣市场。"同理，丧失独立性的所谓外包并未真正实现发包企业与外包企业的分离，在发包企业实际用工的情况下，不具有真实的外包属性，成为发包企业规避劳动法的经营方式，不利于劳动者权利的保护。

② 李嘉娜：《防范劳务派遣遁入"劳务外包"》，载《中国工人》，2013年第9期。

③ 周国良：《论劳务派遣难以转成业务外包》，载《中国劳动》，2012年第11期。

④ 如互联网平台审查了外包企业提供的劳动合同、工资发放、社保缴纳凭证等，可以视为尽到了监管责任。如外包企业与劳动者签订了书面劳动合同，向劳动者发放了劳动报酬，为劳动者缴纳了社会保险，则可认定已建立了清晰的劳动关系。

⑤ 2003年，国际劳工组织发布了《雇佣关系的范围》报告，该报告提出了"隐蔽雇佣"的概念，它是指假造某种与事实不同的表面形象，从而达到限制或者削弱法律所提供的保护的目的。并且指出，这是一种旨在隐藏或扭曲雇佣关系的行为，其手段包括以另外一种法律外壳加以掩盖，或赋予其另一种使工人获得更少保护的工作形式。通俗地讲，隐蔽雇佣就是给正常的劳动关系披上一层马甲，使其看起来不像劳动关系。参见邱婕：《灵活就业——数字经济浪潮下的人与社会》，122-123页，北京，中国工人出版社，2020。

了"刺破公司面纱制度"。相关指导案例也指出，在两个公司之间存在人格混同的情况下，关联公司对外承担连带责任。[①]

在平台将大量业务进行外包，与众多外包企业建立合作关系的背景下，如果外包企业以平台的要求管理劳动者，根据平台的指令指挥劳动者，并且必须接受平台的检查和处罚，完全丧失了用工的独立性，甚至平台跳过外包企业直接向劳动者发送工作指令，指挥劳动，就会造成无法确认唯一雇主，或者说存在多个雇主的情况。对此，有学者认为："根据平台企业和承包组织所实施劳动管理权限比重及获利状况、市场地位等要素展开综合分析，劳动关系中的用人单位和责任承担可归类为三种情形：（1）承包组织和平台企业共同承担用人单位责任；（2）平台企业承担用人单位责任；（3）承包组织承担用人单位责任，平台企业承担补充责任。"[②] 我们认为，在业务外包模式下，若平台未能将劳动关系切割清楚，一旦发生纠纷，就应当刺破业务外包的面纱，让平台企业和外包企业共同承担用人单位责任。一则平台实际用工，是实际雇主，应当承担雇主责任，外包企业帮助平台用工，对外宣称用工，是形式雇主，要求其承担责任亦有依据。二则这样严格的制度，可以促使互联网平台合理设计外包制度，严格履行对外包企业的监管责任，防止劳动者关系无着的情况发生，同时抑制已经出现的层层外包现象，防止底层劳动者的执业风险被不断扩大。

（二）尽快完善灵活就业相关立法及配套社保制度，依法认定劳动关系

如果说我们现在的社会保障制度有短板，那么"互联网＋"业态下类似骑手职业的保障，就是一块明显的短板。现有劳动立法未能对除非全日制用工、劳务派遣以外的灵活就业形式加以明确规定，现有社保立法也没有与灵活就业相匹配的制度设计，导致在认定平台用工上存在制度性障碍。

在"互联网＋"业态下，平台用工形式出现了全新的变化，法律的相对

[①] 《公司法》第 20 条第 3 款规定："公司股东滥用公司法人独立地位和股东有限责任，逃避债务，严重损害公司债权人利益的，应当对公司债务承担连带责任。"即刺破公司面纱制度。

最高院《九民会议纪要》明确，《公司法》第 20 条第 3 款规定的滥用行为，实践中常见的情形有人格混同、过度支配与控制、资本显著不足等。人格混同最主要的表现是公司的财产与股东的财产混同且无法区分。公司控制股东对公司过度支配与控制，操纵公司的决策过程，使公司完全丧失独立性，沦为控制股东的工具或躯壳，严重损害公司债权人利益，应当否认公司人格，由滥用控制权的股东对公司债务承担连带责任。

最高院第 15 号指导案例，徐工集团工程机械股份公司诉成都川交工贸有限责任公司等买卖合同纠纷案的裁判要点指出：关联公司的人员、业务、财务等方面交叉或混同，导致各自财产无法区分，丧失独立人格的，构成人格混同。关联公司人格混同，严重损害债权人利益的，关联公司相互之间对外部债务承担连带责任。

[②] 王茜：《平台三角用工的劳动关系认定及责任承担》，载《法学》，2020 年第 12 期。

滞后性，使得既有规范和新的需求之间脱节。在新的平台用工形式已广泛普及的当下，应当尽快修订劳动基准相关规定，适配规范灵活用工的需要，将灵活就业人员纳入劳动法律保护的范畴。就社保缴纳而言，许多地方已对灵活用工作出了特别规定，应当及时汇总、提炼地方经验，尽快出台国家层面的规定。

认定灵活就业人员的劳动关系，并不意味着对其与标准劳动关系下的劳动者完全无区别对待。这从现行法律关于灵活用工的规定就可以看出。例如《社会保险法》规定，未在用人单位参加基本养老保险的非全日制从业人员以及其他灵活就业人员可以参加基本养老保险、职工基本医疗保险，由个人缴纳保险费。职工应当参加工伤保险，由用人单位缴纳工伤保险费，职工不缴纳工伤保险费。[1] 再如《劳动合同法》就非全日制劳动关系下，双方可以订立口头协议，劳动者可以与多个单位订立劳动合同，双方均可随时终止用工，用人单位不支付经济补偿等事项作了灵活、宽松的规定。但也同时对其适用作出了严格限制，即仅适用于以小时计酬为主，劳动者在同一用人单位一般平均每日工作时间不超过四小时，每周工作时间累计不超过二十四小时的用工形式；并规定，非全日制劳动关系下不得约定试用期，小时计酬标准不得低于法定最低小时工资标准，报酬结算支付周期不得超过十五日等。[2] 这些内容显然有别于标准劳动关系项下的权利义务。这种差别充分考虑了灵活用工与标准劳动关系之间的差别，为用人单位的经营降低了成本，为相关行业的发展预留了空间。

认定灵活就业人员的劳动关系，对个人的意义并非仅在于社保的依法缴纳，而是能给予劳动者在劳动法律项下的基本权利保护，比如最低工资、工作时间、劳动保护、职业培训、休息休假等等，并根据不同劳动者的具体情况，分类、分层保护其作为劳动者应当享有的权利。而其对社会的意义更为重大，将使劳动法得以全面贯彻实施，真正维护全体劳动者的合法权益，建立起和谐的劳动关系，促进社会主义市场经济健康、平稳发展，维护社会稳定和长治久安。

习近平总书记在 2021 年 2 月 26 日中共中央政治局第二十八次集体学习时强调，完善覆盖全民的社会保障体系，促进社会保障事业高质量发展可持续发展。他特别指出，"要健全农民工、灵活就业人员、新业态就业人员参加社会保险制度"[3]。2021 年 3 月 11 日，十三届全国人大四次会议表决通过《关

---

① 参见《社会保险法》第 10 条、第 23 条、第 33 条。

② 参见《劳动合同法》第 68 条至第 72 条。

③ 习近平著：《习近平谈治国理政》第 4 卷，345 页，北京，外文出版社，2022。

于国民经济和社会发展第十四个五年规划和 2035 年远景目标纲要的决议》，明确提出"健全多层次社会保障体系……健全灵活就业人员社保制度"。而要将骑手这样的新业态就业人员、灵活就业人员纳入社会保险制度，前提就是确认他们的劳动者身份。

六、结语

国际上，法国最高法院、英国最高法院先后于 2020 年、2021 年判决确认 Uber（优步）司机这一灵活就业人员是互联网公司的员工。① 这体现出发达资本主义国家在面对全新就业形态时与时俱进的司法态度。

《中国灵活用工发展报告（2021）》蓝皮书显示，2020 年企业采用灵活用工比例同比增逾 11 个百分点，达到 55.68%，有近 30% 的企业表示稳定或扩大使用规模；超过四分之三的企业主要出于"降低用工成本"这一动机使用灵活用工。② 可见企业灵活用工已经非常普及，并成为大势所趋。2020 年 7 月 28 日发布的《国务院办公厅关于支持多渠道灵活就业的意见》提出："研究制定平台就业劳动保障政策，明确互联网平台企业在劳动者权益保护方面的责任，引导互联网平台企业、关联企业与劳动者协商确定劳动报酬、休息休假、职业安全保障等事项，引导产业（行业、地方）工会与行业协会或行业企业代表协商制定行业劳动定额标准、工时标准、奖惩办法等行业规范。"为灵活用工劳动保障问题的解决指明了方向。

为此，应当尽快完善灵活用工劳动基准法律和配套社保制度，确立视为雇主制度，明确灵活就业人员的劳动者地位和相关权利、待遇。行政、司法机关据此严格落实、适用规定。而在相关规定出台前，有关部门应适当从宽认定劳动关系，给予灵活就业人员必要保护。鉴于劳动者个体力量弱小，且缺乏组织，还应当在前述基础上，引导劳动者通过组建工会等形式，开展与平台企业的协商、谈判，以充分、全面保障灵活就业人员的劳动者权益。

---

① 参见金融界：《法国最高法院承认 Uber 司机身份：属于正式员工》，见搜狐网，https://www.sohu.com/a/377913069_114984，访问日期：2021 年 3 月 1 日；亚时财经：《英国最高法院裁定优步司机为正式员工 或对其商业模式造成巨大冲击》，见搜狐网，https://www.sohu.com/a/451660324_100183167，访问日期：2021 年 3 月 1 日。

② 参见郭梦媛：《蓝皮书：2020 年中国企业采用灵活用工比例达 55.68%》，见中新网，https://www.chinanews.com/cj/2020/12 - 20/9366942.shtml，访问日期：2021 年 3 月 1 日。

法学论坛

新冠疫情对劳动法的挑战[①]

——来自德国的经验

朱　军[*]

[摘要]　新冠疫情席卷全球的同时,也冲击着各国的劳动生活世界。除德国政府的公力救济之外,劳动法学者在履行障碍法的制度框架下,本着市场法则和社会保护并重的原则,因应和解决疫情引发的涉及劳动合同主给付义务和附随义务的法律纠纷。"无工作义务"情形下的工资风险负担通常须区分履行不能可归责于劳资何方而定夺,尤其针对非因劳资双方导致无法履行工作义务的情形存有较大争议。在"有工作义务"情形下,劳方通常须契合疫情防控措施进行工作,如居家办公,适当延长或缩短工作时间。劳资双方的附随义务主要是围绕如何在疫情下确保正常履行工作,劳方负有及时报告健康状况、接受询问和健康检查的义务,资方则须实施对其可期待的保护员工身体健康的必要措施。

[关键词]　新冠疫情　工资风险　附随义务

---

* 朱军,上海交通大学凯原法学院副教授,德国哥廷根大学法学博士。本文是国家社科基金一般项目"离职竞业禁止制度的系统性矫正研究"(项目编号:20BFX188)的阶段性成果。
① 收稿时间:2021 年 3 月。

一、前言

2020 年初暴发的新冠疫情以令人难以想象的传染速度席卷了全球。每天在电视和广播里所见所闻的就是令人触目惊心的新增感染人数和因新冠病毒或其引发之基础疾病死亡的人数，每个人都被笼罩在阴郁的氛围中。然而，人类从不缺乏与新病毒抗争的宝贵经验。归功于现代医学防疫的高质量发展，新冠疫苗不断更新迭代，接种人数持续增长，目前人类已经处于"新冠疫情防控常态化"的阶段。

然而，新冠疫情对人类生活的方方面面产生了颠覆性的影响。劳动是维持人类发展的最重要生活实践，劳动法将在"后新冠疫情时代"继续发挥重要作用。尽管国家临时紧急出台了很多公法性质的规范性甚至是政策性文件以缓解新冠疫情对劳动力市场的巨大冲击①，但不容更改的是意思自治仍然是劳资双方自由调整双方之间法律关系的主旋律。劳动法作为新兴的独立部门法，特殊之处就在于其用于调整劳动关系的双重机制：其一，"个别"劳动法在"个别劳动关系"项下的调整机制，指由劳资一方或双方基于个体自治，通过资方的指令权和签订劳动合同来调整劳动条件。其二，"集体"劳动法在"集体劳动关系"项下的调整机制，指由资方与劳方自由选举的代表或建立的组织（劳方工会和单个资方或其组建的资方团体）实现集体自治②，通过签订集体合同来调整劳动条件。德国集体劳动法在新冠疫情中扮演了重要角色，主要表现为各行各业的工会与资方通过集体协商调整适应于新冠疫情的劳动条件以"共渡难关"。但鉴于我国劳动法制中个别劳动法远比集体劳动法发达的现实③，本文避免纯粹介绍公法干预性的强制规定④，选择聚焦于简要介绍

---

① 相较于广大劳工群体，拙见以为，高校教师应该算是"幸运群体"，似可算作受到新冠疫情冲击最小的职业群体。以笔者为例，除了一学期在线授课后感觉效果不佳之外，其余工作与疫情暴发前别无二致，依然是在校学习看书，专心于教学科研工作。反倒是疫情给了平常喧嚣的校园难得宁静的科研佳境。每念及于此，我倍感庆幸，顿时感觉身上教书育人的担子又重了些许，不敢懈怠。

② 须简要说明的是，各国集体劳动法以工会与单个资方或其组建的资方团体通过集体协商订立集体合同为主要特色。但德国以其独特的集体自治"双轨制"闻名于世，在工会层面除最重要的集体自治之外，自魏玛时期发展了集体自治的另一根支柱——专门调整职工参与的《企业职能部门组织法》（Betriebsverfassungsgesetz）。可详见朱军：《〈劳动合同法〉第 4 条"平等协商确定"的再解读——基于劳动规章制度的中德比较》，载《华东政法大学学报》，2017 年第 6 期。

③ 已有学者指出我国集体合同制度尚未有效落实的现状，参见王天玉：《互联网平台用工的"类雇员"解释路径及其规范体系》，载《环球法律评论》，2020 年第 3 期。

④ 全文中在必要处穿插介绍了有关新冠疫情的特殊规定，如下文提到的北莱茵-威斯特法伦州颁布的《新冠疫情期间的孩子照护条例》。

贯彻法教义学的德国①个体劳动法如何因应劳动合同之主给付义务和附随义务受新冠疫情影响而引发的法律问题。②

二、"无工作义务"情形下的工资风险负担

众所周知，在新冠疫情处于严重态势的很长一段时间，劳工因种种原因不提供劳动的情形比比皆是。故本文首先关注"无工作义务"情形下之对待给付——工资风险负担的问题。须说明的是，本文使用的"无工作义务"包括能够履行但拒绝或免除工作义务以及履行不能两种情形，以下将细分这两种情形下的不同事由来系统阐释德国法的情况。

（一）非因劳资双方导致无法履行工作义务的情形

1. 政府下令企业停工停产

政府下令企业停工停产导致劳工不能在企业场所内提供劳动。劳方由此通常根据《民法典》第 275 条第 1 款③无须履行工作义务，因为劳动给付性属绝对定期之债，以至于随着时间逝去，劳动给付成为第 275 条第 1 款意义上的履行不能。例外是实际情况允许劳工在家内办公，且劳方在法律上负有此义务。④ 棘手的是，在劳动无法在家内给付的情形，如流水线或厨师工作，则通常在劳动给付履行不能时，作为对待给付的工资义务也根据《民法典》第 275 条第 1、4 款⑤和第 326 条第 1 款第 1 句⑥，原则上归于消灭，即俗话说的"未劳动，无工资"（ohne Arbeit kein Lohn）。然而，此符合民法的一般对待给付风险规则在劳动法中经常因倾斜保护劳动者被突破。《民法典》第 615 条⑦

---

① 德国著名劳动法学家不来梅大学的 Wolfgang Däubler 教授专门写了一本《新冠疫情下的劳动法》，涉猎的问题全面丰富。Vgl. Däubler, Arbeitsrecht in Zeiten der Corona-Krise, Bund -Verlag GmbH 2020.

② 拙见以为社会保障法实则在应对新冠疫情挑战中发挥着比劳动法更为重要的作用。笔者因非此领域的专家，故尽己所能地介绍了相关的缩短工作时间（Kurzarbeit）制度。详细介绍德国社会保障法的相关内容留待专攻于社会保障法的留德学者弥补本文的遗憾。

③ 德国《民法典》第 275 条第 1 款：若给付对于债务人或任何人均为不可能，则给付请求权被排除。

④ 关于劳方在新冠疫情期间的家内工作义务，详见下文三（一）1. 居家办公。

⑤ 德国《民法典》第 275 条第 4 款：债权人的权利根据第 280 条、第 283 条至第 285 条、第 311a 条和第 326 条确定。

⑥ 德国《民法典》第 326 条第 1 款第 1 句：若债务人依据第 275 条第 1 款至第 3 款无须给付，则对待给付请求权消灭；针对部分给付情形，准用第 441 条第 3 款。

⑦ 德国《民法典》第 615 条：（第 1 句）若劳务权利人受领劳务迟延，义务人得就因迟延未给付之劳务请求约定的报酬，并无事后补服劳务之义务。（第 2 句）但义务人因不提供劳务所节省的费用，或另在他处提供劳务所获得或因恶意不为而未取得的报酬，应予抵扣。（第 3 句）在雇主承担停工风险的情形，准用第 1 款和第 2 款。

正是这样一条特殊规定。① 由此引发的问题是此非因劳资双方，而是由政府出于控制疫情需要而宣布的大范围停工，其所导致的工资风险究竟应该由谁来买单。对此，德国学者出现了"形式上"针锋相对的两派观点。

有观点否定《民法典》第615条的适用，认为此类案型无关该条第3句规定的应由资方承担的经营风险（Betriebsrisiko），而是应由劳方承担一般生活风险（Lebensrisiko）。这种政府因疫情防控需要下达的涉及面较广的一般停工指令，并非因特定企业性质下达的特殊停工指令，故非与企业相伴的经营风险，而是资方无法控制的一般性防疫风险。② 为了缓和这种因政府行为导致劳方丧失工资的不利后果，此观点建议资方可以申请短时工（Kurzarbeit）补贴。③

另有观点赞成适用《民法典》第615条。④ 根据《民法典》第615条和第297条⑤以下的法条文义，债权人资方受领迟延的构成要件皆成立。⑥ 劳工完全能口头上提出劳动给付（《民法典》第295条⑦），甚或实际上提出劳动给付（《民法典》第294条⑧）。⑨ 如果企业未关闭，劳工本可以提供劳动。如同《民法典》第297条要求的那样，他既愿意也能够提供给付⑩，除非发生了全面"封禁"（Lockdown），也就是任何人都不能出家门的极端情形。由于该履行不能的原因非仅源于企业，也出自劳方须承担的"在途风险"（Wegerisiko），即员工不能到企业上班的路途风险，劳方丧失工资请求权。但这种极端情况尚未在德国新冠疫情流行期间发生。维持劳方因资方受领迟延的工资请求权符合立法者制定《民法典》第615条所追求的目的。⑪ 此所谓的基础风险（Substratsgefahr），即由准备且具有给付能力的劳工提出的劳动因劳动条件/

---

① Vgl. Fischinger/Straub, Ohne Arbeit kein Lohn, JuS 2016, 208.

② Vgl. Sagan/Brockfeld, NJW 2020, 1116.

③ 关于在新冠疫情期间的短时工制度，详见下文三（二）2. 缩短工作时间。

④ Vgl. Weller/Lieberknecht/Habrich NJW 2020, 1019；Fuhlrott/Fischer, Corona：Virale Anpassungen des Arbeitsrechts, NZA 2020, 349.

⑤ 德国《民法典》第297条：在给付提出时，或于第296条之情形，于所定债权人应为行为之时，若债务人不能提供给付，则债权人不陷入迟延。

⑥ Vgl. Fischinger/Hengstberger, Arbeitsrechtliche Fragen in der Corona-Krise, NZA 2020, 562 f.

⑦ 德国《民法典》第295条：（第1句）如果债权人对债务人表示将不受领给付，或给付提供需债权人的行为，尤其在债权人应领取给付标的的情形，则债务人提出言词给付即可。（第2句）请求债权人为必要行为与提出给付具有同等效力。

⑧ 德国《民法典》第294条：给付应向债权人依债的本旨实际提出。

⑨ Vgl. Fischinger, Arbeitsrecht, 1. Aufl. 2018, Rn. 470 ff.

⑩ Vgl. Staudinger/Richardi/Fischinger, BGB, 2019, § 615 Rn. 80 ff.

⑪ 德国《民法典》立法理由书谓：除了纯粹地不受领提出的给付外，任何源于债权人导致不能履行的原因均使得资方负有继续支付工资的义务。

基础（如生产工具）的障碍而无法被资方受领的风险，应由资方承担。① 这亦符合民法基本原则——每人自担由其委托之劳动力的使用风险，这是与物权法的拉丁语法谚原则"不幸由物主承担"相映衬/对应的债法原则。② 依据此基础性风险分担规则，《民法典》第615条第1句不仅适用于出自资方领域的障碍情形（如因生产组织瑕疵导致必备工作原料的短缺），而且也适用于"中性"障碍情形，即非归咎于劳资各方的原因。③ 因此，《民法典》第615条第1句同样适用于因自然天灾引发的企业停工。④ 这也表明维持劳工的工资请求权无须援引由立法者纳入经营风险理论（Betriebsrisikolehre）的第615条第3句，该句纯粹多余。⑤

上述关于适用《民法典》第615条与否的学界争议直接关系到资方应否承担因不可归咎于劳资双方之"中性"障碍情形引发的经营风险（Betriebsrisiko）及与之相伴的工资风险。但新冠疫情对企业（尤其是广大中小企业）经营的消极影响不容小觑，故联邦劳动法院承认了"在继续支付工资将会危及企业生存的情况下"排除适用《民法典》第615条的例外。⑥ 但认定条件非常严苛，必须危及整个企业（das gesamte Unternehmen）的生存，若仅危及某个企业职能部门（ein Betrieb）尚不足以排除适用。⑦ 此外，须变现某个企业职能部门的财产以获得继续支付工资的资金也不足以排除适用。联邦劳动法院设置如此高的标准导致其至今尚未承认过一起例外。但鉴于新冠疫情的蔓延及其给经济造成的日益加剧的消极影响，有观点认为不排除在当下如此

---

① Vgl. Picker, Fristlose Kündigung und Unmöglichkeit, Annahmeverzug und Vergütungsgefahr im Dienstvertragsrecht-Teil 2, JZ 1985, 693 ff. MüKoBGB/Henssler, Münchener Kommentar zum BGB, 8. Aufl. 2020, § 615 Rn. 10.

② Vgl. Picker JZ 1979, 293.

③ Vgl. Canaris, FS Prölls, 2009, 21（38）；Picker, FS Kissel, 1994, 854.

④ Vgl. ErfK/Preis, 20. Aufl. 2020, BGB § 615 Rn. 131；Staudinger/Richardi/Fischinger, 2020, BGB, § 615 Rn. 238；MüKoBGB/Henssler, 8. Aufl. 2020, § 615 Rn. 108.

⑤ Vgl. Staudinger/Richardi/Fischinger, 2019, BGB, § 615 Rn. 6.

⑥ Vgl. BAG 09. 03. 1983－4 AZR 301/80, AP BGB § 615 Betriebsrisiko Nr. 31.

⑦ Vgl. Junker, Grundkurs Arbeitsrecht, 15. Aufl. （2016）, Rn. 656 f. 字典翻译均为"企业"的Betrieb 和 Unternehmen 在德国《企业职能部门组织法》中是两个重要但不同的法律概念。法律对 Betrieb 未作定义，德国联邦劳动法院将其理解为在统一领导下由企业主借助物质或非物质资料单独或与其雇员持续追求劳动技术目的的组织单位。这与谋求经济目的或意识形态目的的 Unternehmen 不同。通常来说，Betrieb 相较于 Unternehmen 是组织上更小的概念。较小的 Unternehmen 往往只有一个 Betrieb，两者发生重合。但较大的 Unternehmen 拥有多个 Betrieb 并不少见，如某制造汽车的 Unternehmen 拥有研发和组装两个 Betrieb。为避免窄化理解 Betrieb 并不当缩小《企业职能部门组织法》的适用范围，笔者将 Betrieb 翻译为"企业职能部门"，但须强调的是"企业职能部门"内的成员仅包括普通劳工，不包括资方成员，甚至根据《企业职能部门组织法》第5条第3款不包括领导性职员（leitende Angestellte），如销售部经理。

困难的窘境下联邦劳动法院会对企业作出承认排除适用的判决。[①]

2. 政府下令劳工居家隔离或禁止工作

根据《传染病防治法》，有关政府主管部门可以下令病毒携带者、病毒感染者以及疑似患病者居家隔离（第 30 条第 2 句）或者禁止这些人工作（第 31 条）。这些指令也可针对具有劳动能力的劳工作出。在禁止工作的情形，劳工根据《民法典》第 275 条第 1 款免于履行工作义务。相反，在仅下令隔离而非完全禁止工作的情形，劳工是否被免除工作义务则要视其在隔离地点能否提供劳动而定。这尤其在居家隔离的情况下成为可能，但以资方能够指令劳工居家工作为前提。[②] 政府下令劳工居家隔离或禁止工作构成《民法典》第 616 条[③] 意义上导致劳工不能履行的个人阻碍事由。[④] 但为了抵御新冠病毒通常所需的"两周"隔离原则上不符合该条的"适度的不过长的时间"的要件，以至于工资请求权被排除。然而，劳工此时并非无所救济：如果某人因政府下令居家隔离或禁止工作而遭受工资损失，他根据《传染病防治法》第 56 条第 1 款享有补偿请求权（Entschädigungsanspruch）。在前六周，资方向员工补偿 100％的工资损失，但资方可以向主管部门申请报销此笔支出（第 56 条第 2 款第 1、2 句，第 5 款第 1、2 句）。六周过后，劳工针对主管部门直接享有补偿其通常工资收入 70％的请求权（第 56 条第 2 款第 3 句，《社会法法典第 V 部》第 47 条第 1 款）。

（二）因劳方导致不履行工作义务的情形

1. 因惧怕传染风险而拒绝提供工作

劳方能否因为惧怕被传染而拒绝工作：某小型服务公司的老板对新冠疫情并不在乎，认为为此花费高额防护成本并不值得（如在柜台前放置隔挡玻璃板），员工 A 能否因担心感染新冠而拒绝去工作？根据《民法典》第 275 条第 3 款[⑤]，如果与资方利益权衡相比，提供劳动对员工来说是不可期待的，则劳方享有拒绝权。根据通说，即使在新冠疫情期间，仅仅纯粹抽象的、在上

---

① Vgl. Fuhlrott/Fischer, Corona: Virale Anpassungen des Arbeitsrechts, NZA 2020，348；Fischinger/Hengstberger, Arbeitsrechtliche Fragen in der Corona-Krise, JA 2020，563.

② 详见下文三（一）1. 居家办公。

③ 德国《民法典》第 616 条：（第 1 句）如果劳务义务人因不可归责于其个人的事由，在符合比例且不过长的期间内提供劳务受到阻碍，则不因此丧失报酬请求权。（第 2 句）但劳务义务人于阻碍期间，基于法定投保义务所生疾病保险或意外保险而获得之金额，应予抵扣。

④ Vgl. Staudinger/Oetker, 2019, BGB, § 616 Rn. 75；MüKoBGB/Henssler, 8. Aufl. 2020, § 616 Rn. 25.

⑤ 德国《民法典》第 275 条第 3 款：若债务人须亲自给付，但经相较权衡阻碍给付的事由与债权人的给付利益后，无法期待债务人提供给付，则债务人亦可拒绝给付。

下班途中的感染风险并不能满足此要件。^① 此外，劳方还可借助德国《民法典》第 273 条第 1 款^②之债法意义的"留置权"拒绝劳动，前提是资方未能根据《民法典》第 618 条^③适当履行关涉劳方生命安全的保护义务。^④

问题在于劳方的工资请求权在此类情形是否存续。根据《民法典》第 275 条第 1、4 款和第 326 条第 1 款第 1 句，作为对待给付的工资请求权本应因"工资义务"的绝对定期之债性质而随之消灭。但根据主流观点，资方陷入受领迟延，如果劳方主张《民法典》第 273 条第 1 款的拒绝履行权利，并同时以资方提供符合劳动保护要求的工作环境为前提向资方提出劳动给付，则资方放弃履行《民法典》第 618 条的必要保护义务则被视为"不受领"^⑤，由此劳方可基于劳动合同，依据《民法典》第 611a 条第 2 款^⑥、第 615 条第 1 句主张工资报酬。

2. 感染新冠病毒^⑦

如果员工生病，则他无须履行工作义务^⑧，可分为以下几种情形：

根据《民法典》第 275 条第 1 款，员工的病情之重致其不能工作。^⑨

根据《民法典》第 275 条第 3 款，员工虽仍能工作，但他的健康状况会随带病工作而恶化。^⑩

若员工虽仍能工作，但存在感染其他同事的风险，则从事工作并非根据《民法典》第 275 条第 1 款自始不能。须再作区分的是：若资方有权指令其在家办公，则员工可以提供劳动。但若居家办公因法律和事实原因不可能，则资方基于针对其他员工的保护义务（《劳动保护法》第 3、4 条和《民法典》第 618 条第 1 款），在法理上不能受领患病员工在企业内提供劳动给付。

---

① Vgl. Dehmel/Hartmann，Das Coronavirus (COVID-19) auf dem Vormarsch-Die wichtigsten arbeitsrechtlichen Themen，BB 2020，885.

② 德国《民法典》第 273 条第 1 款：若债务人基于债务所有生之同一法律关系对债务人有届清偿期之请求权，除债务关系另有规定外，得于自己享有之给付受偿前，拒绝自己的给付（Zurückbehaltungsrecht）。

③ 德国《民法典》第 618 条第 1 款：劳务权利人就为从事劳务而应由其提供的处所、设备或工具，应为设置及维持，并就依其命令或指挥而实施之劳务，应在劳务给付性质许可范围内安排，使劳务义务人免于生命及健康危害。

④ 关于资方在新冠疫情期间的保护义务，详见下文四（二）。

⑤ Vgl. Weller/Lieberknecht/Habrich，Virulente Leistungsstörungen-Auswirkungen der Corona-Krise auf die Vertragsdurchführung，NJW 2020，1019.

⑥ 德国《民法典》第 611a 条第 2 款：雇主有义务支付约定的报酬。

⑦ 此专题更多内容可详见 Vgl. Däubler，Arbeitsrecht in Zeiten der Corona-Krise，Bund-Verlag GmbH 2020，§ 4 Corona-Erkrankung eines Beschäftigten.

⑧ Vgl. ErfK/Reinhard，20. Aufl. 2020，EFZG § 3 Rn. 3.

⑨ Vgl. BAG 26.07.1989 - 5 AZR 301/88，NZA 1990，140；Düwell BB 2020，892.

⑩ Vgl. ErfK/Preis，20. Aufl. 2020，BGB § 611 a Rn. 685.

如果感染新冠员工仍能在家办公，则他自然根据《民法典》第 611a 条第 2 款以及劳动合同享有工资请求权。

若感染新冠员工依照《民法典》第 275 条第 1 款或第 3 款不能履行工作义务，则他原则上根据第 275 条第 1、4 款和第 326 条第 1 款第 1 句丧失工资请求权。这里存在突破此原则的多项例外：

其一，病假工资。根据《工资继续支付法》第 3 条，员工因病不能工作可获得最多六周的病假工资。根据《不能工作条例》（ArbeitsunfähigkeitsRL）第 2 条第 1 款第 1 句，如果员工因病不能工作或者继续工作有恶化健康的风险存在，则存在不能工作的情形。[1] 值得一提的是，考虑到新冠病毒传染性较强，联邦法定医保协会（KBV）对《不能工作条例》第 4 条第 1 款所作出的患病员工须亲自到诊所获得工作不能的医生证明这一要求进行了简化，从而患轻微上呼吸道疾病的员工自 2020 年 3 月 9 日起可通过电话从医生处获得最多七天的不能工作证明（Bescheinigung auf Arbeitsunfähigkeit）。该简化程序免去了在过于拥挤的诊所中交叉感染的隐患。医生直接根据电话而非亲自诊断所出具的不能工作证明与通常的纸质证明具有同等的证明效力。需注意的是，员工第一时间向资方报告染病的义务，以及资方第一时间要求员工提供医生证明的请求权均不受此简化程序影响。[2] 如果员工请求医生直接向其雇主传达不能工作证明，则员工须承担该证明无法及时到达雇主处的传达风险。[3]

然而，《工资继续支付法》第 3 条在因病不能工作时的以下例外情形不予适用：员工有过错地导致了患病，但并非指《民法典》第 276 条第 2 款的过错程度，否则员工的私人生活自由将会在事实上受到严重威胁。排除适用《工资继续支付法》第 3 条的过错程度指员工作出严重违反期待正常理性人所作的行为[4]，如员工在新冠疫情期间去官方预警的疫情地区旅游[5] 或参加有新冠病毒的派对。[6] 资方虽然对此负有举证责任，但若资方对事实经过难以获得确切的信息，则举证依赖于劳方的协助。[7] 若劳方拒绝协助说明澄清，则推定其有过错。[8]

---

① Vgl. Düwell, Rechtsfragen zur Arbeitsunfähigkeit bei COVID-19, BB 2020, 892.

② Vgl. Fuhlrott/Fischer, Corona: Virale Anpassungen des Arbeitsrechts, NZA 2020, 346.

③ 与通常时期出具医疗证明的情形同等处理。Lepke, Pflichtverletzungen des Arbeitnehmers bei Krankheit als Kündigungsgrund, NZA 1995, 1086.

④ Vgl. BAG 18.3.2015 - 10 AZR 99/14, NZA 2015, 801.

⑤ Vgl. Stück, Pandemie-Praktische und arbeitsrechtliche Maßnahmen zur Vorbeugung und Bekämpfung, MDR 2009, 1211.

⑥ Vgl. Düwell, Rechtsfragen zur Arbeitsunfähigkeit bei COVID-19, BB 2020, 893.

⑦ 关于举证困难，可参见 Vgl. Düwell BB 2020, 893.

⑧ Vgl. ErfK/Reinhard, 20. Aufl. 2020, EFZG § 3 Rn. 32.

　　其二，缘于资方受领迟延的工资请求权。基于《民法典》第 615 条第 1 句的继续支付工资请求权仅在以下情形成立：感染新冠肺炎员工在家中愿意且能够向资方提出劳动给付，但被资方拒绝受领。在其他所有可能想到的情形下，由于劳方是出于自身原因而陷于《民法典》第 297 条的履行不能，进而排除资方受领迟延，故《民法典》第 615 条第 1 句无法适用。①

　　其三，缘于"暂时履行障碍"的工资请求权。《工资继续支付法》第 3 条作为特殊条款排除《民法典》第 616 条的适用。② 如果劳工因病不能工作，后者自始不适用。相反，如果感染新冠肺炎员工仍能工作，但只能在企业内提供劳动，则传染其他同事的风险可视为适用《民法典》第 616 条的情形。③

　　3. 子女的必要照护④

　　依据《民法典》第 275 条第 3 款，当与资方利益权衡后，履行对于劳工来说是不可期待的，劳工可以拒绝履行工作义务。典型适例是有必要看护子女。⑤《民法典》第 1627 条⑥ 和第 611a 条第 1 款第 1 句的规范层面发生冲突，解决该冲突的规范依据是《社会法法典第 V 部》第 45 条和《传染病防治法》第 56 条第 1 款 a 项。⑦ 子女须具有照护需求，通常是未满 12 周岁的儿童，如果是需要照顾的残疾儿童则不受年龄限制（《传染病防治法》第 56 条第 1 款 a 项）。此外，照护必须由劳工本人实施⑧，且不存在以下情形：其他人可以照护（比如没有工作的配偶⑨、有可以照护的亲属）⑩，有紧急看护请求权⑪ 抑

---

　　① Vgl. Staudinger/Richardi/Fischinger, 2019, BGB, § 615 Rn. 80 ff.

　　② Vgl. Fischinger, ArbR, 2018, Rn. 514, 566.

　　③ Vgl. Hohenstatt/Krois, Lohnrisiko und Entgeltfortzahlung während der Corona-Pandemie, NZA 2020, 415.

　　④ 此专题更多内容可详见 Vgl. Däubler, Arbeitsrecht in Zeiten der Corona-Krise, Bund-Verlag GmbH 2020, § 6 Unversorgte Kinder.

　　⑤ Vgl. Fischinger, ArbR, 2018, Rn. 618.

　　⑥ 德国《民法典》第 1627 条：（第 1 句）父母应以自己之责任及相互意思之协议，为子女利益行使亲权。（第 2 句）若出现意见分歧，父母应尝试协调一致。

　　⑦ Vgl. Hohenstatt/Krois, Lohnrisiko und Entgeltfortzahlung während der Corona-Pandemie, NZA 2020, 414.

　　⑧ Vgl. BAG 19.4.1978 – 5 AZR 834/76, NJW 1978, 2316.

　　⑨ Vgl. BAG 20.06.1979 – 5 AZR 361/78, AP BGB § 616 Nr. 50.

　　⑩ 值得一提的是，如果逾八旬的祖母愿意照看 6 周岁的孙女，有德国学者认为这不属于存在有亲属照护子女的可能，因为这位老人属于易感染新冠病毒的风险人群，应该将她在新冠疫情期间的社会接触减少到最低必要程度。Vgl. Kleinebrink, Arbeitsbefreiung zur Betreuung eines Kindes, DB 2020, 953.

　　⑪ 如双职工父母均就职于事关系统正常运转的关键岗位且无其他照护子女的可能，则他们在新冠疫情期间享有要求学校或幼儿园紧急照护子女的权利。这需要各州组织安排，比如北莱茵－威斯特法伦州仅要求父母一方在关键的基础行业工作（《新冠疫情期间的孩子照护条例》第 3 条第 1 款数字 1 项）即可申请。有的州并无紧急照护权的制度，如果此时照护子女是必要的，则父母可以拒绝工作。

或是存在与配偶平分照护职责的可能。①

若员工在家照护生病或不能将其送往幼儿园或学校的子女，则原则上因劳动给付的绝对定期之债性质而丧失工资请求权（《民法典》第275条第1、4款和第326条第1款第1句）。但如果照护孩子为阻碍劳工在适度的不过长的时间内不能工作的个人原因，且劳工对此没有过错，则可以从《民法典》第616条第1句得出另外的结论。劳工须照护生病的孩子毫无疑问属于此类情形。②

有争议的是，《民法典》第616条第1句在以下情形是否适用：未生病的儿童因看护机构在疫情期间关闭而须被照护。部分学者持否定观点，认为这不属于该句所涵盖的客观给付障碍，因为必要看护缘起于德国联邦境内的照护机构关停而非劳工自身。③但主流观点认为这属于个人的障碍事由④，因为儿童照护机构关停导致劳工为照护子女而不能工作的风险不属于与个人情况无关的所有劳工均会遇到的一般风险，而恰恰是身为父母的员工才会遭遇的风险。尽管幼儿园和学校关停是导火索，但其并非导致免除工作义务的真正原因。该原因实则是每位身为父母的员工须对孩子承担的照护义务。⑤

如何理解适用《民法典》第616条第1句的另一要件"适度的不过长的时间"存有争议。有观点建议将受阻碍不能工作的时间与劳动关系已存续的时间加上将来可期待存续的时间的总期限相比，经权衡得出不同受雇时间的劳工应该继续享有工资请求权的不同时长。⑥有学者还相应给出简便规则，比如受雇时间不超三个月的员工享有1天因个人原因带薪不工作的权利，受雇3至6个月的员工则可享有3天。⑦另有观点主张根据个案区分确定，比如综合衡量以下因素确定因个人原因不工作的带薪天数：阻碍工作事由的性质、持续时间和严重程度，以及所涉劳工和须被照护之人的个人情况。⑧尽管见解不一，但学界普遍认为劳工为照护生病的家属或看护孩子能享有最多5天的不工作带薪天数⑨，仅在

---

① Vgl. Staudinger/Oetker, 2019, BGB, § 616 Rn. 62 mwN.

② Vgl. ErfK/Preis, 20. Aufl. 2020, BGB § 616 Rn. 8.

③ Vgl. Kleinebrink, DB 2020, 955.

④ Vgl. Hohenstatt/Krois NZA 2020, 415; Henssler/Willemsen/Kalb/Krause, Arbeitsrecht, 8. Aufl. 2018, BGB § 616 Rn. 24.

⑤ Vgl. Kolbe, BB 2009, 1415.

⑥ Vgl. Erman/Belling/Riesenhuber, BGB, 15. Aufl. 2017, BGB § 616 Rn. 50.

⑦ Vgl. Erman/Belling/Riesenhuber, 15. Aufl. 2017, BGB § 616 Rn. 50.

⑧ Staudinger/Oetker, 2019, BGB § 616 Rn. 102; Henssler/Willemsen/Kalb/*Krause*, 8. Aufl. 2018, BGB § 616 Rn. 41 f.

⑨ Vgl. Staudinger/Oetker, 2019, BGB § 616 Rn. 104; Henssler/Willemsen/Kalb/Krause, 8. Aufl. 2018, BGB § 616, Rn. 42; Erman/Belling/Riesenhuber, 15. Aufl. 2017, BGB § 616 Rn. 52.

极端个案为 10 天。①

值得一提的是，为了弥补《民法典》第 616 条在倾斜保护劳工方面的适用局限，德国立法者新增自 2020 年 3 月 30 日生效的《传染病防治法》第 56 条第 1 款 a 项作为"新冠疫情补助礼包"的一部分。② 据此，有工作的人因公共照护系统崩溃而须照护不满 12 周岁的子女或须照料残障子女时，可以在无其他照护可能的情况下获得工资损失的补偿。③ 补偿最多持续 10 周，原则上补偿 67％的工资损失，但每月最高补偿 2 016 欧元（《传染病防治法》第 56 条第 2 款第 4 句）。根据《传染病防治法》第 56 条第 1 款第 1、2 句，资方负责先行支付补偿，然后可向相关主管部门申请报销。④

（三）因资方导致不履行工作义务的情形

1. 资方因防疫措施不到位被劳工拒绝履行工作义务

若资方未能切实履行下文所述的基于《民法典》第 618 条的防疫保护义务⑤，员工原则上可以引用《民法典》第 273 条第 1 款，在债法意义层面"留置"劳动⑥，且根据《民法典》第 615 条第 1 句不丧失工资请求权。⑦ 需注意的是，若劳工不享有拒绝给付权利，则资方可针对拒绝劳动发出警告甚或行使解雇权。⑧

2. 资方为防止传染风险免除工作义务

资方能否为了防止新冠疫情在工作场所传播而指令某有传染风险的员工不来工作？德国学者举出下则有趣的实例：受雇于 U 公司的音乐女教师 R 在最终回到德国之前，已在中国武汉于新冠疫情暴发后停留了数周。U 公司担心有传染风险，不想让有轻微咳嗽的 R 回公司上班，遂向她解释后要求其在家待两周。⑨

根据"一般的实际劳动权"（allgemeiner Beschäftigungsanspruch）⑩，资

---

① Vgl. Schaub/Linck ArbR-Hdb, 18. Aufl. 2019，§ 97 Rn. 18.

② Vgl. BR-Drs. 153/20 (B).

③ Vgl. BT-Drs. 19/18111, 25 f.

④ Vgl. Hohenstatt/Krois, NZA 2020，417.

⑤ 详见下文四（二）。

⑥ 详见上文二（二）1."因惧怕传染风险而拒绝提供工作"。

⑦ Vgl. BAG 28. 6. 2018 – 2 AZR 436/17, NZA 2018, 1259.

⑧ Vgl. BAG 29. 8. 2013 – 2 AZR 273/12, NJW 2014, 1323.

⑨ Vgl. Fischinger/Hengstberger, Arbeitsrechtliche Fragen in der Corona-Krise, JA 2020, 567.

⑩ 对"allgemeiner Beschäftigungsanspruch"翻译不一，有的翻译为"就劳请求权"，此为德国联邦劳动法院根据基本权的间接第三人效力理论，对《民法典》第 242 条诚信原则作符合宪法——《基本法》第 1 条和第 2 条基本权之客观价值的解释，并由此推行出实际劳动权在私法领域贯彻宪法保护劳动者个人尊严和发展自由的根本价值。国内早有学者对此作过精彩的引介与评论，感兴趣的读者详见王倩：《"实际劳动权"的理念塑造与现实作用》，载《时代法学》，2012 年第 5 期。

方原则上有义务根据劳动合同实际"雇佣"劳动者。① 资方单方面决定免除工作义务仅在其对此具有值得保护的更高利益时才被允许,且相关要求非常高——在当下新冠疫情的背景下,须有员工感染新冠的特殊嫌疑事由,比如刚从风险地区返回或与已有感染新冠症状之发烧或咳嗽的人有密切接触。② 劳动者的工资请求权在此时原则上根据《民法典》第615条第1句依然存在。然而与主流观点不同③,有德国学者认为在资方单方免除有传播新冠病毒风险之劳方的工作义务时,应区分具体情况适用第615条第1句④。

情形一:若员工事后确实感染新冠生病,则工资请求权无争议地不成立。如员工在应当提供劳动时因感染新冠而不能履行,根据《民法典》第297条,资方并未陷入《民法典》第615条第1句规定的"债权人受领迟延"。

情形二:若事后发现员工感染新冠不实,则《民法典》第297条规定的债务人不能履行的情形不存在。但如果存在感染新冠嫌疑之员工传染其他同事或第三人(如服务的客户)的具体风险,《民法典》第615条第1句仍然不适用。考虑到新冠病毒的高传染性,以及所有员工在工作中通常会彼此接触,资方有权为了保护其他员工拒绝感染新冠嫌疑之员工提出的劳动给付而无须陷入受领迟延。⑤ 但确有给付能力的劳动者可根据《民法典》第616条或《传染病防治法》第56条第1款主张工资或补偿请求权。

三、"有工作义务"情形下受新冠疫情影响的履行

在新冠疫情中,劳工能够提供劳动的情形并非稀奇,比如咨询服务行业以及若视作劳动关系的教职科研人员,故本文第三部分将重点关注新冠疫情对履行"工作义务"的影响。须说明的是,本文使用的"有工作义务"仅指劳工确实在新冠疫情期间提供劳动,以下将从事关履行工作义务的各维度来系统介绍德国法的情况。

(一)工作地点

如上文所示,新冠疫情首先造成的冲击是为防止疫情扩散使得在工作场所内办公成为不可能。然而,有不少工作存在居家办公的可能,由此引发的法律问题缘于工作地点由企业经营空间转为私人居住空间的变动。

---

① Vgl. BAG 10. 11. 1955 – 2 AZR 591/54,NJW 1956,359.

② Vgl. Dehmel/Hartmann, Das Coronavirus (COVID -19) auf dem Vormarsch-Die wichtigsten arbeitsrechtlichen Themen,BB 2020,888.

③ Vgl. Sagan/Brockfeld, Arbeitsrecht in Zeiten der Corona-Pandemie, NJW 2020,1114.

④ Vgl. Fischinger/Hengstberger, Arbeitsrechtliche Fragen in der Corona-Krise, JA 2020,567.

⑤ Vgl. Staudinger/Richardi/Fischinger, 2019, BGB § 615, Rn. 97 mwN.

1. 居家办公[1]

（1）资方指令居家办公？

居家办公作为疫情前的例外情况，须满足两个前提条件：其一，存在居家从事工作的事实可行性。其二，劳工负有在家办公的义务。

针对前者，工作性质（如厨师）、劳动的居住环境（如居住空间非常狭小的单室套）抑或是数据保护需要均会导致不具备居家工作的事实条件。

针对后者，居家办公义务须有请求权基础。[2] 如果双方同意居家办公或已在劳动合同中有效约定资方保有指令居家办公的权利，则毫无问题。[3] 但若此情形不存在，资方请求居家办公的基础可以是基于《工伤条例》第106条第1句的资方指令权、签订企业职能部门协议（Betriebsvereinbarung）[4] 以及变更性解雇。由于后两者情形问题特殊且在现实中不常见，以下将重点介绍与我国实体法相符，资方通过指令权引入居家办公的情形。

根据德国法，下达居家办公的指令须满足两个条件方为有效，即指令须公平合理且与劳动合同和/或集体合同不抵触（《工伤条例》第106条第1句）。

若劳动合同约定某企业职能部门的所在地为工作地点，但未约定资方保留指令居家办公的权利，则资方向员工下达某段时间居家办公的指令因超越劳动合同约定的界限而无效（《工伤条例》第106条第1句）。[5] 仅在例外和紧急情形，资方才能在劳方未同意的情况下指令其从事合同未负担的工作，称之为"拓展的指令权"（erweitertes Direktionsrecht）。[6] 这衍生于劳动合同的劳方注意义务（《民法典》第241条第2款）和诚信原则（《民法典》第242条）。[7] 当下的新冠疫情危机也可证成资方享有指令劳方在家办公的宽泛指令权，即使合同约定的是另一处工作地点。[8] 如刚从风险地区度假归来的、有传

---

① 此专题更多内容可详见 Vgl. Däubler, Arbeitsrecht in Zeiten der Corona-Krise, Bund-Verlag GmbH 2020，§ 3 Arbeit im Homeoffice.

② Vgl. Krieger/Rudnik/Peramato, Homeoffice und Mobile Office in der Corona-Krise, NZA 2020，474.

③ Vgl. Röller, Küttner Personalbuch, 27. Aufl. 2020, Homeoffice, Rn. 5.

④ 参见朱军：《〈劳动合同法〉第4条"平等协商确定"的再解读——基于劳动规章制度的中德比较》，载《华东政法大学学报》，2017年第6期。

⑤ Vgl. LAG Berlin-Brandenburg 14. 11. 2018 - 17 Sa 562/18, NZA-RR 2019，287.

⑥ Vgl. BAG 16. 10. 2013 - 10 AZR 9/13, NZA 2014，264.

⑦ Vgl. NK-ArbR/Boecken/Pils, Nomos Kommentar Gesamtes Arbeitsrecht，2016, GewO § 106 Rn. 48.

⑧ Vgl. Fuhlrott/Fischer, NZA 2020，349.

染风险之嫌的员工被要求居家隔离，资方可指令该员工居家办公。①

若劳动合同例外地未约定工作地点，资方可以根据指令权确定具体的工作地点，只要该指令公平合理。这取决于个案中的全面利益衡量，须纳入宪法和法律的价值判断。② 需注意的是，资方下令家内办公至少在一定程度上支配使用了劳工的住宅。③ 这受到《基本法》第 13 条第 1 款④ 的基本权保护。⑤ 但也要考虑到，在疫情危机期间，居家办公也仅是暂时性质，故住宅原则上仍是住宅，不会质变为工作场所。⑥ 此外，在疫情期间，企业内的工作场所通常具有更高的传染风险，其原因在于共处一室的员工无法完全避免接触，此将导致不小的危害健康风险。故综合权衡后，资方具有更高的利益值得保护，从而有权行使居家办公的指令。⑦

理所当然的是，资方有义务向劳工提供在家办公的必要工具。⑧ 即使在家办公，资方也须尊重劳动保护法的相关规定，故资方可将使用客观、可靠且开放的系统监测家内办公之工作时间的义务移转给劳方。⑨

（2）员工享有居家办公权？

德国仅有少数特别规定赋予了员工家内办公或移动办公的权利，除此以外并无一般的家内工作请求权。⑩ 但当资方赋予了一些员工在家内工作的权利且此不同等对待不具有正当性时，该权利可以例外地从劳动法之平等对待原则中推导而来。⑪ 在例外情形，资方基于注意和保护义务（《民法典》第 241 条第 2 款和第 618 条）负有允许某员工在家办公的义务，比如在上班路途对他们来说不可期待且于企业内也不能对他们给予足够保护，而他们在家办公并不会提供有损价值的劳动的条件下可以赋予这些易受伤的员工在家办公的权利。这里可以不考虑资方须针对这些员工采取适当保护措施的义务。

---

① Vgl. Krieger/Rudnik/Peramato, Homeoffice und Mobile Office in der Corona-Krise, NZA 2020，476.

② Vgl. ErfK/Preis, Erfurter Kommentar zum Arbeitsrecht, 20. Aufl. 2020, GewO § 106 Rn. 11 mwN.

③ Vgl. Oberthür, Telearbeit im Homeoffice, MDR 2015, 1269.

④ 德国《基本法》第 13 条第 1 款：住所不容侵犯。

⑤ Vgl. Benkert, Arbeitsrechtliche Aspekte einer Tätigkeit im Home-Office, NJW-Spezial 2019, 306；Schaub/Vogelsang, Arbeitsrechts-Handbuch, 12. Aufl. 2019, § 164 Rn. 26.

⑥ Vgl. Fuhlrott/Fischer, NZA 2020, 345（350）.

⑦ Vgl. Krieger/Rudnik/Peramato, NZA 2020, 475；Fuhlrott/Fischer, NZA 2020, 349.

⑧ Vgl. Fuhlrott/Fischer NZA 2020, 349.

⑨ Vgl. Krause, Arbeit anytime? Arbeitszeitrecht für die digitale Arbeitswelt, NZA-Beil. 2019, 93 f.

⑩ Vgl. Picker, Rechtsanspruch auf Homeoffice?, ZfA 2019, 269.

⑪ Vgl. MHdB ArbR/Fischinger, § 7 Rn. 45 ff.

2. 公务出差

劳工有义务从事哪些公差取决于个案判断，须参考的因素包括出差地尤其是最终目标地点的传染风险性以及员工的身体状况等。即使是短期去往风险地出差的指令，原则上一律因不具有合理性而无效。① 如果劳动合同约定了出差义务，员工可以根据《民法典》第 275 条第 3 款拒绝履行。当员工因公正身处风险地，原则上他可以根据《民法典》第 241 条第 2 款请求支持其返回安全地及与之相伴的资金支持。②

（二）工作时间

除了工作地点，新冠疫情对工作时间的影响亦非常大，如上述被迫停工使工作时间锐减为"零"的极端情形。即使在能够提供劳动的情况下，工作时间也受到了不同程度的影响。

1. 延长工作时间

德国《工作时间法》原则上禁止在周日和节假日工作（《工作时间法》第 9 条），规定每两班之间必须有 11 小时不间断的休息时间（《工作时间法》第 5 条）且每天最高工时为 10 小时（《工作时间法》第 3 条）。在疫情背景下，商事或旅游行业因订单锐减导致用工需求几近停滞，相反卫生行业、医药行业、实验室或特定供给机构则是 24 小时超负荷运行。若此时再发生员工生病的突发情况，则可能即使实施《工作时间法》允许的加班也不能满足企业必要的人力需求。因此，联邦卫生部的危机管理小组已经呼吁各联邦州对《工作时间法》新增例外许可。根据现行法，资方可以根据疫情状况在以下两种特殊情形偏离对加班的严格限制：

（1）《工作时间法》第 14 条第 1 款的特例。

《工作时间法》第 14 条第 1 款允许资方在以下特殊情形偏离《工作时间法》的限制性规定：其发生与所涉员工意志无关且后果无法通过其他方式消除。此为法定的例外情形，故不需要集体合同的相关规定或者主管部门的事前同意。③ 如存在此特殊情形，则加班工作被允许，但资方承担错误判断的风险。不可抗力和员工群体生病通常被视为特殊情形。④ 此外，另一标准也须满足，即此导致加班需要的情况既非经常发生也非可以预见。⑤

然而，《工作时间法》第 14 条第 1 款仅允许"暂时的加班"，这不仅须个

---

① Vgl. BAG 18. 10. 2017 – 10 AZR 330/16, NZA 2017, 1452.

② Vgl. Bonanni, ArbRB 2020, S1.

③ Vgl. BeckOK ArbR/Kock, 54. Ed. , Stand 1. 12. 2019, Einl. zu § 14 ArbZG.

④ Vgl. Baeck/Deutsch, ArbZG, 3. Aufl. 2014, § 14 Rn. 7; Neumann/Biebl, ArbZG, 16. Aufl. 2012, § 14 Rn. 7.

⑤ Vgl. BAG v. 28. 2. 1958 – 1 AZR 491/56, AP AZO § 14 Nr. 1 Ls.

案判断，而且只涵盖非过多时间的工作。① 另有观点将"暂时的加班"细化为从几小时到数天的时间区间段。② 最后，资方加班利益和劳方健康利益之间仍须进行利益衡量，以避免侵害《工作时间法》的健康保护宗旨。③ 在疫情当下作出的权衡通常对资方有利，但仍须遵守《工作时间法》第 14 条第 3 款的限制，即在 6 个月或 24 周内每周平均工作时间不得超过 48 小时。

（2）《工作时间法》第 15 条第 2 款之因公共利益许可的特例（Ausnahmegenehmigung im öffentlichen Interesse gem. § 15 II ArbZG）。

如果对于公共利益来说是急迫且紧要的，监察部门可以超越《工作时间法》的法定例外，根据《工作时间法》第 15 条第 2 款许可更多的例外。德国联邦劳动与社会保障部专门印制了信息小册列举了诸如严重事故、自然灾害或者供给系统危机等例外情形。④ 检验此情形的"例外"性质实施严苛标准：必须存在须值得通过颁发例外许可保护的高位阶利益，以至于个人利益甚或是部分员工利益不得不退居其后。⑤ 公共利益仅在于周日或节假日工作的正当利益高于在这些日子正常休息的利益的情形下存在，故在这种极端特殊情形下，相关主管部门甚至可以颁发长达数月甚至一年期限的加班许可。当下新冠疫情局势正体现了这种特殊例外的性质，说明无例外许可导致的供给紧缺对企业利益具有特殊重要意义。如同《工作时间法》第 14 条第 3 款，第 15 条第 3 款同样限制在 6 个月或 24 周内每周平均工作时间不得超过 48 小时。⑥

2. 缩短工作时间⑦

新冠疫情给服务行业，尤其是其中的餐饮、旅游和影院带来重创。这些企业应对疫情导致用工需求过剩的最重要手段是缩短正常工时。⑧ 因为工作时间和工资报酬属于劳动合同的核心主给付义务，资方不能单方通过指令权缩短工作时间，而是必须有特定的请求权基础，如与劳方协商一致缩短工时、劳动合同保留的缩短工作时间的指令权、集体合同规定抑或是根据《企业职能部门组织法》第 87 条第 1 款数字 3 签订的企业职能部门协议（Betriebsv-

---

① Vgl. ErfK/Wank，20. Aufl. 2020，ArbZG § 14 Rn. 4.

② Vgl. Baeck/Deutsch，ArbZG， § 14 Rn. 16；Neumann/Biebl，ArbZG，16. Aufl. 2012， § 14 Rn. 6.

③ Vgl. ErfK/Wank，ArbZG § 4 Rn. 4.

④ Vgl. BMAS，Das Arbeitszeitgesetz，Informationsbroschüre，2018，34，abrufbar unter www. bmas. de（letzter Abruf am 16. 3. 2020）.

⑤ Vgl. BeckOK ArbR/Kock，ArbZG， § 15 Rn. 9.

⑥ Vgl. Fuhlrott/Fischer，Corona：Virale Anpassungen des Arbeitsrechts，NZA 2020，347.

⑦ 此专题更多内容可详见 Vgl. Däubler，Arbeitsrecht in Zeiten der Corona-Krise，Bund-Verlag GmbH 2020， § 5 Arbeitsmangel und Kurzarbeit.

⑧ Vgl. MHdB ArbR/Reichhold， § 40 Rn. 74 ff.

ereinbarung）的约定。① 然而，劳工不得根据《工资继续支付法》第 3 条主张被缩短工时的报酬，因为即使是生病但仍有劳动力的劳工也无须在被缩短的工作时间内提供劳动，原因在于此免除工作义务非因其生病而引起。

由此引发的问题是劳动因缩短工时而导致的收入减少应当如何补偿？此时德国社会法中的"短时工制度"出手相助。② 劳工的工资损失可以依据《社会法法典第 III 部》第 95 条及其以下条款，以"短时工补贴"（Kurzarbeitergeld）作为社会给付（Sozialleistung）得到补偿。③ 资方实则借此将工资风险转移给了社会保险共同体。④ 立法者旨在利用在金融危机时期经受住考验的"短时工补贴"资金缓释新冠疫情对劳动力市场的阵痛。立法者借助紧急程序新增《社会法法典第 III 部》第 109 条第 5 款，授权德国联邦政府至 2021 年 12 月 31 日止可以降低申领"短时工补贴"的某些特定条件。联邦政府据此颁布了《短时工补贴条例》（Kurzarbeitergeld-VO）。根据新增的《社会法法典第 III 部》第 421c 条，在系统相关行业的工作者获得的其他收入不必算入抵扣"短时工补贴"。《短时工补贴条例》第 3 条基于新增的《劳务派遣法》第 11a 条，将"短时工"制度同样引入了劳务派遣行业。

根据《社会法法典第 III 部》第 96 条第 1 款，现在申领"短时工补贴"的前提条件简要如下：

——若缩短工时由新冠疫情或其后果引起，则停工须是因为不可避免的事件。⑤

——停工是暂时性的，通常不得明显超过最长 12 个月期限（《社会法法典第 III 部》第 104 条第 1 款）。⑥ 迄今为止，最长期限从未延长至 24 个月（《社会法法典第 III 部》第 109 条第 1 款数字 2）。

——停工须不可避免。故在申请短时工补贴之前，资方须先穷尽一切应对工时变动的可能，如消耗时间账户盈余、休假等。减少使用劳务派遣也是

---

① Vgl. BAG 14. 02. 1991 - 2 AZR 415/90，NZA 1991，608. Staudinger/Richardi/Fischinger，2020，BGB § 611 a Rn. 1092；Bauer/Günther，Kurzarbeit zur Krisenbewältigung-Einführung durch Änderungskündigung?，NZA 2020，419.

② 早有留德学者精彩详细地介绍过德国借"短时工作制度"应对 2008 年金融危机的成功经验。参见沃尔夫冈·多依普勒、王倩：《金融危机中避免失业减少裁员之策——德国的对策》，载《中国劳动关系学院学报》，2009 年第 3 期，第 63－65 页，"五、应对措施之四：实行短时工作制并申请补贴"部分的内容。

③ Vgl. Waltermann，Sozialrecht，13. Aufl. 2020，Rn. 460 ff.

④ Vgl. Fischinger/Hengstberger，NZA 2020，563 ff.

⑤ Vgl. BeckOK SozR/Bieback，55. Ed. 1. 12. 2019，§ 96 SGB III Rn. 12.

⑥ Vgl. BSG Urt. v. 17. 5. 1983－7 RAr 13/82，BeckRS 1983，30710096；HWK/Peters-Lange，Arbeitsrecht，§ 96 SGB III Rn. 2.

优先可以考虑的措施。①

——停工造成严重后果。原先规定是在每个停工月，某企业职能部门（Betrieb）或企业职能部门的科室（Betriebsabteilung）内至少有 1/3 的员工（《社会法法典第 III 部》第 97 条第 2 句）受到至少 10％的工资总额损失。但到 2020 年 12 月 31 日止，《短时工补贴条例》第 1 条数字 1 降低比例至所有员工的 10％，这意味着国家在新冠疫情下更早地介入救助。②

——资方须向联邦劳动局（Bundesagentur für Arbeit）报告并申请"短时工补贴"。

对成功申请短时工制度的资方来说更为有利的是，根据《短时工补贴条例》第 2 条第 1 款规定，资方可以向联邦劳动局申请全额报销其在实施短时工期间为员工缴纳的社会保险费用。③

3. 消耗"时间账户"的盈余和休假

德国劳工通常实际工作的时间要长于集体合同或劳动合同确定的每周 35 至 40 小时的工作时间。因此实践中诞生了"灵活工作时间"模式，即把加班时间计入"时间账户"，以待日后消耗这一"盈余时间"。与我国劳动法设计的加班补偿不同，德国劳动实践更注重员工休息权，对于多工作的时间并非直接给予加班费，而是在日后工作量小的时候劳工可以调休并获得按照正常上班时间发放的工资。故应对疫情导致的用工需求过剩，资方可以动用消耗"时间账户"盈余的手段，这在疫情期间并无特殊之处。④ 此外，员工也可以先休年休假或是暂时不带薪休假，但须取决于劳资双方协商一致，禁止资方单方命令员工休假。

四、劳资双方的附随义务

新冠疫情不仅影响了劳动合同的主给付义务，而且也丰富了劳资双方在这一特殊时期的附随义务。⑤

---

① Vgl. Bieback in Gagel, SGB II/SGB III, 76. EL März 2020, § 96 Rn. 125.

② Vgl. Däubler, Arbeits-und Sozialrecht in Corona-Zeiten-deutsche Erfahrungen, DRdA 2020, 488.

③ 中国人力资源社会保障部、财政部和税务总局亦因新冠疫情对企业经济的消极影响而下调部分社保项目的缴费率，于 2020 年 2 月 20 日联合发布了《关于阶段性减免企业社会保险费的通知》（人社部发〔2020〕11 号）。

④ 早有留德学者介绍过此应对 2008 年金融危机的成功措施。参见沃尔夫冈·多依普勒、王倩：《金融危机中避免失业减少裁员之策——德国的对策》，载《中国劳动关系学院学报》，2009 年第 3 期，第 62-63 页，"三、应对措施之二：消耗'时间账户'中的盈余"部分的内容。

⑤ Vgl. Sagan/Brockfeld, Arbeitsrecht in Zeiten der Corona-Pandemie, NJW 2020, 1112 f.

（一）劳方的附随义务

1. 报告义务（Anzeigepflichten）

不能工作的劳工原则上没有义务告知资方身患何病。但在新冠疫情可以有例外，因为原则上他存在传染其他同事的风险，而资方只有在确切获悉有员工感染新冠病毒的情况下才能做好有效的防疫措施。根据被《劳动保护法》第15条第1款和第16条第1款细化的资方注意义务（《民法典》第241条第2款），劳工原则上须向资方提供身患新冠肺炎的诊断报告，除非员工在最长的14天潜伏期内与其他同事没有人身接触。仅在患病症状符合《新冠病毒报告条例》第1条的疑似病例时，员工须向资方报告。此外，员工原则上须向资方报告其他同事的健康风险情况，但要注意保护同事的人格权且避免在例外情形给同事打上"新冠记号"，因为感染新冠的症状跟流行性感冒相似。①只有在扼制传染不可避免的情况下，资方才可以公布身患新冠肺炎员工的身份。②

2. 接受询问的义务

资方原则上可以询问劳工是否与新冠病人有接触或在新冠病毒风险地③逗留过。资方只有通过询问才能切实对其他劳动者采取必要的保护措施（《民法典》第618条和《劳动保护法》第3条第1款）。劳工无须告知具体地点，资方由此调取和加工的个人健康信息须符合《欧盟数据保护条例》（DSGVO）第6条第1款字母c、第9条第1款字母b和《德国联邦数据保护法》第26条第3款第1句、第22条第1款数字1字母b。

3. 接受健康检查的义务

问题在于新冠疫情期间资方是否有权对员工的健康状况进行检查。若资方对员工感染新冠有合理怀疑，则其可以要求员工出具医生证明或接受企业内医生的必要检查。④企业门口的测温仪是否有意义存疑，因为发热并非必然由感染新冠引起，但德国疾病防控机构——罗伯特·科赫研究所认为企业在门口设置测温仪以发现生病症状是合适的防疫措施。原则上，资方不得毫无根据地指令所有员工进行体检，除非某企业职能部门被新冠病毒袭击或企业

---

① Vgl. Schmidt/Novara DB 2009，1817（1819）.

② Vgl. Bonanni，ArbRB 2020，S1.

③ 新冠病毒风险地指当局发出过不前去预警的地点或经德国疾病防控机构——罗伯特·科赫研究所（Robert Koch Institut）证实的风险地。für den eine Reisewarnung des Auswärtigen Amtes bestand oder der in einem vom RKI ausgewiesenen Risikogebiet liegt.

④ Vgl. BAG NZA 1998，326（327）＝ NJW 1998，1582 Ls.；NJW 2000，604 ＝ NZA 1999，1209（1210）；zur Schweinegrippe Schmidt/Novara DB 2009，1817（1819）；MüKoBGB/Spinner，8. Aufl. 2020，§ 611 a Rn. 1004.

周围发生群体感染新冠病毒的事件。

（二）资方的附随义务

如上所述，劳方借助德国《民法典》第 273 条第 1 款之债法意义的"留置权"拒绝劳动，前提是资方未能根据《民法典》第 618 条适当履行关涉劳方生命安全的保护义务。资方采取的措施由公法性质的劳动保护类法规规定，如《劳动保护法》第 3 条及其以下条款以及对此进行细化的条例（如《工作场所条例》）。资方通常须实施对他可期待的措施，以尽可能有效地防止新冠病毒传播。能够期待实施的合理保护措施如下：若可能就实行居家办公，限制或关闭企业职能部门内的公共活动场所，物理障碍，员工间社交距离的限制，咳嗽和打喷嚏的规范，禁止握手，等等。①

五、结语

至此对德国经验的简要引介，想必给读者留下了德国法律同行借助传统法教义学因应新冠疫情对劳动法之挑战的深刻印象，尤其体现在上述种种情形下的工资风险分配。尽管在一些情形存有争议，但不容忽视的是，德国同行并非简单宣称或倾向于劳资一方的价值判断，而是运用法理探索平衡劳资利益之道。最后借用德国两位劳动法专业律师令我感触至深的一段话作为结语："即使不久的将来仍未可知，但法律在疫情危机期间仍然不打任何折扣地继续适用，甚至要特别发挥效用，绝不允许任何'出于经济需要'侵蚀法治的事件发生。为达此目标，立法机关应当快速作出与疫情形势相契合的反应，并修订须调整的旧规；司法机关可以在相关人员和特殊情况涉及的基本权利指引下，对不确定的法律概念作出审时度势的解释；行政机关则要通过颁布一般行政命令并迅速处理经深思熟虑的申请，以及时应对当下的具体情况。"②

---

① 更多的资方保护义务请见 Sagan/Brockfeld，NJW 2020，1113；Däubler，Arbeitsrecht in Zeiten der Corona-Krise，Bund-Verlag GmbH 2020，§ 2 Vorsorgemaßnahmen im Betrieb.

② Vgl. Fuhlrott/Fischer，Corona：Virale Anpassungen des Arbeitsrechts，NZA 2020，350.

医疗救助对象识别机制的法律建构①

李俊杰 *

目次
一、问题的脉络：从人员范围到识别机制
二、医疗救助对象识别机制的政策目标辨析
三、构建医疗救助对象识别机制的基本原则
四、医疗救助对象识别机制的具体方案构想

[摘要]　构建统一规范的医疗救助对象识别机制，不仅是党中央、国务院的决策要求，也是我国医疗救助制度迈向成熟、稳定的必然要求。同时，新的改革决策部署、新的医疗保障管理体制以及丰富的地方经验也为构建统一规范的医疗救助对象识别机制提供了现实基础。作为医疗救助制度的核心内部机制，医疗救助对象识别机制的政策目标应当定位于及时准确地识别出因医疗需求而陷于急难境况的人员，具体运行规则的设定应当坚持目的性、调查核实和及时便利三项基本原则。救助对象识别机制的具体运行规则不仅需要具有充分的法理正当性，还需要具有良好的现实适应性和可行性。结合过去二十年来医疗救助领域所积累的经验和当下所面临的困境，本文按照"提出申请—调查核实—审核确认—争议处理"的框架提出了具体规则方案构想。

[关键词]　医疗救助　救助对象　识别机制　法律建构

自 2000 年 12 月国务院首次明确提出要"建立社会医疗救助制度"②，经过十余年的探索和努力，至 2014 年 2 月《社会救助暂行办法》通过，我国的医疗救助制度已基本成型。当前，其作为我国法定医疗保障制度体系的重要组成部分，在减轻人民群众医疗费用负担方面发挥了显著的作用。但是，我

＊ 李俊杰，西南政法大学经济法学院专任教师，法学博士。本文系 2020 年度重庆市社会科学规划项目"中国特色医疗救助立法研究"（项目编号：2020PY76）的成果之一。
① 收稿时间：2022 年 3 月。
② 《国务院关于印发完善城镇社会保障体系试点方案的通知》（国发〔2000〕42 号）。

国的医疗救助制度至今尚未建立起统一规范的救助对象识别机制,这直接制约着医疗救助制度迈向成熟、定型。在新一轮医疗保障制度改革开启之际,有必要对现行医疗救助对象认定的相关政策进行法理反思,并在此基础上建构符合我国实际的医疗救助对象识别机制。

一、问题的脉络:从人员范围到识别机制

(一)我国医疗救助对象相关政策的变迁

2003 年 11 月,民政部等三部门发布《关于实施农村医疗救助的意见》(民发〔2003〕158 号),农村医疗救助制度正式建立。根据该《意见》的规定,农村医疗救助对象包括以下两类人员:(1)农村五保户、农村贫困户家庭成员;(2)地方政府规定的其他符合条件的农村贫困农民。2005 年 3 月,国务院办公厅转发民政部等四部门《关于建立城市医疗救助制度试点工作的意见》(国办发〔2005〕10 号),城市医疗救助制度得以建立。根据该《意见》的规定,城市医疗救助对象主要是以下两类人员:(1)城市居民最低生活保障对象中未参加城镇职工基本医疗保险人员;(2)已参加城镇职工基本医疗保险但个人负担仍然较重的人员和其他特殊困难群众。2009 年 6 月,民政部等四部门发布《关于进一步完善城乡医疗救助制度的意见》(民发〔2009〕81号),提出要在切实将城乡低保家庭成员和五保户纳入医疗救助范围的基础上,逐步将低收入家庭重病患者以及当地政府规定的其他特殊困难人员纳入医疗救助范围。2013 年 12 月,财政部和民政部印发了《城乡医疗救助基金管理办法》(财社〔2013〕217 号),其中第 7 条规定城乡医疗救助基金的救助对象是城乡低保对象、农村五保供养对象以及其他符合医疗救助条件的经济困难群众。2014 年 2 月颁布的《社会救助暂行办法》(2019 年修订)第 28 条再次明确可以申请相关医疗救助的人员包括最低生活保障家庭成员、特困供养人员和县级以上人民政府规定的其他特殊困难人员。

为全面落实《社会救助暂行办法》的规定,编密织牢保障基本民生安全网,国务院办公厅于 2015 年 4 月转发民政部等部门《关于进一步完善医疗救助制度全面开展重特大疾病医疗救助工作意见》(国办发〔2015〕30 号),要求合理界定医疗救助对象,明确最低生活保障家庭成员和特困供养人员是医疗救助的重点救助对象,同时要逐步将低收入家庭的老年人、未成年人、重度残疾人和重病患者等困难群众以及县级以上人民政府规定的其他特殊困难人员纳入救助范围。并提出适当拓展重特大疾病医疗救助对象范围,积极探索对因病致贫家庭重病患者实施救助,重点加大对重病、重残儿童的救助力

度。在后来的脱贫攻坚战中，民政部等六部门于 2017 年 1 月发布《关于进一步加强医疗救助与城乡居民大病保险有效衔接的通知》（民发〔2017〕12 号），要求各地在贯彻落实国家相关政策的基础上拓展重特大疾病医疗救助对象范围，对经大病保险报销后仍有困难的低保对象、特困人员、建档立卡贫困人口、低收入重度残疾人等困难群众实施重特大疾病医疗救助，积极探索做好因病致贫家庭重病患者救助工作。各统筹地区也都是按照国家的政策结合本地实际规定医疗救助对象的范围。

2020 年 2 月，中共中央、国务院印发《关于深化医疗保障制度改革的意见》，要求建立救助对象及时精准识别机制，科学确定救助范围，以健全统一规范的医疗救助制度。同年 8 月，中共中央办公厅、国务院办公厅印发《关于改革完善社会救助制度的意见》，要求健全医疗救助对象动态认定核查机制，将符合条件的救助对象纳入救助范围。

（二）列举人员范围已不合时宜

通过前述政策梳理可以看出，自建制以来医疗救助对象的界定一直采用列举人员范围的方式。之所以采用这种方式，笔者认为最主要的原因在于我国的医疗救助制度是在党中央、国务院的决策部署下由民政部门牵头建立的专项救助制度，体制性约束加上路径依赖使得制度设计具有侧重救助属性而轻医疗救助的特殊性。医疗救助对象总体上限于经济困难人员也是明显的例证。在制度建设初期，这种列举人员范围的规定方式有其合理性和可行性，有利于推进制度的落地执行。但是随着制度的逐步成型，尤其是在医疗救助制度被纳入我国法定医疗保障体系的背景下，规定人员范围无论是理论上还是实践中的局限性都日益凸显。

从理论上看，列举人员范围不当地缩小了医疗救助对象的范围，有违公平原则。医疗救助作为社会救助体系中的专项救助，其与一般生活救助理应有所区别。更为重要的是，医疗救助已经成为我国法定医疗保障体系的重要组成部分，是中国特色医疗保障制度体系的托底。因此，医疗救助的内在逻辑不应该是仅仅为经济困难人员就医提供救助，而应该是为所有因医疗需求陷于急难的人员提供救助。医疗救助对象的范围也不是一个单纯的政策选择问题，而是一个严肃的法理问题。如前所述，虽然医疗救助对象的范围在持续扩展，尤其是重特大疾病医疗救助的实施进一步拓展了救助对象的范围，但医疗救助对象总体上仍限于经济困难人员。事实上，人人都可能遭遇伤病是再浅显不过的道理。并非只有经济困难人员会有医疗需求，更非只有经济困难人员才会因为伤病限于急难境况。在医疗费用空前高涨的当下，大部分中等收入家庭都可能因为某个成员的重大伤病限于急难境况。由此可见，将医疗救助的对象局限于经济困难人员既缺乏充分的法理正当性，也不符合当前深化医疗保障制度改革中"促进公平、筑牢底线"的基本原则。

从实践来看，列举人员范围不仅导致了"福利悬崖"效应，而且严重阻碍医疗救助制度走向统一和规范。一方面，按规定可以申请医疗救助的人员只能是最低生活保障家庭成员、特困供养人员和县级以上人民政府规定的其他特殊困难人员，也即困难群众一旦获得低保资格，就自动或者优先获得医疗救助等资格。这种捆绑导致了"福利悬崖"现象的加剧，同时也造成救助资源的浪费，迫使部分人群为了获得专项社会救助而不得不先申请最低生活保障。① 另一方面，各统筹地区所规定的人员范围也不尽相同。例如，北京的医疗救助对象范围包括：特困供养人员、享受城乡居民最低生活保障和生活困难补助人员、享受城乡低收入救助人员和民政部门认定的其他困难人员。② 天津的医疗救助对象包括：特困供养人员、最低生活保障家庭成员、低收入家庭成员和符合本市规定的其他特殊困难人员。③ 上海的医疗救助对象包括：本市城乡低保家庭成员和散居孤儿、本市低收入困难家庭成员和本市因疾病治疗造成家庭经济困难的家庭。④ 重庆的医疗救助对象则分为以下三类：（1）重点救助对象。包括最低生活保障家庭成员、特困供养人员（含城市"三无"人员和农村五保对象、城乡孤儿和事实无人抚养困境儿童）。（2）低收入救助对象。包括在乡重点优抚对象（不含1～6级残疾军人）、城乡重度（1～2级）残疾人员、民政部门建档特殊困难人员、家庭经济困难在校大学生等低收入人员。（3）因病致贫家庭重病患者。即发生高额医疗费用、超过家庭承受能力、基本生活出现严重困难家庭中的重病患者。⑤ 事实上，统筹层次更低的地方所规定的人员范围更是千差万别。实践中救助对象范围政策的高度碎片化不仅面临着公平性的质疑，而且严重阻碍着医疗救助制度走向统一和规范。

（三）构建识别机制乃理性选择

当前，党中央、国务院在关于深化医疗保障制度改革的决策部署中已经明确提出要建立救助对象及时精准识别机制，因此构建识别机制当然是贯彻

---

① 参见郑功成等著：《社会救助立法研究》，58页，北京，人民出版社，2020。

② 参见《北京市民政局、北京市人力资源和社会保障局、北京市卫生和计划生育委员会、北京市财政局关于调整完善我市城乡医疗救助制度的意见》（京民社救发〔2014〕219号）。

③ 参见《天津市医疗救助办法》。

④ 参见《上海市医疗保障局、上海市民政局、上海市财政局、上海市卫生健康委员会关于进一步调整完善本市医疗救助政策的通知》（沪医保规〔2020〕4号）。

⑤ 参见《重庆市人民政府办公厅转发市民政局等部门关于进一步完善医疗救助制度意见的通知》（渝府办发〔2015〕174号）。

落实这一决策部署的要求。但是，我们不能因此忽视了这一决策部署的科学性、合理性和必然性。随着医疗救助制度逐步成型且已经成为我国法定医疗保障制度体系的重要组成部分，医疗救助所应秉持的理念、遵循的基本原则以及一些具体规则也应当作出调适。基于在医疗保障制度体系中的定位，医疗救助不应该再是仅仅针对经济困难人员的保障制度，而应该是面向所有可能因遭遇伤病而陷于急难的人员，因此，救助对象的界定不能再是具体列举式的，而应该是统一标准下的特定人员。构建识别机制取代规定人员范围可以说是医疗救助制度本身走向成熟、定型的必然结果。反过来看，统一规范的救助对象识别机制又可以从根本上破解列举人员范围所存在的前述种种现实困境。同时，体制革新也为构建统一规范的救助对象识别机制提供了有利条件。在新的体制下，医疗救助的主管部门也已经由民政部门转换为医疗保障部门，这有利于决策者充分考虑医疗救助本身的特殊性，从而改变长期以来重救助属性轻医疗救助的特殊性的诸多做法。此外，根据党中央、国务院所提出的医疗保障制度改革的目标，到 2025 年，医疗保障制度更加成熟定型，基本完成关键领域的改革任务；到 2030 年，全面建成以基本医疗保险为主体，医疗救助为托底，补充医疗保险、商业健康保险、慈善捐赠、医疗互助共同发展的医疗保障制度体系。这都为构建医疗救助对象识别机制提供了可行性基础。概言之，以构建统一规范的医疗救助对象识别机制取代之前列举人员范围的界定方式不仅必要、而且可行。因此，如何构建识别机制已成为现实而紧迫的问题。

二、医疗救助对象识别机制的政策目标辨析

医疗救助对象识别机制乃医疗救助制度中医疗救助管理机构与救助对象之间的互动机制，其具体的运行规则受制于其所追求的政策目标。因此在探讨救助对象识别机制的具体运行规则之前有必要辨明其政策目标。然而，作为医疗救助制度的内部机制，救助对象识别机制本身并不具有独立的政策目标，其功能目的应当服从于整个医疗救助制度。换言之，医疗救助的政策目标直接决定着救助对象识别机制的政策目标。这就需要我们先来厘清医疗救助的政策目标。

关于医疗救助的政策目标，至今尚没有统一、明确的表述。在 2003 年民政部等三部门发布的《关于实施农村医疗救助的意见》中，农村医疗救助的政策目标被定位于缓解"个人负担医疗费用过高、影响家庭基本生活"。2005 年国务院办公厅转发民政部等四部门《关于建立城市医疗救助制度试点工作

的意见》，将城市医疗救助的政策目标定位为"切实帮助城市贫困群众解决就医方面的困难和问题"。到 2009 年，民政部等部门联合发布《关于进一步完善城乡医疗救助制度的意见》，提出要"努力实现困难群众'病有所医'的目标"。在 2014 年颁行的《社会救助暂行办法》（2019 年修订）中，医疗救助的政策目标是"保障医疗救助对象获得基本医疗卫生服务"。2019 年制定的《基本医疗卫生与健康促进法》则重申医疗救助的政策目标是"保障符合条件的困难群众获得基本医疗服务"。纵观前述相关政策文件和立法，虽然表述不尽相同，但是在目标指向上的趋同性还是很明显，总体上都是定位于保障经济困难人群获得基本医疗服务。事实上，2015 年之后党中央、国务院颁布的关于脱贫攻坚的几份重要政策文件，都明确将医疗救助目标定位于"防止因病致贫、因病返贫"。在新一轮医疗保障制度改革的决策部署中，党中央、国务院关于医疗救助的政策目标又有了新的表述。2020 年印发的《关于深化医疗保障制度改革的意见》指出，要"增强医疗救助托底保障功能，通过明确诊疗方案、规范转诊等措施降低医疗成本，提高年度医疗救助限额，合理控制贫困群众政策范围内自付费用比例"。虽然从制度功能层面提出了"托底保障"的目标，但依然指向的是"贫困群众"。概言之，我国医疗救助的政策目标总体上仍然定位于"保障贫困群众获得基本医疗服务"。

单独看"保障贫困群众获得基本医疗服务"，其正当性可以说不容置疑。仅从社会救助的制度逻辑来看，这一政策目标定位应该说也没有大的问题。但是，医疗救助是现行社会救助体系中的专项救助，也是我国医疗保障体系的托底，因此，其政策目标应当置于这一复杂结构当中来讨论。而只要将医疗救助置于这一复杂结构之中，我们很容易就能够发现这一目标定位的不妥之处。首先，医疗救助的政策目标不应当是"救穷"，而应该是"救急"。"救急不救穷"本是日常生活中的一句俗语，但是刚好契合我国法定医疗保障体系结构中医疗救助的政策目标。从历史发展的角度看，在医疗救助制度建立之初，由于缺乏经验，为了避免争议，往往是把救助对象确定为低保对象、特困人员以及低保边缘家庭成员。在脱贫攻坚进程中，有的地方又扩大到了农村易返贫致贫人口。[①] 但是随着医疗救助制度逐渐成型且已经成为我国法定医疗保障体系的重要组成部分，医疗救助的政策目标应当从此前的"救穷"转向"救急"。一方面，"救穷"是社会救助中一般生活救助也即我国现行的最低生活保障、特困人员供养的政策目标，作为专项救助的医疗救助不应该是为穷人享受医疗服务提供救助，而应该是为因伤病陷于急难处境的人提供

---

① 参见王振耀：《医疗救助制度的价值取向：兼顾救急与救穷》，载《中国医疗保险》，2021 年第 11 期。

救助。另一方面，从医疗保障制度属性出发，医疗救助的政策目标也不应仅仅限于贫困人群，因为现实中任何人都可能因为遭遇伤病陷于急难。任何人只要是因为伤病陷于急难、严重影响正常生活，就应当具有获得医疗救助的资格（权利）。其次，医疗救助的政策目标应该是"托底保障"，而非保障基本医疗服务。在我国多层次的医疗保障体系中，为基本医疗服务提供保障的是作为医疗保障制度体系主体的基本医疗保险，由医疗救助托底。何谓"托底"呢？事实上，在学理上医疗救助托底是指其功能上的补充性，即只有在个人及其家庭无法通过自身力量、商业保险以及基本医疗保险等社会性给付满足其医疗需求的情况下，医疗救助才发挥作用。而不是很多人所理解的"兜底保障"，医疗需求的无限性从根本上决定了"兜底"既不具有合理性也不具有可行性。综上，医疗救助的政策目标应该定位为"缓解个人因医疗需求导致的急难境况"。需要补充说明的是，缓解的程度也即救助的水平已超出政策目标的范畴。

基于医疗救助的政策目标——缓解个人因医疗需求导致的急难境况，救助对象识别机制的政策目标当然就应该是及时准确地识别出因医疗需求而陷于急难境况的人员。对此需要注意以下两点：一是其重心是"急难境况"而非"人员"，是否处于医疗需求无法通过自身及其家庭、商业保险和基本医疗保险等社会给付予以满足的急难境况是认定救助对象的核心；二是导致急难境况的原因是医疗需求，而非其他方面的需求。救助对象识别机制的具体运行规则应当围绕这一政策目标来设定。

三、构建医疗救助对象识别机制的基本原则

作为医疗救助制度内部的核心机制之一，医疗救助对象识别机制不仅在政策目标上从属于医疗救助制度，而且在具体运行规则的设定上也应当遵循医疗救助的一般原理。立足救助对象识别机制的政策目标，并结合当前医疗救助对象认定实践中面临的种种困境，笔者认为构建医疗救助对象识别机制应当坚持目的性、调查核实和及时便利三项基本原则。

（一）目的性原则

如前所述，构建医疗救助对象识别机制的目的就是要识别出因医疗需求而陷于急难境况的个人。这一目的直接约束着救助对象识别机制具体运行规则的设定，运行规则应当具有合目的性。从具体运行规则设定的层面看，目的性原则的内在要求主要有以下两个方面：一是必须以"因医疗需求陷于急难"为认定救助对象的核心标准。"救急不救穷"，不论其本身经济状况是贫

困还是富裕，只要是因为医疗需求陷于急难，就应该具有申请医疗救助的资格（权利）。对事不对人，只要是因为医疗需求陷于急难，不追究个人的主观原因。只要是由于医疗需求陷入急难，医疗救助就不能视而不见、坐视不管，即使产生医疗需求的原因是我们通常所说的"咎由自取"，如粗心大意、酗酒、吸毒等等，此也即理论上所谓的"需求满足原则"。二是识别机制的运行规则应该按照"医疗需求—急难境况—救助对象"的逻辑来设定，而不应该延续之前"经济贫困—医疗需求—救助对象"的逻辑。在运行规则上的直接区别就是家计调查后移，先有医疗需求、后有急难境况，而且原则上只针对当下的急难、不溯及过去的困境。只有在健康预防可以避免因病返贫的情形下，预防性的救助给付才具有正当性。

（二）调查核实原则

医疗救助是我国法定医疗保障体系的最后一道防线。但是，这里所说的最后一道防线不是所谓的"兜底保障"，而是强调功能上的补充性，即只有在个人无法通过自身、家庭、商业健康保险以及其他私法上的给付来应对因伤病导致的急难境况，也无法通过基本医疗保险等社会性给付来应对此种急难时，医疗救助才发挥作用。因此，医疗救助对象识别机制应当坚持调查核实原则，以确保识别救助对象的精准性。从识别机制运行规则设定层面看，调查核实原则最主要的体现就是要设定妥当的家计调查规则。而且医疗救助中的家计调查应当与一般生活救助中的家计调查有所区别，调查标准的设定应当考虑医疗需求这一关键性因素。只有在个人的医疗需求无法靠自己及其家庭的财力及其他社会性给付来满足而陷于急难时才能请求医疗救助。但是，与一般生活救助相同，当具有扶养义务的主体不履行其义务或者其他私法上的给付义务主体不履行其给付造成特定人员面临医疗需求无法满足的急难境况时，不能直接将其排除在医疗救助对象之外，而是应当将其认定为救助对象给予救助，同时由医疗救助给付主体取得代位求偿权，即救助受领人的请求权将转移给医疗救助给付主体。类似地，如果具有优先顺位的社会性给付怠于给付导致特定人员面临医疗需求无法满足的急难状况，也应该将其认定为救助对象给予救助，同时赋予医疗救助给付主体费用偿还请求权来实现不同社会性给付之间的平衡。据此也可以看出，调查核实原则与目的性原则之间具有内在的一致性。

（三）及时便利原则

医疗救助的政策目标是缓解个人因医疗需求导致的急难境况，前文也反复强调医疗救助应当奉行"救急不救穷"。因此，构建医疗救助对象识别机制应当坚持及时便利原则，以确保医疗救助管理部门（机构）能够及时精准地认定救助对象，也让应该得到救助的人员及时得到救助。在救助机制的构建过程中，具体规则的设定都应当力求简便易行。个人申请医疗救助的条件不能过于苛刻且应当清晰明了，相应的程序不能太复杂而应该尽量简化，要尽量避免因为苛刻的条件和烦琐的程序让有救助需求的人不得不放弃救助申请。同时，对管理部门在申请受理、资格审核、调查核实等方面工作的程序规定要尽量简化，各个环节的处理时限应当明确，且应当充分利用部门协同、分层及分工协作、信息共享等手段尽量压缩办理时间。

四、医疗救助对象识别机制的具体方案构想

医疗救助对象识别机制的构建最终需要落实到具体运行规则的设定上。虽然前述的政策目标和基本原则都对具体运行规则的设定具有相应的约束，但是都不能直接推导出具体运行规则。具体运行规则不仅需要具有充分的法理正当性，还需要具有良好的现实适应性和可行性。换言之，具体规则的设定不仅仅需要遵循理论原理，更要充分考虑现实因素。据此，笔者基于前述政策目标和基本原则，并结合过去二十年来医疗救助领域所积累的经验和当下所面临的困境，大致按照"提出申请—调查核实—审核确认—争议处理"的框架提出如下规则方案构想。

（一）个人向所在乡镇人民政府（街道办事处）提出申请

医疗救助原则上基于个人提出申请而启动，只有在特殊情况下才可以由医疗救助管理部门依职权启动。立足我国的实际情况，应当继续沿用当前由个人向所在乡镇（街道）提出申请的规则，但应该废除当前普遍实行的低保家庭成员、特困供养人员以及建档立卡贫困户的人员不经申请直接享受医疗救助的规则，进一步完善主动救助机制，并统一明确申请材料。

首先，建立统一的救助申请程序。依据《社会救助暂行办法》，申请医疗救助的，应当向乡镇人民政府、街道办事处提出，但最低生活保障家庭成员和特困供养人员的医疗救助则由县级人民政府医疗保障部门直接办理。也即最低生活保障家庭成员和特困供养人员获得医疗救助无须提出申请。实际上，实践中各地基本上都扩大了无须申请直接享受医疗救助的人员范围，如天津市增加了低收入家庭成员，湖南省增加了孤儿、事实无人抚养儿童、重度残疾人、最低生活保障边缘家庭成员和纳入监测范围的防止返贫监测对象，海南省增加了孤儿、农村返贫致贫人口、低收入家庭成员以及农村易返贫致贫人口。然而，为经济贫困人员直接办理医疗救助不仅与前述政策目标不符、与目的性原则相悖，而且也是实践中"人情保"和贫困人员"小病大治"现

象的重要诱因。一方面，由于获得低保就自动获得医疗救助，使得很多本身并不贫困的人为了防止大额医疗费用支出而通过各种手段去争取低保，很多基层管理人员也将低保作为"好处"分配给自己的亲朋好友，"关系保"和"人情保"较为普遍，实践中有车有房的低保户也并不少见；另一方面，由于直接享受医疗救助待遇，使得一些贫困人员主动"小病大治"，浪费宝贵的医疗资源。因此，无论是从理论上看还是从实践情况来看，都应当废除当前直接办理的规则，建立统一的救助申请程序，规定凡是因医疗需求陷于急难而需要救助的人员，都有权且都应该向其户籍所在地或者居住地的乡镇人民政府（街道办事处）提出申请，向政府表明其有救助需求。

其次，完善主动救助机制。虽然医疗救助原则上应当基于申请而启动，但是申请并非必需，其核心意义在于让政府知晓其救助需求。因此，政府尤其是乡镇人民政府（街道办事处）在已经掌握特定人员有医疗救助需求的情况下，应当主动依职权启动救助程序。从现实情况来看，至今依然有很多人，尤其是偏远山区的人对医疗救助政策及其申请程序并不了解，所以即使他们因医疗需求陷于急难也不知道可以申请医疗救助；也有部分人知道救助政策但是由于自身文化程度的局限或者具有智力残障等生理上的问题而不能提出救助申请；还有一些人在突发重特大疾病的情况下也无法及时提出救助申请；如此等等。为了确保有救助需求的人能够及时得到救助，应当在建立统一的申请程序的同时，进一步完善主动救助机制，规定相关管理部门，尤其是作为基层管理主体的乡镇人民政府（街道委办事处）一旦发现辖区内有人有医疗救助需求就应当及时主动向其宣讲救助政策，告知其可以申请救助的权利，并主动为其办理医疗救助申请手续。

最后，统一明确申请材料。当前各地所要求的医疗救助申请材料不尽相同，除了基本上都要求填写书面的医疗救助申请审批表之外，有些地方要求提供相关证件、民政和乡村振兴部门认定证明材料、年度必要的病史证明材料和医疗费用结算单据等，有些地方要求提供家庭基本情况、经济状况证明、医疗救助家庭诚信承诺书、经济状况核对授权书和必要病史证明等材料，还有些地方要求申请人书面申报家庭收入和财产情况。依据及时便利原则，在构建医疗救助对象识别机制时应当统一明确申请材料。结合实践情况，具体规则设定时建议将申请材料分为必备材料和附加材料。必备材料侧重于证明医疗需求的真实性和现实的急难境况两个方面，除了由国家医疗保障局统一制定申请表格，建议统一为诊断病历、医疗费用单据、家庭经济状况说明和诚信承诺书；附加材料主要为民政、乡村振兴等部门所出具的相关证明文件及其他证明材料。

（二）乡镇人民政府（街道办事处）受理申请后调查核实

首先，乡镇人民政府（街道办事处）应当及时决定是否受理申请人的救助申请。乡镇人民政府（街道办事处）在收到申请人的医疗救助申请之后应当及时进行资料核对、审查，只要材料齐全且不存在明显不符合给予医疗救助的情况就应当予以受理。材料不齐全的应当一次性告知申请人。结合当前实践经验，可以规定乡镇人民政府（街道办事处）在收到申请人的医疗救助申请之后2个工作日内作出是否受理的决定，并向申请人出具受理通知书或者不予受理通知书。不予受理的应当说明理由。

其次，建立统一规范的调查核实程序。总体而言，调查核实程序的设定应当兼顾合法性、及时性和可行性。结合各地实践经验，建议按照"入户调查—审核公示—上报"的流程设计具体规则。乡镇人民政府（街道办事处）应当自受理申请之日起5个工作日内安排不少于2名工作人员的工作组进行入户调查，工作组在村（居）民委员会协助下对申请人家庭实际情况逐一进行调查核实并填写调查记录表，调查记录表由调查人员和申请人签字确认。申请人户籍所在地与居住地不一致的，受理申请的乡镇人民政府（街道办事处）可以委托申请人居住地乡镇人民政府（街道办事处）入户调查核实，受委托的乡镇人民政府（街道办事处）应当自收到委托之日起10日内完成调查核实，并将签字确认的调查表送交受理申请的乡镇人民政府（街道办事处）。完成入户调查后，乡镇人民政府（街道办事处）应当在3个工作日内出具调查核实意见，并在乡镇人民政府（街道办事处）公共服务大厅以及村（居）民委员会设置的村（居）务公开栏对入户调查和核实情况进行为期5天的公示。公示期满无异议的，乡镇人民政府（街道办事处）应当于2个工作日内将申请材料、调查记录表等相关材料上报县级医疗保障部门进行审批。若公示期间出现异议且能提供有效证据的，乡镇人民政府（街道办事处）应当组织民主评议，对申请人的状况进行评议并作出结论。若民主评议认为符合救助条件，乡镇人民政府（街道办事处）应当在2个工作日内将相关材料上报县级医疗保障部门进行审批；若民主评议确认不符合救助条件，乡镇人民政府（街道办事处）应当在2个工作日内书面告知申请人并说明理由。

在建立调查核实程序的同时，还应当设定科学合理的调查基准。在医疗救助对象识别机制中，调查基准可以说是救助需求与救助给付之间的"控制阀"，其重要性毋庸赘述。现行政策中的调查基准基本上与一般生活救助的调查基准一样，集中于申请人的家庭经济状况，而不是因医疗需求陷于急难这一现实状况。如前所述，救助对象识别机制的运行规则应该按照"医疗需求—急难境况—救助对象"的逻辑来设定，因此调查基准也应当围绕调查核实申请人是否因医疗需求陷于急难境况来设定。结合各地的实践情况和域外经验，医疗救助申请中的调查基准可以设定为两条：一是申请人家庭是否实际产生了政策范围内的医疗费用支出；二是医疗费用支出是否致使申请人家庭生活陷于急难。在实际调查核实工作过程中，应当按顺序适用这两条基准。首先调查核实申请人家庭是否实际发生了政策范围内的医疗费用支出，这一事实虽然容易核实但是不能跳过，这是医疗救助区别于一般生活救助的内在要求，也可以避免当前直接给予低保对象、特困供养人员等贫困人员医疗救助所诱发的"人情保"、"关系保"以及"小病大治"等弊端。然后在此基础上调查核实医疗费用支出是否严重影响家庭正常生活、使家庭生活陷于急难处境。在这一点上，如果申请人提供了民政、乡村振兴等部门出具的贫困证明材料，则可以直接基于此作出"医疗费用支出致使申请人家庭生活陷于急难"的结论，不再进行家庭财产状况调查。除此之外，则需要进一步调查核实申请人家庭财产状况。基于医疗救助的托底属性以及我国的经济社会发展水平，笔者认为只有医疗费用支出确实已经严重影响家庭正常生活且申请人家庭无多余财产能够处置的情况下才能够认定为"陷于急难"。据此，关于医疗费用支出情况可以设定两条标准——"医疗费用支出导致家庭人均可支配收入低于本市城乡居民最低生活保障标准"和"家庭年医疗费用支出达到或超过家庭年可支配收入40％（灾难性支出）"，符合其一就可以认定为严重影响家庭正常生活。关于申请人家庭财产状况，可以要求同时满足下列要求：(1) 家庭成员名下产权房屋总计不超过 1 套，且名下无非居住用途不动产；(2) 家庭成员名下机动车辆总计不超过 1 辆（残疾人代步车除外）；(3) 家庭成员名下的金融资产总计不超过当地 24 个月最低生活保障标准；(4) 家庭成员名下无商事登记信息（无雇员的夫妻小作坊、小卖部除外）。

（三）县级医疗保障行政部门审核确认

医疗救助本身属于给付行政，医疗救助对象识别机制本质上属于一种行政机制，救助对象的认定在性质上属于行政确认。因此，申请人是否可以获得医疗救助还需要县级医疗保障行政部门的审核确认。当前实践中，有一些地方将审核确认的职权赋予医疗保障经办机构，显然不具有法理上的正当性，应当予以纠正。在救助对象识别机制的框架中，审核确认环节的具体规则可以从实体和程序两个维度来设定。从实体的维度，县级医疗保障行政部门应当对乡镇人民政府（街道办事处）上报的相关材料进行实质审查，尤其是调查核实记录的真实性、合法性和合理性，在此基础上确认是否给予救助，并将审核确认的结果通知申请人。从程序的维度，县级医疗保障行政部门应当在收到乡镇人民政府（街道办事处）上报的相关材料后及时进行审核，并及时将审核结果告知申请人。从目前的实践情况来看，可以将审核周期设定为3至5个工作日，并规定在审核结论作出后3个工作日内通过乡镇人民政府（街道办事处）通知申请人，不予救助的应当书面说明理由。同时规定，由乡镇人民政府（街道办事处）在公共服务大厅以及村（居）民委员会设置的村（居）务公开栏对审核结果进行公示，公布后有异议的，医疗保障行政部门应当自接到异议后7日内组织调查核实，并将调查结果予以公布。

（四）相关争议的处理规则

医疗救助对象识别机制乃医疗救助制度中医疗救助管理机构与救助对象之间的互动机制，其在运行过程中难免出现争议。因此，完整的救助对象识别机制应当包括争议处理规则。基于我国医疗救助管理体制和前述具体方案构想，在医疗救助申请过程中，申请人与乡镇人民政府（街道办事处）之间的争议只能向县级医疗保障行政部门进行申诉，由医疗保障行政部门按规定进行处理；申请人与医疗保障行政部门之间的争议属于行政争议，可以依法申请行政复议或者提起行政诉讼。

远程劳动中女性工作权益的发展及法律保护①

于　汇*

[摘要]　　远程劳动已经成为现代劳动的重要形式，未来更是可能成为常态化的劳动形式。数字时代下的远程劳动具有分离性、传输性、生活空间与工作空间的融合性等特点。由于远程劳动的技术特点和女性自身生理及家庭生活原因，女性劳动者在远程劳动中的工作权益呈现出与男性劳动者不同的保护需求，主要包括对家庭生活的照料、女性劳动者隐私权、女性劳动者线上劳动特殊保护以及对女性劳动平等雇佣的权益。对于女性劳动者远程劳动权益的保护，应当根据女性劳动者的权益保护需要，结合远程劳动的特点，探索适当的保护措施。

[关键词]　　远程劳动　女性劳动者工作权益　特殊保护

一、问题的提出

随着科学技术的不断发展和用工需求的不断变化，现代劳动形态已经逐步从传统工场劳动的单一形态，转变为各种劳动形态混合的复合型劳动，典

---

　　* 于汇，中国政法大学民商经济法学院社会法研究所讲师，研究方向为劳动法和社会保障法、民法学。
　　① 收稿时间：2022年3月。

型的变化就是由单一的传统工场劳动，根据用人单位的需求，逐步加入场外劳动、外包劳动和远程劳动等。① 在工场劳动形态下，劳动的"现场性"是其主要特点：劳动者的劳动具有共时性，劳动者和生产资料紧密结合，同时置于用人单位的观察和控制之下。劳动者在工作时间内，在统一的工作场所中集中提供劳动，劳务的给付和劳务的验收几乎同时完成。而在远程劳动形态下，劳动不再具有共时性的特点，而是有了工作场所和劳动给付在空间上的分离，劳动给付和劳动受领出现了时间上的间隔。由是，目前我国以传统现场劳动为主要调整对象的工作条件保护规则即出现了落后于现实需要的困境。同时，由于远程劳动的主要表现形式为住家劳动，因此涉及工作场所与私人生活空间的融合，而女性劳动者在远程劳动中，其劳动条件保护的要求又会呈现出与传统工场劳动中的女性劳动保护不同的样态，既包括新的工作权益类型，也包括新的保护方式。在远程劳动普遍适用的今天，对于女性劳动者在远程劳动中的特殊工作权益保护同样不容忽视，需要引起理论界和司法实践的重视。当前，我国学界对于远程劳动中劳动者工作权益的保护主要关注的是远程劳动中劳动者劳动保护的一般问题，尚未涉及女性劳动的特殊保护需要。为此，本文通过探索女性劳动者在远程劳动中的利益保护需求，明确女性劳动者在远程劳动中的新工作权益类型，并据此寻求相应的保护手段。

　　本文在研究范围上，置重于远程劳动中女性劳动者特有的劳动权益的保护问题。因此，对于远程劳动中两性劳动者都可能遇到的一般问题，如工时认定、工资计算、工伤认定等问题，由于女性劳动者在此类问题上并无区别于男性劳动者的特殊保护需要，因此将不属于本文的研究范围。② 本文着重研究女职工基于其自身生理特点以及家庭社会角色的差异，在面临远程劳动时，所产生的特别保护利益以及所需要的特别保护手段。

二、远程劳动的概念及其数字化发展

（一）远程劳动的概念及其发展

　　远程劳动最早产生于 20 世纪 70 年代，当时，IBM 为缓解总部主机拥堵的问题，将部分员工安排在家通过终端机提供劳动。后为应对经济衰退的影

---

① 参见黄越钦主编：《劳动法新论》，20 页，北京，中国政法大学出版社，2001。
② 对于劳动者在远程劳动中普遍遇到的劳动保护及对策问题，可参见田思路：《远程劳动的立法趋势与法律适用》，载《中国劳动》，2017 年第 8 期；田思路：《远程劳动的制度发展及法律适用》，载《法学》，2020 年第 5 期；谢增毅：《远程工作的立法理念与制度建构》，载《中国法学》，2020 年第 1 期。

响,将部分传统全日制用工改为灵活用工,借此减少企业的经营成本。① 各国立法和学理对于远程劳动的定义各有不同,比较具有代表性的定义包括:美国 2010 年的《远程劳动促进法》将远程劳动定义为:"劳动者在灵活的用工安排下履行工作职责,在被雇主认可的工作场所而非其他工作场所,实施受雇主授权的活动。"② 欧盟 2002 年的《远程劳动框架协议》将远程劳动定义为"劳动关系下的一种利用信息技术在通常的工作场所之外进行的常态的工作形式"③。日本政府将远程劳动(在宅劳动)界定为"每周 8 个小时以上活用电子通讯设备,不受时间和场所制约的工作方式"④。我国台湾地区一般将远程劳动称为电传劳动,"劳动者于雇主主要营业场所外之职场,或于自行选择之职场中,借助电脑资讯技术与电子通信设备履行劳务的劳动形态"⑤。我国有学者将远程劳动定义为"从业者在传统职场之外通过电讯技术和设备从事工作场所、工作时间相对灵活的非典型用工形式"⑥。

以上定义都在一定程度上反映了远程劳动的特点,特别是和传统的职场劳动相比之下远程劳动所具有的距离性和灵活性。但值得探讨的是,远程劳动的定义不仅要与相近的概念区别开来,更为重要的是应当反映远程劳动的时代特征。远程劳动区别于传统职场劳动之处,不仅仅在于远程劳动脱离了传统的工作场所,更为重要的是这种劳动形式进入了劳动者的私人生活领域,劳动者借助现代资讯技术,可以在劳动场所之外由劳动者选择同时由用人单位许可(明示或默示)的地点提供劳动。这种劳动场所经由劳动者选择,是劳动者的私人生活领域,而且并不局限于住宅。因此,远程劳动经过不断的发展,已经具有了其鲜明的时代性,这一时代性就是劳动者可以在私人生活的空间中提供劳动,工作与生活实现了真正的融合。因此,对于远程劳动,本文认为,应当是借助电子设备,劳动者在用人单位工作场所外,特别是私人空间内提供劳动的新工作形态。

(二)数字化时代的远程劳动

随着数字技术的发展,除了应用场景更为广泛外,远程劳动基于自身技术的发展,在新时期呈现出不同于产生初期的新内容和新特征:

---

① 参见田思路、童文娟:《远程劳动者权益保护探究:以网络平台主播和居家办公形式为例》,载《中国人力资源开发》,2020 年第 6 期。

② The Telework Enhancement Act of 2010, Article. 6501, § 3.

③ Article 2 of the European Framework Agreement on Telework 2002.

④ 田思路:《远程劳动的制度发展及法律适用》,载《法学》,2020 年第 5 期。

⑤ 徐婉宁:《日本对于电传劳工劳动权益之保护》,载《台北大学法学论丛》,2016 年总第 99 期。

⑥ 田思路:《远程劳动的制度发展及法律适用》,载《法学》,2020 年第 5 期。

1. 分离性

此为远程劳动在物理特征上与传统线下劳动的区别。远程劳动形态最主要的外在表现，即劳动的实际提供与传统劳动场所的分离。在传统劳动形态下，劳动者在用人单位的工作场所提供劳动，直接置于用人单位的指挥管理权限辐射之下。而在远程劳动形态下，劳动者在用人单位工作场所外提供劳动，用人单位无法直接指挥监督劳动者的人身，用人单位只得通过电子通信技术和设备，将指令传达于劳动者，从而改变了指令的形式、内容和作用效果。也就是说，从属性在远程劳动关系中，发生了形式上的改变，由此可能改变用人单位对劳动者支配的作用方式，从而引发对劳动关系及相关权利义务认定上的疑问。① 此外，在远程劳动中，用人单位对劳动者的直接支配属性逐渐减弱，而包装在技术手段之下的隐性支配属性增加，从而可能变相地对劳动者的劳动权益产生影响。例如，通过电子通信软件和设备，要求远程劳动者随时待命，工作时间外也要随时接受用人单位的指令，从而变相地延长工作时间、侵吞私人时间，此外，也有学者担忧，远程劳动状态下，雇主的指挥管理权较难实现，从而增加用工成本或妨碍劳动关系目的的实现。②

2. 传输性

此为远程劳动的技术特征。远程劳动的传输性一般是指"安排职工通过电话、网络等灵活的工作方式在家上班完成工作任务"③。远程劳动为劳动关系的表现形式注入了传统劳动所不具备的技术性，劳务的给付和劳务的受领出现了距离和时间差，无形中增加了劳务给付和受领的中间环节，并且在这中间环节内，劳动者的权利义务出现了漏洞。这一权利保护漏洞产生的根本原因在于劳动法上的保护规则落后于新技术的发展。④ 远程劳动的传输性一方面使远程劳动的实现成为可能，另一方面技术是一把双刃剑，传输技术的不成熟及自有的风险性，可能为劳动关系的履行带来新的挑战。例如：在劳务给付过程中，传输技术突然出现故障，导致劳动者可能会被认定为旷工；在劳动成果传输过程中，突然断开传输可能造成劳动成果丢失，此时相关后果的风险负担即成问题。同时，对于年老或残疾劳动者，可能会造成技术上的

---

① 参见张颖慧：《远程工作形态下新型劳动关系的法律保护》，载《法商研究》，2017年第6期。

② 参见谢增毅：《远程工作的立法理念与制度建构》，载《中国法学》，2020年第1期。

③ 人力资源社会保障部、全国总工会等《关于做好新型冠状病毒感染肺炎疫情防控期间稳定劳动关系支持企业复工复产的意见》（人社部发〔2020〕8号）指出，"对因受疫情影响职工不能按期到岗或企业不能开工生产的，要指导企业主动与职工沟通，有条件的企业可安排职工通过电话、网络等灵活的工作方式在家上班完成工作任务"。

④ 参见胡凌：《分享经济中的数字劳动——生产、分配和法律回应》，载《中国劳动》，2017年第8期。

不友好,从而对这部分劳动者造成隐性的歧视。

3. 生活空间与工作空间的融合性

在远程劳动中,劳动者可以选择在劳动场所之外、自己认为适合完成工作任务的任意地点工作。远程劳动理论上可以将劳动行为延伸至各类工作场所以外的地点,但是远程劳动的有效性,特别是时下劳动政策对于远程劳动的要求,决定了远程劳动的最主要表现形式,还是居家劳动,远程劳动的实际发生地点,一般是劳动者的住宅或与住宅发挥类似功能的生活空间。出于对完成工作便利或国家特别的防疫政策(如居家隔离等)等因素考虑,大部分远程劳动的劳动者都会选择居家办公完成工作,从这个意义上来说,用人单位的工作场所延伸到了劳动者的居住场所,生活空间与工作空间产生了融合。融合的结果不仅是生活场所变为劳动场所,同时还使两种社会关系规则——用人单位对于劳动过程的监督管控与劳动者对于其生活空间必要的权利主张之间产生紧张和冲突。远程劳动在发展之初,由于其并未被大规模集中适用过,因此劳动者即便选择居家劳动,也只占总体劳动的很小比例,不会出现工作和生活的强烈冲突,更多的是对远程劳动技术和形式的法律认可及评价,不涉及利益衡量的问题。但数字技术型塑了新的劳动选择后,远程劳动被大规模集中应用,由此带来的劳动者工作权益和生活利益之间的衡量问题,就不容忽视。

(三)新冠疫情形势下远程劳动的最新应用

全球性新冠疫情的暴发,使得远程劳动由用人单位工作安排的备用选择,擢升为首要选择。据统计,在 2020 年 2 月 3 日当天,全国有上千万家企业、近两亿人开启在家远程办公模式。[①] 远程劳动的重要性因此凸显。如前文所言,在新冠疫情暴发之前,远程劳动并非用人单位首选的劳动形态,新冠疫情集中暴发后用人单位才被动地以远程劳动的方式展开劳动,事实上许多用人单位和劳动者并未做好远程劳动的充分准备,包括技术准备和心理准备,关于远程劳动的争议纠纷的出现也印证了这一点。[②] 可以预期的是,远程劳动未来将会成为愈来愈多用人单位主动选择的劳动形式,远程劳动的技术、理念和规则,都需要从应急模式转为常态模式。因此,从理论上亟须建构远程劳动下劳动者全新的利益类型和保护方式。其中,在具体权利类型的划分上,女性劳动者在权益保护问题上,既有不同于线下劳动的权益保护类型,也有不同于男性劳动者的特殊权益保护需要。在劳动者远程劳动保护规则的构建

---

① 参见王鹏:《远程办公不误工》,载《人民日报》,2020 年 2 月 11 日。

② 参见上海市第一中级人民法院(2019)沪 01 民终 7247 号、重庆市第五中级人民法院(2018)渝 05 民终 4219 号、上海市闵行区人民法院(2018)沪 0112 民初 27685 号民事判决书。

上，应当识别此种特别利益保护需求并构建特别的保护规则。

三、远程劳动背景下的女性特殊工作权益的新发展

在远程劳动工作形态下，由于劳动关系与劳动者的家庭生活产生一定的融合，而男性劳动者和女性劳动者在家庭中的功能和角色又有不同，由此可能带来男性劳动者与女性劳动者在远程劳动中需要保护的权益呈现不同的形态。女性劳动者虽然在远程劳动中与男性劳动者运用同样的技术进行工作，但这类技术给女性劳动者带来的影响，将显然不同于对男性劳动者的影响。首先，劳动者的生活空间和工作空间出现模糊化的态势。女性劳动者在远程劳动时，由于多数是住家劳动，会无可避免地与女性家庭角色冲突，因此需要在劳动过程中，对女性的家庭角色承担提供适度的配合。远程劳动应赋予女性劳动者适度的灵活安排空间，允许其在远程劳动的同时，完成其家庭生活的照料。其次，对于女性劳动者，由于其在生活空间内提供劳动，其生活的私密性也会与用人单位对于远程劳动的控制产生冲突，女性劳动者在远程劳动中的隐私权需要特别予以保护。① 再次，女性劳动者对于远程劳动，也会有类似于传统现场劳动中的劳动条件保护要求，可能出现因生理原因导致不适宜远程劳动的情况，用人单位需对此有所调适。

此外，远程劳动技术虽然中立，在表面上看起来为两性劳动者带来的是同等的远程劳动机会，但上述女性劳动者对于远程劳动的种种特殊利益，可能会导致女性劳动者对于远程劳动的要求多于男性劳动者，上述女性劳动者在远程保护中的特殊劳动权益诉求，就可能成为左右用人单位进行雇佣决定的因素，由此可能引发的对女性劳动者远程劳动进行隐性就业歧视的问题也需要关注。

四、远程劳动中女性劳动者就业权益保护的类型

（一）女性劳动者平衡工作与家庭的权利

虽然现代男性和女性在家庭生活中的分工日益模糊，角色日益趋同，但不可否认的是，仍有相当比例的女性劳动者需要在完成工作的同时，兼顾其家庭的照料责任，包括打理家务、照料老人和小孩、照顾丈夫的生活起居等。远程劳动使劳动进入家庭，就不可避免地会使女性的工作角色和生活角色发

---

① 参见田岱月：《远程劳动的典型法律风险和应对策略研究》，载《山东工会论坛》，2020年第5期。

生融合。与传统的线下劳动相比,远程劳动为女性劳动者兼顾家庭角色无疑提供了便利:住家劳动可以节省其通勤时间;住家劳动可以使女性劳动者灵活安排其家务,利用工作间隙整理家务;女性劳动者还可以在完成工作任务之余,照顾老人和小孩。[1] 可以说,远程劳动为女性平衡其工作角色和生活角色提供了可能。同时,在传统线下劳动中,女性劳动者在工作时间外,可以回到家中来履行这些职能,但远程劳动可能带来工作时间和生活时间的模糊,使其本应履行家庭角色的职能被远程劳动所干扰。例如晚上本应是女性劳动者休息和安排家庭生活的时间,但远程劳动使得女性可能还要接收工作指令完成工作任务,导致其无法履行家庭职能。因此,在远程劳动下,保障女性家庭职能的正常履行,特别是不受远程劳动弊端的干扰,就成为女性劳动者在远程劳动中需要保护的首要权利。

(二)远程劳动中女性劳动者的隐私权

隐私权是指保护自然人免于外界公开和干扰的私人秘密和私生活安宁的状态的权利。[2] 我国《民法典》第1032条规定了民事主体的隐私权:"自然人享有隐私权。任何组织或者个人不得以刺探、侵扰、泄露、公开等方式侵害他人的隐私权。隐私是自然人的私人生活安宁和不愿为他人知晓的私密空间、私密活动、私密信息。"劳动者在劳动关系中也享有民事主体隐私权的主要内容,劳动者提供劳动时,其必要的秘密和安宁状态受到法律保护。但不同于民事主体在一般交往中享有的隐私权内容,劳动者在劳动关系中,由于其处于用人单位的工作场所中,处于用人单位的指挥监督管理之下,其隐私权一般认为要受到一定的限制,劳动者部分隐私利益可能被牺牲,以使得用人单位能够对劳动者行使必要的指挥监督管理权。[3] 劳动者的隐私权在远程劳动中又呈现出新的权利保护需求:不同于在用人单位工作场所中提供劳动时的半公开性,劳动者在远程劳动时是在住宅中提供,住宅本来就被认为是私密空间,具有极强的隐私保护属性。此外,女性劳动者本身就有特殊的隐私保护利益,这种特殊隐私利益与劳动场所的私密性结合,也会产生新的隐私利益类型。因此,劳动场所的隐私性、用人单位必要的指挥监督管理权和女性的特殊隐私需要,呈现出相互堆叠的状态,利益衡量极为复杂,对女性劳动者隐私权的保护就需要特别的利益识别、保护手段和利益衡量的方案。

(三)远程劳动中女性的特殊劳动保护

在线下劳动中,由于女性劳动者的生理特点及社会角色,劳动法上对其

---

[1]　See W. C. Bunting, Unlocking the Housing-Related Benefits of Telework: A Case for Government Intervention, Real Estate Law Journal, Vol. 46: 285, p. 312 (2017).

[2]　参见王利明:《人格权法研究》(第二版),500页,北京,中国人民大学出版社,2012。

[3]　参见潘峰:《论劳动者隐私权的法律保护:一个分析框架》,载《河北法学》,2008年第7期。

采取了一系列的特殊保护措施，主要包括禁止女性从事部分高危行业，禁止女性在特殊时期从事特定劳动，对经期、孕期、产期和哺乳期女性的特殊劳动保护，等等。而在远程劳动中，技术手段的运用一方面可以克服空间限制、提升劳动效率，另一方面也导致对女性劳动者上述的特殊劳动保护难以实现。在线下劳动时，相关劳动保护措施的落实，从外观上可以较为清楚地认定，劳动监察部门也可以迅速地进行执法监督，用人单位一般也会自觉遵守。但在远程劳动中，女性劳动者特殊劳动保护的实现往往难以认定和监督：女性在从事远程劳动时，往往无法清楚地区分工作时间和休息时间，有可能被变相延长工时；远程劳动尚没有明确的劳动强度标准，远程劳动可能造成女性劳动者超强度劳动，违反对女性劳动者劳动强度的劳动基准规定。

对于"四期"女性，在线下劳动时，用人单位需严格按照我国劳动法等有关法律法规的规定，执行相关的休息休假和工时制度，但在远程劳动下，用人单位则可能以远程劳动为由，要求女性在休息休假时继续工作。例如，在女性应当休产假期间，以远程劳动的方式要求其工作，从而导致隐性劳动标准降低。这种行为显然违背了关于产假的规定，但因为劳动行为隐蔽、劳动者难以举证等原因，劳动行政部门缺乏监察的对象，导致劳动者的休息休假权无法得到保障。[①]

（四）远程劳动中女性的平等雇佣权益

女性劳动者在远程劳动中呈现出的特殊劳动权益保护，无疑会成为用人单位在作出雇佣决定时要考虑的重要因素。由于其劳动权益保护类型不同于男性劳动者，并且总体而言对用人单位提出了更高的劳动保护要求，因此有可能成为用人单位在进行劳动决定时区别对待女性劳动者和男性劳动者的原因，从而对女性劳动者进行就业歧视特别是隐性就业歧视：用人单位在招聘阶段，会因女性劳动者的特殊劳动保护要求而拒绝雇佣或降低劳动待遇，以间接"弥补"可能额外支出的劳动成本；在用工阶段，用人单位可能会以延长工作时间或提高劳动标准等方式，要求女性"补足"因履行家庭职能所减少的工作时间或定额；在作出提薪、升迁、调岗或解雇等劳动决定时，可能会因为女性劳动者在远程劳动中的保护要求，从而回避其可能的升迁，或在进行解雇时先解雇女性劳动者。[②] 远程劳动中女性平等就业和雇佣的权利更加值得注意的原因在于，相比于线下劳动中的女性就业歧视的认定，远程劳动形态的雇佣歧视可能更为隐蔽。女性劳动者需要证明其在远程劳动中区别于

---

① 参见谢增毅：《远程工作的立法理念与制度建构》，载《中国法学》，2020年第1期。

② 参见王理万：《就业性别歧视案件的司法审查基准重构》，载《妇女研究论丛》，2019年第2期。

男性劳动者的特殊保护要求，即所谓的区别因素（distinguished factor），以及用人单位进行区别对待行为的因果关系这两项构成要件。与传统的线下劳动相比，这两项构成要件都更加难以认定。就区别因素而言，当前女性劳动者在远程劳动中的特殊权益保护要求尚未经过立法确认，法律保护的界限并不明确。此类尚未经过立法确认的权益，难以在就业歧视案件中被认定为可能影响用人单位作出雇佣决定的因素；远程劳动目前也尚未形成固定的用工形式，用人单位很有可能以使用远程劳动是其法定范围内的自由为由，否认对女性劳动者的区别对待，使认定就业歧视的前置性标准难以通过。就因果关系证明而言，证明标准更会因为远程劳动者自身的特点而变得困难。用人单位往往采用远程劳动和线下劳动结合的方式组织劳动，在这种混合劳动模式下，用人单位即使因远程劳动等特殊保护要求而对女性劳动者作出不利的劳动决定，也有可能掩盖在"公平的"线下劳动形式中予以正当化，从而导致就业歧视决定与远程劳动者之间的联系程度更加遥远（remote），增加因果关系的认定难度。例如，某女性劳动者在一段时期内同时参加了线下劳动和远程劳动，并且两种劳动形式中取得的工作业绩（performance）大致相同，用人单位出于女性远程劳动可能额外增加雇佣成本的考量，没有对其进行晋升，而选择了同等条件的男性劳动者，此时用人单位的歧视行为就被掩盖在线下劳动的"表面公平"当中，从而逃避性别歧视的责任。[①] 此外，在远程劳动中，劳动者本就难以固定其工作表现的证据，举证能力较弱，额外的举证负担也会导致远程劳动的就业歧视认定困难。

五、远程劳动中女性劳动者就业权益的保障

女性劳动者在远程劳动中呈现出的特殊劳动权益保护需求，决定了远程劳动中对女性劳动者进行特别劳动保护的必要。同时，基于女性劳动者的生理特点和家庭社会角色等方面的不同，结合远程劳动自身的特点，对于女性劳动者在远程劳动中的劳动权益保护，既需要不同于普遍适用于男性和女性劳动者的一般劳动保护条件，在保护方式上也要考虑到远程劳动的技术特点，采取相适应的劳动保护手段。此外，基于远程劳动的技术形态，特别是考虑到其未来可能的常态化趋势，在对女性劳动者进行特殊保护的同时，还应适

---

① 用人单位此种关于就业歧视的抗辩，可以被纳入到"真实职业资格"的一般抗辩中，用人单位可以以线下劳动的"公平性"，掩饰其作出雇佣决定的真实原因。关于真实职业资格抗辩的一般理论，可参见夏立安、张夏子：《美国真实职业资格的界定标准：排除主观偏见、客观性证明与利益衡量》，载《浙江社会科学》，2017 年第 9 期。

当照顾用人单位在远程劳动中必要的经营管理利益，特别是远程劳动对于劳动效率的提升等正向效应，不能单纯套搬线下劳动保护的模式，抹杀用人单位采用远程劳动形式可能获取的正当利益。

（一）远程劳动形态下用人单位照顾保护义务的新发展（安全适配义务）

在劳动关系中，用人单位对于劳动者负有一定的照顾保护义务，即用人单位应当保证劳动者在工作期间的人格尊严、安全与健康。[①] 用人单位的照顾保护义务还体现在对女性等弱势劳动者的特殊保护上，要照顾女性的生理特点和身心状况，安排合适的工作，禁止安排不适宜女性从事的工作等。在传统的线下劳动中，用人单位对劳动者的照顾保护义务主要体现在为劳动者提供安全的劳动生产环境、提供职业需要的劳动保护措施，以及提供适合劳动者的良好工作环境等。[②] 对女职工的特别保护，主要包括禁止安排女职工从事高强度的职业劳动以及对孕期、产期、哺乳期、经期女职工的一系列保护措施。尽管远程劳动改变了劳动的形式，但对女性劳动者应当特殊保护的必要性并未改变，对女性同样应当进行特殊保护。

远程劳动下用人单位对女性劳动者的照顾保护义务，应当达到同线下劳动保护同样的标准，同时契合远程劳动技术性的特点。用人单位应当确保其提供的远程工作设备、技术以及工作环境能够保证女性劳动者的身体安全和身心健康。一般的女性劳动者从事远程劳动时，由于其在自己住宅内提供劳动，劳动工具往往由劳动者自备，用人单位线下劳动时负有的安全检查义务难以直接实现，此时用人单位应当从实地检查转向适当的技术指导，确保女性劳动者远程劳动时能够保证其身体安全和身心健康。用人单位应将远程劳动的基本操作规程、设备使用方法以及远程劳动的禁忌事项告知女性劳动者。同时，用人单位不得以远程劳动的形式，变相加重女性的工作强度，使其从事超过劳动强度标准的远程劳动。远程劳动强度标准的认定，目前虽然没有正式的立法规定，但可以参照线下劳动强度认定的标准。例如：女性劳动者不能从事体力劳动强度分级第四级体力劳动强度的作业；在远程劳动中，如果 8 小时工作日净劳动时间超过 370 分钟，那么也应当认定为安排女性劳动者进行禁止从事的劳动，从而认定为非法。

在远程劳动形式下，应当警惕用人单位利用远程劳动较为灵活和隐蔽的方式，变相逃避对"四期"女性劳动者的特殊保护。对于产期女性劳动者，用人单位在产假期间，应当严禁以远程劳动的方式，要求女性劳动者工作。对于哺乳期的女性劳动者，用人单位也不得以远程劳动的方式，变相延长女

---

① 参见林嘉：《劳动法的原理、体系与问题》，156 页，北京，法律出版社，2016。
② 参见冯彦君：《论职业安全权的法益拓展与保障之强化》，载《学习与探索》，2011 年第 1 期。

性劳动者的工作时间或要求夜间劳动，应当在远程劳动过程中，允许女性哺乳，并且可以发挥远程劳动灵活性的优势，允许女性灵活安排其哺乳时间，并在哺乳结束后立刻恢复工作。对于孕期女性劳动者，用人单位不得安排其线上劳动的强度超过第三级体力劳动强度，或安排怀孕 7 个月以上的女性劳动者延长工作时间和夜班劳动。此外，考虑到远程劳动久坐、长期接触电子设备对孕期女性的损害，用人单位还应当适当减少孕期女性劳动者远程劳动的工作量。对于经期女性劳动者，用人单位不得安排强度超过第三级体力劳动强度的远程劳动，同时也应允许女性劳动者在远程劳动的间隙进行适当的休息。

用人单位除了应当在远程劳动中保护女性劳动者的身体健康，同样还应当保护女性劳动者的人格尊严等精神权利，特别是女性劳动者远程劳动时的隐私权。由于女性劳动者在其住宅中提供劳动，住宅本就是极为私密的空间，住宅的隐私权一般被认为受到绝对的保护。女性在住宅内的衣着、房间的状况以及在住宅内的活动，也被认为具有特别的私密性。① 因此，当用人单位在安排远程劳动时，应当对女性劳动者的隐私权进行特殊的保护。用人单位对远程劳动有必要的管理和监督权利，但这种权利应当平衡女性劳动者的隐私权。非属必要情形，用人单位不得要求女性劳动者打开摄像头对其进行监控，即使在必要情形下必须打开摄像头，如举行视频会议等，也应提前告知女性劳动者，并在开始前进行必要的提醒以使女性劳动者做好准备；用人单位也不得以突击检查的方式，要求女性劳动者随时打开摄像头，而是应当设定固定的检查时点，如开始劳动、结束劳动或特定工作任务完成时。即使用人单位有上述进行监督的必要，也应以对隐私权伤害最小的方式进行，如软件打卡、语音通话的方式，一般不得对女性劳动者的远程劳动进行视频监控。

（二）用人单位的合理安排和协助义务

远程劳动的重要价值之一，就是实现了女性劳动者工作和家庭生活的平衡。女性劳动者在远程劳动时，其工作角色和生活角色紧密融合在了一起，女性劳动者可以在工作的同时适度料理家务，也可以在料理完毕后立刻投入工作。尽管目前男性和女性在家庭分工方面越发模糊，但通常来说女性还是家务劳动的主力。有研究证明，远程劳动尽管让劳动者的工作角色和生活角色难以区分，但劳动效率却能够提高。② 相比于线下劳动，远程劳动无疑为女

---

① See William L. Prosser, Privacy, 48 Calif. L. Rev. 383 (1960), pp. 188 – 195.

② See Kate Lister & Tom Harnish. Telework and its Effect in the United States, in Jon C. Messenger eds. . Telework in the 21st Century—an Evolutionary Perspective. International Labour Organization, Edward Elgar Publishing Limited, 2019, pp. 133 – 134.

性劳动者兼顾工作角色和家庭角色提供了可能，女性劳动者完全可以在远程劳动的工作间隙或休息时间，完成家务劳动，实现工作和生活的平衡，这也是远程劳动一项重要的社会价值。①

出于保护远程劳动在提高劳动效率、平衡女性劳动者工作和家庭平衡方面的价值，用人单位有对女性劳动者正常的家务劳动提供合理安排和协助的义务。尽管用人单位可能担心女性劳动者因为家务劳动影响工作，但从另一个角度来看，用人单位选择远程用工的形式，本来就一定程度上侵入了劳动者的家庭生活，影响了女性劳动者正常的家务劳动。例如，线下劳动的女性劳动者结束工作后就可以正常照顾老人和小孩，但远程劳动下工作时间和指令的不确定性，会使女性劳动者长时间处于待命状态，事实上侵夺了其本应进行家务劳动的时间。

用人单位的合理安排和协助义务，应当以女性劳动者在不影响其正常工作的前提下、适度允许其在远程劳动时进行基本的家务活动为基本原则。对女性劳动者正常的家务劳动，用人单位应当合理安排，并提供必要的协助，具体内容包括明确的工作时间安排、工作期间正常的休息和间隔以及适度允许女性劳动者工作期间自主安排工作时间和任务。明确的工作时间安排是指用人单位应当预先确定远程劳动的开始时间和结束时间，正常工作时间外延长工作时间，应当取得女性劳动者的同意。工作时间结束后，则不得再安排女性劳动者远程劳动，否则即是对女性劳动者正常家庭生活的干涉。在远程工作期间，应当间隔一段时间或某项工作任务完成后，安排女性劳动者休息，并允许女性劳动者在休息时间从事家务劳动。此外，远程劳动的优势在于可以使劳动者灵活安排其工作内容，在不影响工作进度的前提下，应当允许女性劳动者在合理的时间段内，灵活安排其工作时间和休息时间，甚至在完成较为紧急的家务后再开始工作，如家庭中有生活不能自理，需要定时喂药、看护的老年人，应当允许女性劳动者先完成照料，再开始工作。当然，如果工作内容不适合劳动者自主安排或可能造成劳动者长时间处于离岗状态，用人单位可以作出适当限制。

（三）用人单位的平等雇佣义务

如前文所述，女性劳动者在远程劳动中需要用人单位采取一系列特别保护措施，相比于男性劳动者，用人单位在使用女性劳动者进行远程劳动时，可能需要付出额外的管理成本。但是，这些"额外"付出的成本，基本上只

---

① See Lutz Gschwind & Oscar Vargas. Telework and its Effects in Europe, in Jon C. Messenger eds. . Telework in the 21st Century—an Evolutionary Perspective. International Labour Organization, Edward Elgar Publishing Limited，2019，pp. 38 - 39.

是将女性劳动者线下劳动特殊保护移植于远程劳动,并根据远程劳动的特点稍加改造,并未实质加重用人单位的劳动保护负担。此类属于用人单位的法定义务的劳动保护条件,不能成为用人单位进行区别对待的合理理由,从而正当化其歧视行为。用人单位在作出提薪、晋升或解雇等劳动关系决定时,不得仅以女性劳动者对远程劳动的特殊要求,就区别对待同等条件的男性劳动者和女性劳动者。此外,远程劳动的技术特点,还有可能带来更为隐蔽的技术歧视:由于远程劳动的设备、数据和技术基本都由用人单位提供,用人单位掌握着远程劳动的一切数据,对劳动者在技术方面存在压倒性的优势。用人单位可以通过算法,精准地监控和掌握劳动者的劳动情况,并由此来计算劳动者的劳动规律和偏好。例如:通过一段时间的劳动,用人单位可以通过分析后台数据,计算女性劳动者选择休息或进行家务劳动的偏好,然后通过修改算法,将工作任务都安排在女性劳动者偏好进行家务劳动的时间段,使其事实上无法进行必要的家务劳动;或者通过算法缩短女性完成工作任务的时间,以弥补其进行家务劳动所用的时间,变相地提高女性的工作负荷。用人单位表面上看似中立地对男性劳动者和女性劳动者安排同等的劳动任务,但事实上已经利用技术优势对女性劳动者进行了歧视。因此,用人单位的平等雇佣义务不仅要求用人单位不得因为女性劳动者远程劳动时的特殊保护要求而对其作出区别对待,同时也不得利用算法等技术优势隐性地歧视女性劳动者。

(四)符合远程劳动特点的劳动监察保护

劳动监察是确保劳动法上对女性劳动者特殊保护得以落实的外部保障。在线下劳动中,劳动监察部门通过现场检查、询问用人单位、要求用人单位提交有关材料、查阅有关资料等方式,对用人单位执行劳动保护的情况进行监督和检查,并通过一系列的行政强制和处罚措施确保用人单位依法履行其对女职工的特殊劳动保护义务。

远程劳动中,劳动监察应当继续发挥对女性劳动者权益保护的作用,并且应当针对远程劳动的特点进行适当的调整。由于远程劳动行为多数发生在女性劳动者的住宅内,劳动监察部门难以进入现场进行检查和执法,同时女性劳动者的劳动过程和劳动行为已经"脱实向虚",变得网络化和数字化,传统劳动监察以现场检查为主的监察手段,已经不适应远程劳动。劳动监察部门应当根据远程劳动的特点,把对远程劳动的监察,由现场检查转向数据监察。用人单位应当建立相应的远程工作系统,记录女性劳动者的劳动时间、休息时间、延长工作时间、劳动强度、工作记录、劳动保护情况等,当劳动监察部门进行监察时,用人单位有义务将相关数据提供给劳动监察部门,作为劳动行政部门检查和执法的依据。

对远程劳动进行劳动监察的重要意义不仅在于可以确保远程劳动中女性劳动者的工作权益得到保护，还可以保证用人单位在线下劳动和远程劳动中采用统一的劳动保护标准，避免用人单位通过将劳动过程转移至线上从而逃避劳动监察、侵犯劳动者合法权益的监管套利行为。

六、结语

远程劳动的重要作用已经在新冠疫情中得到凸显，未来更是有可能成为一种常态化的劳动形式。远程劳动中劳动者的权益保护问题不容忽视，特别是女性劳动者的权益保护。远程劳动不应是仅将线下劳动搬到线上，而应当是一种有质量的劳动形式。女性劳动者可能因其特殊的生理特点、家庭生活中的特殊角色、对隐私权的特殊要求等原因，需要特别的劳动保护。对于远程劳动，由于其日益彰显的重要作用，应当尽快将其纳入法治轨道，探索符合女性劳动者自身特点，同时也能发挥远程劳动优势的保护手段，将女性劳动者在远程劳动中的权益保护落到实处。

参考文献

［1］林嘉. 劳动法的原理、体系和问题［M］. 北京：法律出版社，2016.

［2］田思路. 远程劳动的制度发展及法律适用［J］. 法学，2020（5）.

［3］田思路. 远程劳动的立法趋势与法律适用［J］. 中国劳动，2017（8）.

［4］田岱月. 远程劳动的典型法律风险和应对策略研究［J］. 山东工会论坛，2020（5）.

［5］徐婉宁. 日本对于电传劳工劳动权益之保护［J］. 台北大学法学论坛，2016（99）.

职场性骚扰的界定①

——以德国立法改革为视角

赵　进*

[摘要]　　德国 1994 年颁布的《员工保护法》把"可辨识的拒绝"作为界定职场性骚扰的核心标准。在批评者看来，该条对受害者施加了过重的表达义务，容易使受害者遭受二次伤害。德国司法实践亦表明，该条款并不能解决法律适用中性别刻板造成的不公正。在此背景下，美国法中的"反歧视模式"和"不受欢迎"的认定标准受到了欧盟国家学者的关注和赞同。受此影响，德国 2006 年颁布《一般平等待遇法》，将职场性骚扰定义为歧视，并采纳了"不受欢迎"的认定标准。德国法的变迁对我国界定职场性骚扰有很强的借鉴意义，我们可结合本土国情，通过引入权力视角和性别视角，建构界定职场性骚扰的具体规则。

[关键词]　　职场性骚扰　违背他人意愿　不受欢迎　德国法

一、引言

在社会各界的努力下，《民法典》响应社会呼吁，在第 1010 条中对性骚

＊　赵进，德国柏林洪堡大学法学博士，首都经济贸易大学法学院讲师。

①　收稿时间：2021 年 9 月。

扰行为进行了规制。根据该条规定，包括职场性骚扰在内的所有性骚扰是违背他人意愿，并以言语、文字、图像、肢体行为等方式侵犯人格权的行为。据此，"违背他人意愿"是性骚扰的认定标志。在实践中，一些司法机关将社交礼仪作为审查性骚扰成立与否的标准。如在性骚扰损害责任纠纷第一案①中，四川成都武侯区法院认为，被告刘某在与原告单独相处时拥抱其不放，并在对方明确抗拒和反对之后仍然不放手，行为超出了一般性、礼节性交往的范畴，违背了原告意愿，构成了性骚扰。但社交礼仪并不宜作为认定"违背他人意愿"的唯一标准。对于一些行为，如突然触碰身体敏感部位或长时间用力拥抱，可通过一般社交礼仪推知其违背被触碰人的意愿。因为该行为在社会交往中通常被认为是无礼、不道德的行为。但社会交往中同时存在大量的模糊行为，如试探性的肢体接触和带有性意味的言语（如索要照片、讲色情笑话等），就难以通过社交礼仪推知其是否"违背他人意愿"。因为对该类行为是否属于适当的社交行为以及不适当的程度如何，不同的人会有不同的观点。这难免导致对个别案件的定性带有较强的法官主观色彩，从而导致"同案不同判"现象。② 由此引发的问题是，在模糊行为中，"违背他人意愿"应以受害人的主观感受还是加害人的主观恶意为判断标准？受害人如何在诉讼中证明某一行为违背了其意愿？是否受害人表达了反对意见而行为人仍未停止后，该行为方构成"违背他人意愿"？实际上，在职场中大量存在的正是这类处于边缘地带的模糊行为。厘清"违背他人意愿"的具体认定标准，不仅关乎被骚扰人的损害赔偿请求权是否得到支持，也关乎用人单位对被骚扰人处理的正当性问题。

在此背景下，有必要回到职场环境中性骚扰现象本身，从立法目的和价值出发，界定职场性骚扰的构成要件，协调自由和人格保护的冲突。一些学者认为，"违背他人意愿"与美国法及欧盟指令中的"不受欢迎"并无本质区别，深圳市九部门联合印发的《深圳市防治性骚扰行为指南》亦采纳了这一观点，将性骚扰定义为"违背他人意愿""不受欢迎"的行为。但遗憾的是，无论是法学研究还是法律实践，均未进一步探寻"不受欢迎"的认定标准及其背后的价值取向。因此，即便将"不受欢迎"作为"违背他人意愿"的特征标识，"模糊行为"的判断难题可能依然存在。

"不受欢迎"作为职场性骚扰的特征标识，最先由美国女性主义法学家凯瑟琳·麦金农提出。1980 年，美国平等就业机会委员会根据麦金农的观点发布了《性骚扰指南》，把性骚扰定义为不受欢迎的、与性有关的行动、性要求

---

① 参见（2019）川 0107 民初 1407 号。
② 参见王天玉：《言辞型职场性骚扰的司法裁判逻辑》，载《妇女研究论丛》，2020 年第 9 期。

或言语。受美国法对性骚扰规制的影响，加拿大、欧盟、日本的立法机构先后采纳了这一规定。值得注意的是，最初欧盟（欧共体）制定规制职场性骚扰的相关指令时，并未将"不受欢迎"作为判断职场性骚扰的特征标识。如德国根据该指令颁布的《员工保护法》第2条规定性骚扰是故意含有性意味，且侵犯他人尊严的行为。但2000年后，欧盟和德国的立法机构先后接纳了"不受欢迎"。我们需要探究的是，"不受欢迎"缘何能成为发达国家认定职场性骚扰的主要判断依据？什么样的行为可归为性骚扰并应受法律规制？它背后体现了何种价值取向？与德国《员工保护法》第2条的规定相比，"不受欢迎"的优势是什么？又存在何种问题？或许，我们能从德国法对于职场性骚扰定义的制度变迁中获得启示。为此，本文将展示德国1994年《员工保护法》对职场性骚扰的定义和存在的法律漏洞，美国法对职场性骚扰的界定及对德国和欧盟的影响，以及德国修法之后的司法实践，并提出几点有关界定"违背他人意愿"的看法，以就教于同人。

二、德国《员工保护法》对职场性骚扰的定义

（一）职场性骚扰的构成要件和立法理由

20世纪90年代之前，德国法学界普遍认为，轻微的肢体接触和性邀请是属于私人领域的行为。即便产生了不愉快，也多属于缺乏情商而产生的误会。[①] 而私人领域的行为原则上不应由法律调整。经过相关人士呼吁，德国社会逐渐认识到性骚扰是对他人的一种贬低和矮化。为防治工作场所中屡见不鲜的性骚扰现象，德国联邦议会于1994年通过了《员工保护法》。该法首次界定了性骚扰的法律概念，并规定了雇主事前预防和事后制止性骚扰的义务。该法第2条规定，性骚扰是侵犯他人人格尊严的行为。这一立法模式与德国第二次世界大战后尊重和保护人的尊严的法律理念密切相关。[②] 基于对历史的深刻反省，德国《基本法》第1条第1款将尊重和保护人的尊严作为宪法的基础和最高价值。根据德国法学界的通说观点，侵害人的尊严的表现之一便是侵犯他人自我决定权，将人作为目标客体。[③] 就性骚扰而言，性骚扰的一大

---

① Vgl. Ulrike Lembke, "Sexuelle Belästigung: Recht und Rechtsprechung", *Aus Politik und Zeitgeschichte*, No. 8 2014. S. 35 – 41, hier S. 36.

② Vgl. Susanne Baer, "Dignity or Equality? Responses to Workplace Harassment in European, German, and U. S. Law", in Mackinnon/Siegle (eds.), *Directions in Sexual Harassment Law*, Yale University Press, 2004, pp. 582 – 601.

③ Vgl. Herdegen, in Maunz/Dürig (Hrsg.), *Grundgesetz*, 91. Auflage, München 2020, GG Art. 1 Abs. 1 Rn. 36; BVerfGE 27, 1, 6; BVerfGE 45, 187, 228.

特征便是违背他人意愿，忽视他人主体性，只将他人作为满足自身性欲望的客体。由是，将性骚扰界定为侵犯他人人格尊严的行为，体现了德国立法者对保护劳动者免受性骚扰的重视。

以"侵犯尊严"这一基本特征为基础，《员工保护法》第2条又规定了性骚扰的认定标准。根据该条规定，性骚扰是指故意带有性意味的行为。由此可见，该法性骚扰的构成要件包括骚扰人的主观故意、带有性意味（行为特征）以及侵犯他人尊严（行为后果）。为进一步细化上述规定，该条第2款又进行了不封闭列举。这些行为包括：（1）德国刑法中处罚的与性相关的犯罪行为；（2）其他与性相关，但被受害人以可辨识的方式拒绝的行为，包括性邀请、与性相关的言论、展示色情图片等。由此可见，该条依据性骚扰的严重程度划分了行为类型。第一类是构成犯罪的行为，如猥亵行为。第二类则是程度较轻、尚未构成犯罪的行为。对这类行为，只有被害人作出了"可辨识的拒绝"，方构成性骚扰。立法如此规定是因为德国联邦议会认为，现代社会是多元的社会，每个人根据不同的文化背景和生活习惯，对社交行为的边界有不同的理解。因此，一些带有性意味的行为和言语便处在了边缘地带。[1]如见面拥抱和贴面在欧洲文化里属于传统社交礼仪，在东亚文化中则较为罕见。再如工作场所轻微的身体的接触和玩笑，对一些人是无伤大雅，对另一些人是无礼越界。如若一律把这些行为定义为性骚扰，不仅会过度限制言论自由和行动自由[2]，还为雇主施加了过重的调查义务。因此，"可辨识的拒绝"便是在承认个人差异和尊重个人意志前提下，为司法机关提供可检验的客观标准。[3]此外，"可辨识的拒绝"也体现了性自由对个人的要求。它要求人们积极地自我设定界限，以明确的方式告知对方自己的界限。如参与了该法制定的时任德国联邦妇女与青年部部长默克尔在接受媒体采访时认为，表达明确拒绝既是对"新时代"女性自我决定能力的肯定，又是对"新时代"女性的责任要求。[4]

（二）《员工保护法》第2条的法律漏洞

然而，这条看似合理的规定实际上却有着明显的法律漏洞。比如，员工A用力拥抱员工B，却声称他认为这是普通的拥抱礼仪，并未想骚扰对方。根据上述规定，尽管B对该行为感到非常不适，A的行为仍不构成性骚扰。

---

① 参见德国联邦议会第12/5468号立法理由说明书第47页。

② 参见德国联邦议会第12/5468号立法理由说明书第47页。

③ 参见德国联邦议会第12/5468号立法理由说明书第47页。

④ 参见默克尔1993年接受德国西南部广播电台（Südwestfunk）采访时的回答。转引自Baer，"Würde oder Gleichheit?"，Baden-Baden，Nomos，1995，S. 256。

因为按德国学界通说观点，A 的行为属于认识的构成要件事实与实际发生的事实不一致（即构成要件错误），应当排除故意。① 又比如当员工 C 的上司以就业、升职、加薪、考评等方面的好处加以引诱，而员工 C 因担心失去工作或晋升的机会和招致上司的报复而容忍和默许性骚扰行为时，员工 C 的容忍和默许是否构成"可辨识的拒绝"？

《员工保护法》颁布后，德国很多学者都指出了上述漏洞。他们认为，"故意"和"可辨识的拒绝"加重了性骚扰受害者的举证难度。② 一是除程度明显的猥亵行为，受害者最多可证明加害人的行为故意，但难以证明加害人的行为目的是"侵犯其尊严"③。二是在职场中，因性骚扰的发生往往带有一定突发性，被害者或因震惊慌乱或因不想得罪上司和同事而沉默乃正常反应。如果将此时的沉默视为默示同意，对被害者无疑是二次伤害。很多学者担心，雇主在无法断定性骚扰存在时，就无动力采取相应的防治措施。即便受害者对骚扰人和雇主提起诉讼，也难以得到法院的支持。④

事实证明，学者的担心不无道理。德国联邦家庭、妇女和儿童部 2002 年12 月出具的《〈员工保护法〉实施报告》表明，多数劳动法院采用了德国刑法中对"故意"的界定，即骚扰人误认为被害人会同意时，即便带有性意味的行为客观上侵犯了被害人的人格尊严，但该行为仍不构成性骚扰。⑤ 一些劳动法院则会把受害者之前的行为纳入考量标准。也即，受害者之前的行为是否让骚扰人产生了误会。如一些法院在判决中以"如果受害者对之前类似的行为感到反感，就不应与骚扰人回家或乘坐骚扰人的私家车"为由否认了性骚扰的存在。⑥ 而 1999 年 8 月 26 日法兰克福高等法院的判决⑦ 更是引发了激烈的批评。在该案中，第一被告 H 一直在原告 X 女士面前讲色情笑话，甚至多

①　德国民法中的"故意"概念基本采纳了德国刑法对"故意"的定义。德国《刑法》第 16 条第1 款规定："行为人行为时对法定构成要件缺乏认识，不认为是故意犯罪，但要对其过失犯罪予以处罚。"详细内容可参见彭文华：《德国刑法中对错误的规制及其启示》，载《法治研究》，2013 年第 5 期。

②　Vgl. Baer, "Würde oder Gleichheit?", S. 257, 258; Linde, "Sexuelle Belästigung am Arbeitsplatz", Betriebs-Berater, 1994, S. 2412 - 2418; Hohmann/Moors, "Schutz vor sexueller Belästigung am Arbeitsplatz im Recht der USA (und Deutschland)", *Kritische Justiz*, 1995, S. 151 - 167; Alexandra Noeth, "Materieller und prozessualer Rechtsschutz gegen sexuelle Belästigung am Arbeitsplatz in den USA, Europa und Deutschland", Berlin, Peter Lang, 2003, S. 212, 218.

③　Vgl. Linde, *Betriebs-Berater*, 1994, S. 2415; Hohmann/Moors, *Kritische Juristen*, 1995, S. 164.

④　Vgl. Alexandra Noeth, Materieller und prozessualer Rechtsschutz gegen sexuelle Belästigung am Arbeitsplatz in den USA, Europa und Deutschland, S. 218.

⑤　Vgl. "Beschäftigungsschutzgesetz in Praxis", München und Berlin, 12. 2002, Bundesminsterium für Familie, Senioren, Frauen und Jugend, S. 113.

⑥　Vgl. "Beschäftigungsschutzgesetz in Praxis", S. 114.

⑦　Vgl. OLG Frankfurt, Urteil vom 26. 08. 1999, 15 U 103/97.

次袭击 X 女士的胸部。尽管一审法院认为原告 X 女士由于被告的行为长期处于抑郁状态，已无法实施有效的反抗，但法院仍在判决中认为，第一被告的行为不构成性骚扰，因为原告并未实施积极和持续的反抗。当然一些劳动法院也认识到，沉默或不配合的行为（如起身离开）足以构成"可辨识的拒绝"。但这恰好说明，这一构成要件的立法目的（为司法机关提供统一的标准）并未得以实现。

三、美国法对性骚扰的认定以及对欧盟（德国）的影响

（一）麦金农的歧视理论

在美国法中，职场性骚扰构成 1964 年《民权法案》第七章中的性别歧视。这一概念首先由凯瑟琳·麦金农提出，在《对职业妇女的性骚扰》（1979）中，她论证了职场性骚扰是男性对女性的歧视。麦金农的论证之所以能得到美国法学界的认可，是因为它以美国反歧视法已有的理论成果和司法实践为基础。为判定某一行为是否属于《民权法案》第七章所禁止的歧视行为，美国法学界先后发展出了"反归类原则"（anticlassification principle）和"反屈从原则"（antisubordination principle）。[1] 根据反屈从原则，若某一行为加重或延续了弱势群体的屈从地位，该行为即属于应被法律禁止的歧视。[2] 在这一理论框架下，麦金农认为，职场性骚扰延续以及加重了女性在社会中的弱势地位。她的论证主要从三方面展开。第一，长期以来，（美国）劳动女性都是劳动力市场中的弱势群体，她们获得高薪水和高职位工作的机会微乎其微。[3] 因此，女性无法像男性一样以自身职业能力在劳动力市场上获取生存资

---

[1] 依据反归类原则，歧视是依特定标准归类，并对不同类别的人实行差别待遇。但并非所有差别待遇均构成法律所禁止的歧视，只有归类标准与归类目标不匹配（即不符合工具理性标准）时，依该种归类而实行的差别待遇才构成法律所禁止的歧视。如招聘中"只限男性"之所以构成歧视，是因为性别作为归类标准与以工作能力为目标的招聘不匹配。但由于反归类原则存在诸多缺陷，美国法学界又发展出了反屈从原则。该原则可弥补由于历史原因造成的族群差距，如高校即便对黑人学生和白人学生采取相同的录用标准，但由于历史原因，相同录用标准会使得越来越少的黑人接受高等教育，从而进一步加剧种族之间的贫富差距。所谓"纠偏行动"（affirmative action）便是以该原则为基础的优待少数族裔的措施。详细参见阎天：《反就业歧视法的一般理论——中美两国的建构与反思》，载《环球法律评论》，2014 年第 6 期。

[2] 参见阎天：《反就业歧视法的一般理论——中美两国的建构与反思》，载《环球法律评论》，2014 年第 6 期。

[3] See Catharine Mackinnon, "Sexual harassment of working women", New Haven and London, Yale University Press, 1979, p. 175; Barnes vs. Costle, No. 74-2026, United States Court of Appeals, District of Columbia Circuit (July 27, 1977). 关于此点的中文文献可参见郭延军：《美国〈1964 年民权法〉与女性平等就业权》，载《华东政法大学学报》，2011 年第 4 期。

源。相反，女性必须以性（无论是通过婚姻还是通过性交易）换取生存资源。职场性骚扰实际上为职业女性设置了一个额外条件，即女性只有牺牲自己的性自主权（配合上司和同事对她的骚扰），方能继续留在职场以及获得升迁机会。① 而这又会促使越来越多的女性选择退出职场，进一步加剧两性在经济上的不平等。第二，性骚扰延续和强化了女性在社会性别秩序中的从属地位。在任何一个社会和民族中，人们对男性和女性各自扮演的社会角色和起的社会作用都存在一种普遍的期待。在传统社会，社会性别秩序对女性角色的普遍期待是顺从、被动以及等待或接受男性在性上的主动进攻；而男性在社会化过程中习得的却是要主动去征服女性，以此符合社会对"男性气质"的期待。由此可见，传统性别秩序并不鼓励女性主动表达自己在性方面的意愿。麦金农认为，性骚扰这一行为会给女性传递一个信号，即在性方面，女性自身的意愿并不重要。因此，它会进一步压抑女性表达自身意愿。② 第三，性骚扰矮化了女性在社会中的价值。根据这一点，职场性骚扰对女性价值的贬低可以理解为：即便在劳动领域，职业女性首先被重视的仍然是她的性价值，而非其工作表现。③

（二）麦金农理论对司法实践的影响

1976 年，美国联邦上诉法院在 Williams v. Saxbe 案④ 中首次确认职场性骚扰构成《民权法案》第七章所禁止的性别歧视。根据法院观点，性别歧视并不局限于只针对某一性别的行为。在麦金农的直接参与下，美国联邦上诉法院在 Barnes v. Costle 案⑤ 中对上述依据进行了重申。

1. Barnes v. Costle 案

该案原告是一位在环保局工作的非裔女性。她认为自己受到了性别歧视，因为她的上司在她拒绝了其性邀请后便解雇了她。被告环保局对案件事实并无异议，但主张该解雇行为不构成性别歧视。理由在于：第一，该行为仅是职场中针对个人的不友善行为，并非针对全体女性；第二，职场中任何人，不论男女均可能因拒绝上司的性邀请而遭到解雇。因此该行为虽然不符合道德伦理，但并不构成性别歧视。华盛顿市高等法院则认为，虽然性骚扰行为和解雇行为并非针对被告的全部女性员工，但如果受害者不是一名女性，而

---

① See Catharine Mackinnon, "Sexual harassment of working women", pp. 175 – 176.

② See Catharine Mackinnon, "Sexual harassment of working women", pp. 178 – 179.

③ See Catharine Mackinnon, "Sexual harassment of working women", pp. 182 – 185.

④ See Williams v. Saxbe, 413 F. Supp. 654 (D. D. C. 1976), U. S. District Court for the District of Columbia (April 20, 1976).

⑤ See Barnes v. Costle, 561 F. 2d 983 (D. C. Cir. 1977), United States Court of Appeals, District of Columbia Circuit (July 27, 1977).

是一名男性，"他"根本不会成为性骚扰的对象。被告的主张掩盖了一个事实。尽管男性女性都有可能遭遇性骚扰，但本案原告的上司的行为只会为女性，而不会为男性，造成人为的工作障碍。法院进一步指出，性别歧视行为并不仅包括只针对某一性别的行为（如"仅限男性"或"男性优先"的招聘启事）。有的行为虽然表面上会影响所有性别，但实质上只会给某一性别造成障碍时，亦构成性别歧视。

2. Meritor Savings Bank v. Vinson 案①

1980 年，美国平等就业机会委员会根据麦金农的观点发布了《性骚扰指南》，把性骚扰定义为不受欢迎的、与性有关的行动、性要求或言语，并把性骚扰分为交换型性骚扰②和环境敌意型性骚扰③。该定义和分类继而被最高法院于 1986 年在 Meritor Savings Bank v. Vinson 案中接纳。除此之外，最高法院在该案中还进一步解释了"不受欢迎"和"同意"的区别。也即，尽管原告和其上司发生性关系时是同意的，但并不表明原告"欢迎"上司的行为。因为当其上司以解雇和降职威胁原告与其发生性关系时，原告尽管表面上未曾抗拒，但内心对此并不欢迎。之后，美国法院对系争行为是否受欢迎采取了综合全面的审查，并发展出了以下考量标准：通常而言，被骚扰人明确表达拒绝并非构成"不受欢迎"的充分条件。只要被骚扰人不配合骚扰人的行为，如推开骚扰人、起身离开、转移话题等都可证明其"不欢迎"的态度。④除非系争行为由被骚扰人主动发起，如主动与对方调情或询问对方性经历、经常开色情玩笑等⑤。除此之外，美国最高法院还就环境敌意型性骚扰情形下雇主的损害赔偿责任确立了四项审查要素：（1）行为是否含有性意味；（2）该行为是否不受欢迎；（3）就严重程度和发生频率而言，该行为是否足以改变被骚扰人原先的工作环境，给被骚扰人造成困扰；（4）雇主是否应当知道该行为。

---

① See Meritor Savings Bank v. Vinson，477 U. S. 57（1986），U. S. Supreme Court（June 19，1986）.

② 交换型骚扰是指骚扰人以被骚扰人工作利益（如是否雇佣、是否升迁等）为价码，向被骚扰人寻求性方面的好处。但美国主流观点认为，只有被骚扰人因拒绝骚扰人而遭受了经济上的不利益（如解雇、降职和降薪等），才构成交换型性骚扰。如被骚扰人未遭受经济上的不利益，其上司的骚扰行为构成环境敌意型性骚扰。

③ 环境敌意型性骚扰指影响了员工的工作表现或者造成了有敌意的或令人感到侵犯的工作环境的性骚扰。这类性骚扰的骚扰人不仅包括被骚扰人的上司和同事，也包括被骚扰人在工作中接触的其他人（如客户）。

④ See Chamberlin v. 101 Realty, Inc. , 915 F. 2d 777, 784；Jones v. Wesco Investments, Inc. , 846 E2d 1154, 1155（8th Cir. 1988）；EEOC Dec. 84 - 1, 33 F. E. P. Cases 1887, 1888, 1890（1983）.

⑤ See Reed v. Shepard，939 E2d 484，486 - 88，491 - 92（7th Cir. 1991）；Perkins v. Gen. Motors Corp. , 709 F. Supp. at 1497 - 98（W. D. Mo. 1989）；Hicks v. Baltimore Gas，829 F. Supp. 791，796（D. Md. 1992）.

美国法中性骚扰的性质及构成要件以及雇主损害赔偿责任的构成要件就此形成,成为美国法院判定性骚扰案件的重要参考标准。

(三)《员工保护法》与美国判例法对性骚扰定义的异同

综上所述,就性骚扰的法律性质而言,德国 1994 年颁布的《员工保护法》规定职场性骚扰是侵犯人格权的行为,而在美国,职场性骚扰构成《民权法案》所禁止的性别歧视。就性骚扰的构成要件而言,二者的主要区别在于:第一,《员工保护法》要求骚扰人具有主观上侵犯被骚扰人人格尊严的故意,而美国判例法无此要求。第二,相比《员工保护法》下"可辨识的拒绝",美国法的"不受欢迎"能够涵盖更多的行为模式。如若依《员工保护法》审理 Meritor Savings Bank v. Vinson 案,则原告上司的行为根本不构成性骚扰,因为原告与其发生性行为时是同意状态,并未进行"可辨识的拒绝"。但笔者认为《员工保护法》与美国法中对性骚扰定义的本质区别在于其背后的平等观。《员工保护法》是以自由主义为基础的形式平等观,假定每个人,无论男女,均是可自由表达自己性意愿的理性人。正因为每个人都有以可辨识的方式表达拒绝的能力和机会,故没有表达拒绝的个人应当自己承担没有表达的不利后果。而美国判例法在一定程度上体现了麦金农理论中的实质平等观,承认女性以及不处在管理职位上的劳动者为弱势群体,认为他们在不平等的关系中不可能面对上司性要求"自由"地表达拒绝,从而采取了更为宽松的认定标准。

但值得注意的是,在司法实践中,《员工保护法》和美国判例法中的性骚扰的构成要件也会发生重合。如一些德国法院也认为,被骚扰人的不配合行动即构成"可辨识的拒绝"[1],而骚扰人忽视被骚扰人的拒绝即具备主观上"伤害他人尊严"的故意。[2] 一些美国法院在判定系争行为是否"不受欢迎"时也会落入性别刻板印象的窠臼,如会把被骚扰人的衣着和往常行为作为考量标准。[3] 这种考量标准同样会给被骚扰人造成二次伤害,因为骚扰人的辩护律师往往会在法庭上反复询问被骚扰人当时的衣着、往常的言行以及私生活,迫使被骚扰人不得不曝光其隐私。[4]

---

[1] Vgl. "Beschäftigungsschutzgesetz in Praxis", S. 118.

[2] Vgl. "Beschäftigungsschutzgesetz in Praxis", S. 118.

[3] See Elsie Mata, "Title VII Quid Pro Quo and Hostile Environment Sexual Harassment Claims: Changing the Legal Framework Use to Determine Whether Challenged Conduct is Unwelcome", *University of Michigan Journal of Law Reform*, Vol. 34 2001, pp. 791 – 841.

[4] See Elsie Mata, "Title VII Quid Pro Quo and Hostile Environment Sexual Harassment Claims: Changing the Legal Framework Use to Determine Whether Challenged Conduct is Unwelcome", p. 822.

（四）"不受欢迎"标准和反歧视模式在德国的引入

很多德国学者在比较《员工保护法》和美国法对性骚扰的定义后，建议德国引入美国法中"不受欢迎"的审查标准。① 而德国联邦宪法法院现任法官Susanne Baer 则认为，要从根本上解决工作场所性骚扰问题，不能仅改变单个的构成要件，而是应改变处理该问题的法律机制。她在 1995 年出版的著作《尊严还是平等》中采纳了麦金农的观点，认为工作场所的性骚扰是一种男性对女性的性别歧视。② 她进一步指出，《员工保护法》存在诸多法律漏洞的根本原因正是用"保护尊严的法律机制"去处理歧视问题。何为"保护尊严的法律机制"？根据《员工保护法》第 2 条，工作场所性骚扰是侵犯尊严的行为。因此规制性骚扰的法律目的即是保护被骚扰人的尊严。从法律诠释的角度出发，对"故意"以及"可辨识的拒绝"的解释都应符合"保护尊严"的目的。因此，如何定义"尊严"便成为解释这条规定的核心任务。按德国宪法学观点，立法者以保障基本权而创设的法律法规在解释时都应回溯至宪法本身对这一基本权的价值立场（即合宪性解释）。③ 对于"人的尊严"的定义，德国学界虽尚无完全一致的意见，但从主流学说和德国联邦宪法法院判决中仍可知其大致方向。从正面角度，"人的尊严"主要是指保护自我决定，保障身体和精神上的同一性。④ 从反面角度，德国联邦宪法法院通过判决发展出了著名的"客体公式"：当个人完全被变成一个客体时，他的尊严即受到了侵害。⑤ 而"人的尊严"中的"人"是建立在自由主义哲学基础上理性人。这位"理性人"是性别中立的，具有意识自我、决定自我和形成自我的能力。在这种基础上，《员工保护法》设定了一个这样的图景：每个理性人，无论男女，均可自由表达自己的性意愿。因此，当他人含有性意味的言语和行动令自己不愉悦时，自己能够且应该作出明确的拒绝。同样，每个理性人都有能力感知他人拒绝的意思，如行为人已明知他人的拒绝意思却不停止，即构成故意，该行为构成性骚扰。

然而，该假定能够成立需具备两个前提。第一，只有在平等的环境下，

---

① Vgl. Tobias Mästle, "Der zivilrechtliche Schutz vor sexueller Belästigung am Arbeitsplatz", Berlin, Duncker Humboldt, 1999, S. 94; Hohmann/Moors, "Schutz vor sexueller Belästigung am Arbeitsplatz im Recht der USA（und Deutschland）", *Kritische Justiz*, 1995, S. 151 – 167, hier S. 164. Ulrich Herzog, "Sexuelle Belästigung am Arbeitsplatz: im US-amerikanischen und deutschen Recht", Heidelberg, Verlag Recht und Wirtschaft, 1997, S. 208 f.

② Vgl. Baer, "Würde oder Gleichheit?", S. 47, 48.

③ Vgl. BVerfGE 89, 276, 286.

④ Vgl. Herdegen, in Maunz/Dürig（Hrsg.）, *Grundgesetz*, GG Art. 1 Abs. 1 Rn. 34, 35.

⑤ Vgl. Herdegen, in Maunz/Dürig（Hrsg.）, *Grundgesetz*, GG Art. 1 Abs. 1 Rn. 36; BVerfGE 27, 1, 6. BVerfGE 45, 187, 228.

人们方可自由表达其意志。第二，社会对人们作出的"拒绝"意思有明确一致的认识标准。而在职场性骚扰中，这两个前提是否存在却令人质疑。首先，在权利支配关系中，被骚扰人明确拒绝骚扰人带有性意味的行为并非易事。[①]比如，上司常常以就业、升职、加薪、考评等方面的好处加以引诱，被骚扰人或者担心失去工作或晋升的机会，或是担心会招致报复，容忍和默许了性骚扰的行为。但这种容忍和默许，并非真正的"自由表达"。[②] 其次，被骚扰人的何种行为才构成"可辨识的拒绝"，一个社会采用的判断标准可能本身就有争议或者是性别歧视的产物。[③] 如（德国）传统文化下的社会性别规范既不鼓励女性主动表达兴趣，也不鼓励女性以一种攻击性的方式拒绝男性的纠缠（这样会偏离大众对"女性气质"的期待）。在这种情形下，女性的沉默可能会被视为默许，女性面对纠缠时的转移话题可能会被视为"欲擒故纵"。再如女性的某种穿着或者某些行为（如同意搭乘骚扰人的私家车）是否可理解为"性暗示"或"性邀请"，以至于骚扰行为发生时的拒绝都不构成《员工保护法》第2条下"可辨识的拒绝"？若衡量标准本身就是对女性的歧视，那么法律适用的结果只会进一步固化性别刻板印象及性别歧视。[④]

四、欧盟和德国对职场性骚扰认定的革新

（一）2000/78/EG 指令和德国《一般平等待遇法》

麦金农的理论以及美国法上对性骚扰的认定，不仅在德国，而且在欧盟各个国家得到了女性主义法学者和性别平权组织的拥护。[⑤] 他们通过各种公开讨论渠道，主张性别平等议题不仅包括男女同工同酬，也包括工作环境的平等。根据欧盟相关机构调查结果，在工作场所，女性劳动者遭受性骚扰的概率远远高于男性劳动者。[⑥] 性骚扰在实际上造成了对女性不友好的工作环境，使得女性和男性面临不一样的职场环境。因此，性骚扰应归入性别平等议题。[⑦] 欧盟委员会接纳了这一观点，并于 2002 年颁布 2000/78/EG 指令。该

---

① Vgl. Baer, "Würde oder Gleichheit?", S. 196, 197.

② Vgl. Baer, "Würde oder Gleichheit?", S. 197.

③ Vgl. Baer, "Würde oder Gleichheit?", S. 201.

④ Vgl. Baer, "Würde oder Gleichheit?", S. 220.

⑤ See Kathrin Zippel, "The European Union 2002 Directive on Sexual Harassment: A Feminist Success?", *Comparative European Politics*, Vol. 7, 1, 2009, pp. 139 – 157.

⑥ See "Sexual Harassment at the Workplace in the European Union", Luxembourg, European Commission, 1999.

⑦ See Kathrin Zippel, "The European Union 2002 Directive on Sexual Harassment: A Feminist Success?", p. 148.

指令将性骚扰定义为一种歧视行为，并明确规定：性骚扰是不受欢迎的、带有性意味的言语、非言语或身体接触等形式的行为。该行为意图或客观上造成了侵犯他人尊严的后果，侵犯尊严尤其是指制造了敌意性、贬低性、羞辱性或冒犯性的环境。"不受欢迎"这一构成要件，使判定性骚扰的标准从加害人视角转为了受害人视角。加害人的律师不可再以加害人无伤害受害人尊严之故意进行抗辩。

2006 年，德国通过了《一般平等待遇法》，将这一指令转化为该法第 3 条第 4 款和第 7 条。该法第 7 条规定，性骚扰是一种"造成不利"的行为（即歧视行为）。该法第 3 条第 4 款则修改了性骚扰的构成要件。即，性骚扰是指一切不受欢迎的与性相关的行为或言语，包括不受欢迎的肢体接触，与性相关的邀请以及对带有色情内容的文字传播和图片展示等。上述行为的目的在于或者具有这样的效果，即侵犯了被骚扰者的人格尊严。例如上述行为形成了一个恐惧、敌对、打压或侵略性的工作环境。

（二）《一般平等待遇法》颁布后的司法实践

《一般平等待遇法》颁布后，德国各级劳动法院在司法实践中赋予"含有性意味"、"意图或客观上侵犯他人人格尊严"以及"不受欢迎"这些概念以下法教义学的内容。

（1）"含有性意味"。通常而言，法院并不会特意论证骚扰人行为是否含有性意味。因为在大多数案件中，骚扰人的行为主要是触摸性器官及其他身体敏感部位、询问性经历和展示色情图片等。法院认为，按《一般平等待遇法》第 3 条第 4 款第 2 项的规定，此类行为含有性意味是毋庸置疑的。对于边缘行为，莱法州劳动法院在一起案件①的判决中认为应根据具体情形判断某行为究竟是含有性意味的行为还是一般的社交礼仪。该案的争议焦点之一是亲吻脸颊的行为是否含有性意味。依法院观点，按德国社会的一般社交礼仪，只有为告别而亲吻别人脸颊的行为才是正常的社交行为，而该案中，骚扰人和被骚扰人只是同事关系，并且是骚扰人在工作场所突然亲吻被骚扰人脸颊的。因此，该行为是含有性意味的行为。

（2）"意图或客观上侵犯他人人格尊严"不再要求骚扰人具有侵犯被骚扰人尊严的主观故意。该原则于 2011 年被德国联邦劳动法院确认。②在该案中，骚扰人多次对被骚扰人进行言语骚扰，一天之内发表了四次与性有关的言论。第一次骚扰人希望被骚扰人向其展示充满诱惑的身材。第二次则是在午餐时询问对方性经历。紧接着骚扰人连续两次表示自己可提供"特殊服务"。被骚

---

① Vgl. Landesarbeitsgericht Rheinland-Pfalz, Urteil vom 23. 03. 2018－1 Sa 507/17.
② Vgl. Bundesarbeitsgericht，Urteil vom 09. 06. 2011，2 AZR 323/10.

扰人立即报告给公司。骚扰人认为,他的行为不构成性骚扰,因为他并没有性骚扰故意,而仅仅是开玩笑。但德国联邦劳动法院认为,根据《一般平等待遇法》第2条第2款规定,只要骚扰行为客观上侵犯了被骚扰人的尊严,该行为即可构成性骚扰。骚扰人不能以"误解"为由进行抗辩。醉酒状态亦不能成为抗辩理由。[1]

(3)"不受欢迎"作为性骚扰的最重要的构成要件,不再要求被骚扰人进行积极反抗。只要被骚扰人针对骚扰行为本身发出了不配合的信号(如起身离开、转移话题或挂断电话等),该行为即为"不受欢迎的行为"[2]。而被骚扰人之前的行为和言语,则不予考量。如在石荷州劳动法院审理的一起案件[3]中,骚扰人认为被骚扰人并没有发出"不受欢迎"的信号,原因在于被骚扰人经常阅读《图片报》(德国一份含有低俗内容的报纸),而且和同事聊天时也会以一种开放的态度谈论性话题。经过审理,石荷州法劳动法院认为,被骚扰人平时的阅读品味和谈话方式并不能证明她欢迎骚扰人的做法,因为骚扰人向她展示色情图片时,她已经以不配合的方式表明了自己的态度。在另一案件中[4],石荷州劳动法院以同样的理由驳回了骚扰人的主张:虽然被骚扰人在下班时间经常应骚扰人的邀请乘坐其汽车回住处,但并不表明她欢迎骚扰人在电话中的性邀请,因为她已经通过挂断电话的行为表明了态度。然而,若被骚扰人之前经常与骚扰人谈论性话题和开与性有关的玩笑,且被骚扰人并未立即针对骚扰人的行为表明态度,则推定发送视频链接的行为本身不构成"不受欢迎的行为"。

五、对我国的启示

德国1994年制定的《员工保护法》反映出来的问题,在当下《民法典》颁布实施后的我国是否存在?如前所述,《员工保护法》存在两个主要问题:一是将骚扰人的主观故意作为性骚扰成立的前提条件;二是对性骚扰案件中的被骚扰人施加了过重的表达拒绝的义务。就目前我国的法律规定而言,第一个问题可能并不明显。就已有的司法裁判而言,大多数法院并未把骚扰人

---

[1] Vgl. Arbeitsgericht Berlin, Urteil vom 27.01.2012 – 28 BV 17992/11.

[2] Vgl. Landesarbeitsgericht Rostock, Urteil vom 14.08.2012 – 5 Sa 324/11; Bundesarbeitsgericht, Urteil vom 09.06.2011, 2 AZR 323/10. Landesarbeitsgericht Schleswig-Holstein, Urteil vom 27.09.2006, 3 Sa 163/06; Landesarbeitsgericht Niedersachsen, Urteil vom 06.12.2013 – 6 Sa 391/13.

[3] Vgl. Landesarbeitsgericht Schleswig-Holstein, Urteil vom 27.09.2006, 3 Sa 163/06.

[4] Vgl. Landesarbeitsgericht Schleswig-Holstein, Urteil vom 04.03.2009, 3 Sa 410/08.

的主观故意作为认定性骚扰的标准。《民法典》生效后，只要含有性意味的行为违背了他人意愿，该行为即构成《民法典》第 1010 条意义下的性骚扰。即便骚扰人没有骚扰他人的故意，在过失情形下仍应按照过错责任承担侵权责任。而第二个问题同样也存在于我国的司法实践中。如在广州中院审理的一起案件中，法院否认性骚扰成立的理由在于，虽然存在性行为，但因为被骚扰人存在自救的可能性并且事后也未能及时报警，故推定该行为不属于性骚扰。① 这一判决实际就混淆了被骚扰人发生性行为时的"自愿"和性行为是否受被骚扰人欢迎的事实。

梳理德国法中职场性骚扰定义的发展历程，可以发现：职场性骚扰的法律定义的重心并不在于禁止某类特定的含有性意味的行为，而是在于塑造人们在不同情形下的行为模式，也即，主动发起行动的一方在何种情形下应负注意义务（通过察言观色判断自己的行为是否被对方接受），被动接受的一方在何种情形下应负表达义务。而反歧视模式之所以备受推崇，是因为反歧视法更有利于矫正原本社会中充满性别刻板印象和不公平的行为规范。尽管反歧视法存在逻辑上的短板②，但无可否认的是，目前我国社会中的性别刻板印象并未完全消除，职场性骚扰中的大多数案例为男性对女性的骚扰。③ 因此，我国司法机构在适用《民法典》第 1010 条和其他反职场性骚扰法律规范时，亦应尽力排除性别刻板印象的影响。关于这一点，德国和美国司法机构审查"不受欢迎"这一构成要件时所积累的实践经验值得我国借鉴。第一，对明显违背通常社交礼仪的行为，如突然触摸身体敏感部位、突然长时间用力拥抱等，推定该行为违背被骚扰人意志。即便受害人当时并未采取反抗措施，亦不影响性骚扰的成立。一是因为骚扰人基于对一般社会礼仪的理解，应预见到该行为违背被骚扰人的意志。二是因为被骚扰人出于慌乱和惧怕职场报复的心理在一段时间内忍气吞声也为正常反应。第二，对试探性的肢体接触和带有性意味的行动和言语，骚扰人负较高的注意义务，被骚扰人负较低的表达义务。只要被骚扰人不配合该行为（如转移话题、起身离开、闪躲或不回复信息等），骚扰人即应停止。如骚扰人不停止，则构成

---

① 参见（2010）穗中法民一终字第 4861 号。

② 如波恩大学的 Thüsing 教授认为，德国《一般平等待遇法》一方面把性骚扰定义为歧视，一方面又规定其适用于所有类型的性骚扰。但若一个人既骚扰男性又骚扰女性时，就不存在"不平等"，就不符合"歧视"的概念。参见 Gregor, Thüsing, in Säcker/Rixecker/Oetker/ Limperg（Hrsg.）, *Münchener Kommentar zum Bürgerlichen Gesetzbuch*, Band I, AGG § 3, Rn. 55.

③ 参见刘明辉、林依琳、李莹：《打破沉默，拒绝妥协——中国防治职场性骚扰法律与司法审判案例研究报告》，载《反歧视评论》，2018 年第 5 辑。

性骚扰。① 第三，如骚扰人与被骚扰人之间已形成了固定的交流模式或处于较为亲密的关系中，被骚扰人负较高的表达义务。如果骚扰人的行为令被骚扰人不适，被骚扰人应明确表达（如要求骚扰人停止）拒绝。但值得注意的是，如骚扰人与被骚扰人是上下级关系，骚扰人可影响被骚扰人的晋升时，应慎重适用该标准。因为被骚扰人和骚扰人的"亲密关系"或者随意的交流模式，可能并不出自被骚扰人的本意。

六、结语

规制性骚扰法律的重点并非禁止某种具体行为，而是明确在不同情形下行为发起一方的注意义务和被动接受一方的表达义务。尽管发达国家把性骚扰定义为歧视的方式并不是我国法律规制性骚扰的应然选择路径，但在性骚扰的法律定义中引入权力视角和性别视角的思路，却非常值得借鉴。在工作场所，被动接受一方出于对上级报复的恐惧或不愿破坏工作进程的顾虑，往往无法作出明确拒绝，因此行为发起一方应负较高的表达义务，被动接受一方则负较低的表达义务。同时，在判断性骚扰是否成立时，应尽量摒弃社会中的性别刻板印象，不应把被骚扰人的穿着和日常行为作为判断性骚扰是否成立的标准。基于此，我国在适用《民法典》及《妇女权益保护法》相关规定时可将"违背他人意愿"细化为明显违背社交礼仪、他人以明示或不配合方式表示拒绝后仍不停止等情形。当然，要有效遏制职场性骚扰，也需要其他措施的共同配合，如通过宣传社会主义核心价值观改变原先的性别刻板印象，高校增设如何应对职场性骚扰的课程，等等。

---

① 反之，骚扰人立即停止并致歉的，该行为不构成性骚扰。该标准在司法判决中已有所体现。如在四川三棵树公司与马某某劳动争议案中，马某某虽然在工作微信群对女同事发表了含有性意味的言论，但经当事人提醒后立即撤回并致歉。法院认为，马某某的言论的内容、影响、后果以及次数尚不足以构成性骚扰。具体参见（2020）川 01 民终 14094 号。

我国最低生活保障认定标准的法律适用与完善①

张 韵 何欢泉*

[摘要] 最低生活保障制度是对申请人基本生活的保障，国家通过对家庭经济状况的审查，认定申请救助人对救助的需求程度。现有制度设计中，家庭收入和家庭财产是认定最低生活保障对象的核心要件。最低生活保障认定标准之设计要以生存权保障为基本目的，以辅助性原则为预设前提，以家庭为共同生活之单位，建立统一的救助认定标准体系，以核心家庭、同居共财作为家庭人口的认定要素；取消赡养费、扶养费、抚养费的收入拟制，以家庭实际可支配的净收入作为家庭收入核算范围；以扣除家庭生活所必需的财产作为家庭财产审核范围。

[关键词] 社会救助法 最低生活保障制度 生存权保障 认定标准 辅助性原则

最低生活保障制度是社会救助体系中的核心制度安排，是保障困难家庭基本生活的基础性制度，在满足贫困人口基本生活需求，兜牢民生底线安全中发挥了重要作用。2020 年 8 月，中共中央办公厅、国务院办公厅印发《关于改革完善社会救助制度的意见》要求："打造多层次救助体系。完善低保、特困和低收入家庭认定办法。"这对最低生活保障对象的审核确认标准提出了新的要求。当前，社会中饱受争议的"骗保""漏保""错保"等匪夷所思的福利倒挂现象，则反映出我国最低生活保障审核认定标准的具体规则存在

* 张韵，中国劳动和社会保障科学研究院助理研究员；何欢泉，赣南医学院马克思主义学院讲师。

① 收稿时间：2022 年 2 月。

不足。

在我国最低生活保障法律制度中，最低生活保障审核认定标准主要由家庭经济状况调查确定。其中，家庭经济状况主要包含家庭收入和家庭财产。因此，判定一个家庭能否享受最低生活保障，主要通过对家庭收入和家庭财产两个要件的认定构成。按照《社会救助暂行办法》第 10 条的授权，省、自治区、直辖市或者设区的市级人民政府可自行制定最低生活保障认定标准。在社会救助事权下沉中，各地区对家庭收入和家庭财产的认定存在诸多差异，类似家庭经济状况在不同地区的认定也存在一定的差异，这直接影响到困难家庭能否精准地获得救助资格。此外，在与社会救助相关的司法裁判中，最低生活保障对象的认定是案件争议的焦点。由于上位法对最低生活保障救助对象认定的标准较为宽泛，各地司法裁判所依据的法律规范层级较低，导致各地区裁判结果存在较大差异，影响最低生活保障制度在救助中的规范性、精准性。

最低生活保障认定标准的精细化决定社会救助的充分性与必要性，也决定社会救助的公平性。通过救助需求的认定审查，既可平衡受救助群体与未受救助群体之间的外部公平，也可以保持受救助群体之间救助需求的内部公平。最低生活保障制度是我国社会救助体系中的基础性制度，其认定标准较为复杂，故本文以最低生活保障认定标准为研究对象，重点围绕应计入家庭成员、家庭收入、家庭财产三个核心要素展开，讨论审核认定标准存在的立法与法律适用困境，提出我国最低生活保障认定标准的完善建议。

一、最低生活保障救助认定标准的基本法理

（一）以生存权保障为基本目的

生存权之目的在于保障国民能像人那样生活，以在实际社会生活中确保人的尊严，其主要是保护帮助生活贫困者和社会的经济上的弱者，要求国家有所"作为"的权利。[①] 1919 年德国《魏玛宪法》规定"经济生活之组织，应与公平之原则及人类生存维持之目的相适应"。这明示了生存权是靠国家积极干预来实现人民"像人那样生活"的权利。1949 年德国《基本法》第 1 条"人的尊严"、第 2 条"个性自由发展及身体不受侵犯"以及第 20 条"社会国家原则"构成社会救助保障生存权的宪法依据。1945 年《日本国宪法》第 25

---

① 参见［日］大须贺明著，林浩译：《生存权论》，16 页，北京，法律出版社，2001。

条① 构成对国民生存权的宪法保障。尽管我国《宪法》未直接使用"生存权"之表达，但生存权之保障可从《宪法》第 45 条"获得物质帮助的权利"推演得出。一般而言，个人不能直接依据宪法对基本权利的规定请求国家提供一定的给付；只有在立法机关通过立法明确了国家给付的具体内容后，个人依据法律之规定才可以请求国家积极"作为"②。因此，我国通过社会救助立法将宪法赋予的生存权转化为具体权利。我国《社会救助暂行办法》第 1 条③ 是宪法保障公民生存权的目的性表达，即保障公民基本生活。最低生活保障是政府对收入水平低于政府公告最低生活标准的公民，按照法定程序和标准提供现金或实物救助，以保证该公民基本生活所需的社会救助制度。④ 相较于社会福利给付的普适性，社会救助给付具有一定的选择性，即只有在符合最低生活保障认定标准的情况下，才可获得最低生活保障给付。最低生活保障认定标准直指申请救助者的基本生活需求，其设计更应以生存权保障为基本目的，既不否认国家救助责任之存在，也不否定国民享有获得社会救助之权利；精确判断申请救助者获得救助的必要性，精准衡量申请救助者获得生存权保障的程度与需求。

（二）以辅助性原则为给付预设

辅助性原则在社会救助法体系中意味着，生活贫困者已经善用其个人能力，或用其所有资产收益、亲属抚养能力甚至依据其他法律有抚养义务者之抚养，尚无法维持所谓最低生活水准时，国家予以救助的原则。⑤ 辅助性原则是国家责任与个人责任之间的平衡原则，既强调国家对个人自由的最大尊重，又强调国家责任的最大限度之履行。一方面，宪法中的"人"，是自我负责、自我决定的个人，为法律与经济的主体，国家充分尊重个人的主体性。每个人必须先依靠自行工作以获取其自身与家人的生活费用，只有在此规则发生例外时才能通过社会给付构成要件加以类型化。⑥ 相较于个人自救与家庭互助而言，国家救助责任的保障顺位是次要的，但救助力度是最大的。另一方面，社会国理念的兴起，促使国家所扮演的角色不再只是社会秩序维护者，也应

① 《日本国宪法》第 25 条："全体国民都享有健康和文化的最低限度的生活的权利；国家必须在生活的一切方面为提高和增进社会福利、社会保障以及公共卫生而努力。"

② 参见张翔：《基本权利的双重性质》，载《法学研究》，2005 年第 3 期。

③ 《社会救助暂行办法》第 1 条："为了加强社会救助，保障公民的基本生活，促进社会公平，维护社会和谐稳定，根据宪法，制定本办法。"

④ 参见林嘉主编：《劳动法和社会保障法》，391 页，北京，中国人民大学出版社，2014。

⑤ 参见吴震能：《社会救助法修正刍议——论补充性原则》，载《东海大学法学研究》，2009 年第 30 期。

⑥ 参见台湾社会法与社会政策学会主编：《德国社会法》，398 页，台北，新学林出版股份有限公司，2019。

该扮演实现社会正义之资源分配者角色。① 社会权的出现，使得基本权利的作用在传统的排除国家干预之外又增加了要求国家积极作为的内容。② 生存权作为社会权的重要内容，也具有受益权的属性，对应着国家的积极给付义务，即保障所有个人都能获得符合人的尊严的最低生存条件，使人们在任何情况下都能维持起码的生活水准。③ 我国社会救助制度始终坚持社会救助水平与经济社会发展水平相适应的原则，这要求最低生活保障认定标准既不能过于严苛，也不能过于宽松。这也意味着最低生活保障认定标准之设定，应以辅助性原则为标准设定的预设前提：既要考虑国家对个人生活干预的合理性与正当性，也要考虑国家责任的承受能力，还要考虑对个人生活的激励效果，避免福利依赖，鼓励自立生活。

（三）以家庭为生活共同体之单位

《孟子·离娄上》中记载："天下之本在国，国之本在家"。相较于西方，我国特有家户传统，国是以家户为根基的，而且家户与国并不是完全重合的。④ 家庭既构成社会组织中的基本单位，又构成家庭成员相互依赖、维持生存的基本形态。家庭所具备的生产功能和互助功能使得社会中每个个体的生存发展都无法摆脱家庭。尤其是面对生、老、病、死等情况，家庭以其独有的角色为个体生活与发展提供基本物质、情感慰藉以及照顾服务等保障。因此，家庭天然成为一个生计共同体。共同体成员基于个人或者血统上之关系，在同一个家用预算下经营共同生活，赚取生活费用或承担家务以满足共同需求。⑤

我国《宪法》第 49 条规定：家庭"受国家的保护"。家庭制度的核心在于弱势家庭成员的特别保护；为了保护弱势群体，既可以为其设定国家保护义务，也可以对相对强势群体施加更多的义务。⑥ 通过社会救助制度，家庭成员照顾义务与国家救助义务之间进行法定转移。《社会救助暂行办法》第 9

---

① 参见谢荣堂：《社会救助之宪法保障与实践》，载《社区发展季刊》，2009 年第 124 期。

② 参见张翔：《基本权利的受益权功能与国家的给付义务——从基本权利分析框架的革新开始》，载《中国法学》，2006 年第 1 期。

③ 参见陈爱娥：《自由—平等—博爱 社会国原则与法治国原则的交互作用》，载《台大法学论丛》，1997 年第 26 卷第 2 期。

④ 参见徐勇：《中国家户制传统与农村发展道路——以俄国、印度的村社传统为参照》，载《中国社会科学》，2013 年第 8 期。

⑤ 参见蔡维音：《低收入户认定之审查需求》，载《兴大法学》，2009 年第 5 期。

⑥ 参见王锴：《婚姻、家庭的宪法保障——以我国宪法第 49 条为中心》，载《法学评论》，2013 年第 2 期。

条、第 10 条[①] 将家庭视为最低生活保障的申请、审查主体，以家庭收入和家庭财产作为最低生活保障的认定标准。国家通过对家庭成员所得状况的认定审查，判断申请救助人获得社会救助需求的强弱。尽管当下法律未直接指明家庭在社会救助中的法律地位，但现行的救助对象认定标准反映了家庭在社会救助体系中的优先性。

受制于现代社会保障制度的建立、家庭结构和居住模式的改变，家庭救助保障功能逐渐削弱，但人们仍习惯通过家庭内部连带经营生活，尤其是抚养、教育、照护等消费支出仍由家庭共同分担，代际支持是家庭照料的重要来源。[②] 家庭之特殊角色，决定了我国社会救助制度不是替代或消灭家庭的保障功能，而是要通过社会救助，协助家庭解决难以独立应对的社会风险、保障人的基本生活。

二、最低生活保障认定标准立法及法律适用中的困境

（一）最低生活保障认定标准立法及存在的问题

自 1997 年和 2007 年分别建立城市、农村最低生活保障制度后，为了进一步规范最低生活保障制度的运行，国家颁布一系列的政策法规。2012 年，国务院印发《关于进一步加强和改进最低生活保障工作的意见》；同年 12 月，民政部出台《最低生活保障审核审批办法（试行）》。2021 年 6 月，民政部印发《最低生活保障审核确认办法》，自 2021 年 7 月 1 日起施行，原《最低生活保障审核审批办法（试行）》同时废止。在现有的法律规范制度下，《最低生活保障审核确认办法》对最低生活保障认定标准之规定最为具体。《最低生活保障审核确认办法》第 7 条对家庭成员的规定、第 13 条对家庭收入的规定、第 14 条对家庭财产的规定构成我国最低生活保障认定的基本框架。2014 年，国务院颁布《社会救助暂行办法》，该办法第 9 条的表述也体现了家庭成员、家庭收入、家庭财产三个认定要素。我国最低生活保障认定标准自城乡最低生活保障制度建立后逐渐形成，具有较深的实践基础及广泛的社会认知，但这些认定标准自身存在诸多问题：一是在现有社会救助法体系中，民政部最低生活保障认定标准之规定颁布时间较早，法律效力层级较低，无法适应

---

① 《社会救助暂行办法》第 9 条："国家对共同生活的家庭成员人均收入低于当地最低生活保障标准，且符合当地最低生活保障家庭财产状况规定的家庭，给予最低生活保障。"第 10 条："最低生活保障标准，由省、自治区、直辖市或者设区的市级人民政府按照当地居民生活必需的费用确定、公布，并根据当地经济社会发展水平和物价变动情况适时调整。"

② 参见国家卫生计生委家庭司编：《中国家庭发展报告（2016）》，6 页，北京，中国人口出版社，2016。

现代社会救助的审查认定需求,对各省份制定地方性法律规范的指引功能不足;二是法律、行政法规层面缺少对最低生活保障认定标准的原则性之规定,缺少统一性、基准性之指引;三是受制于立法技术与立法经验,各省份最低生活保障认定标准纷繁复杂,区域差异较大,与上位法存在诸多冲突,甚至与社会救助基本法理存在矛盾,影响社会救助立法目的之实现。

(二)最低生活保障认定标准在法律适用中的问题

1. 应计入家庭成员与民法家庭关系成员之间的逻辑混杂

我国当代家庭呈现规模小型化与结构简化:传统大家庭走向小家庭;"多代同堂"模式下降,独居模式大幅提升;非传统类型家庭大量涌现。[①] 这将直接影响家庭互助模式和功能发挥。民政部《最低生活保障审核确认办法》第7条对"共同生活的家庭成员"进行正向和反向列举。从其列举的范围来看,我国"家庭成员"以婚姻法的家庭关系为基础建构。尽管各省份延续民政部这一规范表达,但在具体列举家庭成员范围时,仍存在较多身份差异。以山西省发布的地方性规范文件为例,"共同生活的家庭成员"的界定就有三种不同的划分。[②] 其中,父母、祖父母、外祖父母、已婚子女与未婚子女是否纳入该范围存在差异。梳理各省份的规定,发现其对"祖父母、外祖父母、已婚子女、兄姐(弟妹)、孙子女、外孙子女"是否纳入家庭成员范围存在较大差异。比如青海省规定:"共同生活的家庭成员指夫妻及未成年子女以及不能独立生活的成年子女。"[③] 而西藏则规定:"共同生活的家庭成员是指持有本地常住居民户口,具有法定赡养、抚养或扶养关系且长期共同生活的人员。"[④]

回看民政部关于"共同生活的家庭成员"之表述,其包含两个要素:"共同生活"与"家庭成员"。当下对家庭成员界分之差异在于上述两个要素出现逻辑混同与关系错位。第一,社会救助法体系下"共同生活的家庭成员"与婚姻法体系下"家庭成员"发生混淆。社会救助法体系下"共同生活的家庭成员"之表达是"应计入家庭成员",按照民政部之规定,如果不具有法定家庭关系,一定不会纳入家庭成员之范畴。如青海省规定:"共同生活或在同一户口簿的其他人员不计入共同生活家庭成员"。[⑤] 事实上,"应计入家庭成员"

---

① 参见彭希哲、胡湛:《当代中国家庭变迁与家庭政策重构》,载《中国社会科学》,2015年第12期。

② 《山西省城市居民最低生活保障实施办法》(省政令第174号)第8条;《山西省最低生活保障审核审批办法(试行)》(晋民发〔2013〕72号)第6条;《山西省农村最低生活保障申请家庭经济状况核查办法(试行)》(晋民发〔2015〕40号)第5条。

③ 《青海省城乡最低生活保障审核审批办法》(青政办〔2019〕92号)第5条。

④ 《西藏自治区城乡最低生活保障实施办法(试行)》(藏政办发〔2017〕141号)第5条。

⑤ 《青海省城乡最低生活保障审核审批办法》(青政办〔2019〕92号)第5条。

也可能超越家庭关系成员之范畴，如不具有法定赡养、扶养或者抚养关系，但长期与申请救助人共同生活，构成事实上的赡养、扶养或者抚养关系之家庭成员。社会救助法中的家庭成员对申请救助人具有最直接、最高效的互济救助功能，从家产共产制和家居模式上来看，要有家庭财产的共享性和居住模式的紧密性。而婚姻法体系下的"家庭成员"并不强调"共同生活"之必要性。第二，"家庭关系"作为"应计入家庭成员"认定标准的范围过度扩张。按照民政部之规定，配偶、父母、未成年子女和已成年但不能独立生活之子女，无论是否共同居住，均属于家庭成员。但是当下三代家庭数量减少，老年人独自生活的家庭户比重提高，且已超过四成；低龄老人与高龄老人组成的二代纯老家庭户、老年人与兄弟姐妹同住的一代纯老家庭户逐渐增多。①关于"父母"是否必然纳入家庭成员有待审视。例如青海省以夫妻及未成年子女以及不能独立生活的成年子女定义"家庭成员"就具有现实意义。此外，民政部 2021 年最新印发的《最低生活保障审核确认办法》相较于 2012 年《最低生活保障审核审批办法（试行）》作出的一个重要修订，就是在第 7 条关于家庭成员范围的认定中删去"父母"。这一修订恰恰体现了家庭成员范围认定的新理念、新转变，亟待各地区在完善最低生活保障制度认定标准中予以明确和落实。第三，"共同生活"与"家庭关系"之关系错位。共同生活的家庭成员与家庭成员之间是否具有婚姻法上的赡养、扶养、抚养义务并无关联，共同生活的家庭成员之间是一种互助连带生活的状态，是一种事实关系，而非婚姻法上的法律关系。若一直将社会救助法家庭成员之计算与家庭关系捆绑，则无法准确理解社会救助家庭成员之本质。

2. 家庭收入核算对未履行家庭照顾义务的收入进行拟制

根据《社会救助暂行办法》的授权，全国各省份基本延续民政部审核办法的规定，将家庭可支配收入作为家庭经济状况认定的核心标准，并将法定应该给付的赡养费、扶养费或者抚养费作为家庭可支配收入。现行法下，对于赡养义务人家庭已获得最低生活保障、特困人员供养、低收入家庭救助的，可视为无赡养能力，不计算赡养费；但是对于具有赡养能力的家庭，应该按照特定标准计算赡养费。② 这意味被拟制为无赡养能力的义务人，可以不履行法定的赡养义务，并由国家救助给付替代赡养义务人给付，保障家庭内部贫困老人的基本生活；而具有赡养能力的义务人在不履行赡养义务时，国家却

---

① 参见吴震能：《社会救助法修正刍议——论补充性原则》，载《东海大学法学研究》，2009 年第 30 期。

② 参见《北京市城乡居民最低生活保障及低收入家庭救助制度实施细则》（京民社救发〔2018〕445 号）。

将未获得的赡养费拟制为老人可支配收入。这样的立法存在赡养义务的法理逻辑之悖。换言之，当看似有人赡养的老人与无赡养能力家庭的老人都面临生活贫困时，后者天然拥有获得国家救助的权利，而前者则可能丧失获得国家救助的权利，毕竟将未履行赡养、扶养、抚养费拟制为家庭收入的一部分，会提高老人人均实际可支配收入标准。这样的家庭收入拟制对于遭子女遗弃的老人、长期与子女分居生活的老人未免过于严格①，变相要求老人只能通过私法救济获得赡养费以维持基本生活。从法律属性来看，社会救助的国家给付义务是公法上国家保障公民生存权的实现过程；而赡养义务人的给付义务则是民事主体基于身份主张赡养费的实现过程。两种请求权之间的移转只存在优先性关系，民事赡养义务不能作为社会救助给付的前置条件；在赡养义务人拒不履行民事给付义务时，国家仍应第一顺位履行救助给付义务，后续的制度设计考虑向民事义务人追偿即可。

3. 家庭财产核算对生计所需的必要财产扣除的缺失

根据《社会救助暂行办法》的授权，各省份也基本延续民政部之规定制定家庭财产认定标准。部分省份通过反向列举的方式规定，一旦家庭中拥有特定财产将完全丧失救助资格，如家庭财产中不能拥有大型、小型汽车等。②2012年，河南省新密市"开胸验肺"当事人张海超被取消低保资格事件③将最低生活保障的认定标准推向舆论的风口浪尖。在该事件中，张海超属于特殊的尘肺病患者，身体不能过度劳累，不能受凉、不能感冒，否则将会引发比正常人更严重的肺部疾病，于是张海超使用工伤损害赔偿款购买了一辆不到6万元的汽车，方便出行和工作谋生。按照当地低保政策的规定，拥有机动车辆或大型农机具者不能享有最低生活保障资格。张海超因拥有机动车而丧失低保资格。以房屋为例，若申请救助者只有一套住房，且人均住房标准不超过一般标准，则该房产就不会被纳入家庭财产的范围，因为该房产是居住权的唯一保障。同理，若是该家庭的机动车属于家庭维持生活必要的交通工具或生产工具，则该机动车纳入家庭财产的必要性需重新审视，否则将使社会救助频繁陷入"情与法考量"的裹挟之中。现代家庭生活方式的变化，使得家庭必备生产资料的内容也发生变化，最低生活保障家庭财产的认定标准需要给予灵活应对。2021年民政部《最低生活保障审核确认办法》第14条关于家庭财产的认定规定中增加"对于维持家庭生产生活的必需财产，可以

---

① 参见钟秉正著：《社会法与基本权保障》，186页，台北，元照出版公司，2010。

② 北京、天津、河北、广西、黑龙江等多个省份均在家庭财产审核规范中对此有规定。

③ 《新密市民政局："开胸验肺"当事人被取消低保符合国家政策》，见新华网，http://www.xinhuanet.com//politics/2012-12/06/c_113924588_2.htm，访问日期：2022年1月。

在认定家庭财产状况时予以豁免"，正是家庭财产核算规则新理念的体现，亟待在各地区最低生活保障制度规则中予以明确和落实。

三、域外最低生活保障认定标准的借鉴

（一）社会救助认定标准原则的引入

德国社会救助由地方性的扶贫经验发展而来。1924 年魏玛共和国颁布的《帝国救济义务条例》是最早的社会救助立法；1961 年德国制定《联邦社会救助法》对社会救助的一般原则性内容予以规定；并于 2005 年纳入《社会法典》第 12 编。《社会法典》第 1 编第 9 条规定："凡是无法以自己的能力取得生活费用或者处于特殊境遇无法自主、也无法从其他方面获得足够的协助者，有权要求劳务上以及经济上的救助。此救助应符合其特殊的需求，使其能够重新自助，使其能够参与共同体的生活并且保障其符合人性尊严地生活。"①该规定表明了社会救助的立法目的与给付原则。《社会法典》第 12 编第 1 条确定社会救助维持人性尊严、协助自立的目的；第 2 条确立"辅助性原则"，即社会救助是用尽其他办法仍不能解决生计问题时的辅助手段②；第 9 条确立"个别化原则"，即社会救助主体应该依照自身的裁量决定救助的形式与程度。③ 德国的生活扶助给付是在当申请人对于其必要之生活费用，完全或是一部分无法通过自己的所得及财产取得时给予的救助。④ 辅助性原则、个别化原则构成生活扶助给付的指导性原则，允许通过救助对象认定，判断申请救助者所得与财产，以测定受助者的生活状况及生存保障的需求程度。

日本《生活保护法》颁布于 1946 年，于 1950 年修改后沿用至今，成为日本最低生活保护制度的基本法律。《生活保护法》第 4 条规定了补足性原理，该原理与德国辅助性原则同理，构成生活保护法给付的前提，即生活保护制度作为补充受救助者无法维持基本生活之不足部分。补足性原理主要包含三个方面：一是资产、能力的有效利用。即本条第 1 款规定："保护的实施应以生活贫困者为了维持最低限度的生活，而活用其可以利用的资产、能力

---

① 台湾社会法与社会政策学会主编：《德国社会法》，395 页，台北，新学林出版股份有限公司，2019。

② 参见喻文光：《德国社会救助法律制度及其启示——兼论我国行政法学研究领域的拓展》，载《行政法学研究》，2013 年第 1 期。

③ 参见台湾社会法与社会政策学会主编：《德国社会法》，401 页，台北，新学林出版股份有限公司，2019。

④ 参见台湾社会法与社会政策学会主编：《德国社会法》，404 页，台北，新学林出版股份有限公司，2019。

及其他所有物为要件而进行"。二是抚养义务及其他法律保护优先。即本条第2款规定:"民法规定的抚养义务者的抚养以及其他法律规定的扶助优先于本法的规定进行"。三是紧急救助。即本条第3款规定:"在紧急事由的情况下,申请救助者仍可获得必要的救助"。《生活保护法》第8条第1款规定了"生活保护的标准及程度原则",即根据厚生劳动大臣规定的基准,测定申请救助者的生活需求,对受救助者无法满足基本生活的部分予以补足。上述两条原则性之规定,要求救助机关对受救助者的最低生活需求及实际生活水平进行测定,测定的依据就是最低生活保障认定标准,该标准的内容设计需与生活保护法的目的与原则保持一致。

(二) 以家庭为生计单位的解释

关于"家"的含义,大体存在一种普遍的共识,是一种不言自明的社会单位。在法律上,"家"既具有私法上的含义,也具有公法上的含义。前者由基于婚姻、收养等关系而同居共处的人结合而成,涉及的是人与人之间的关系①;后者则为"户",即通过国家权力将户籍作为掌握人民的单位。私法上具有社会属性的家"意味着共同保持家系或家计的人的观念性或现实性的集团,或意味着支撑这个集团生活的财产总体的一个用语"。从狭义来讲,共同维持家计的生活共同体可称为家。② 德国社会救助法以核心家庭作为需求共同体。《社会法典》第12编第19条规定,生活扶助中若申请人与配偶或未婚的未成年子女共同生活,则应该以申请人的所有家庭成员之所得作为基准;而需求共同体包括婚姻、生活伴侣共同体,以及类婚姻共同体。③ 日本《生活保护法》也是以家庭为单位进行认定,即该法第10条:"以家庭为单位决定生活贫困者的必要性及程度,当以家庭为单位有困难时,可以个人为单位进行认定。"《关于生活保护法的保护实施要领》第1条规定:"居住在同一住所,共同生活的,原则上应认定为同一家庭成员。"日本判例认为,"《生活保护法》第10条与属于同一家庭者相互间是否有法律上的扶养义务无关,而是事实上在生计方面通常存在着互相依存帮助的关系;从这个宗旨来看,即使相互之间没有扶养义务之情形,被认为在同一家庭居住或共同生计者,原则上应理解为属于同一家庭"④。

---

① 参见刘练军:《民法典应承载宪法对家庭之制度性保障》,载《法制与社会发展》,2018年第2期。

② 参见[日]滋贺秀三著,张建国译:《中国家族法原理》,40—41页,北京,法律出版社,2003。

③ 参见台湾社会法与社会政策学会主编:《德国社会法》,406页,台北,新学林出版股份有限公司,2019。

④ [日]桑原洋子著,韩君玲译:《日本社会福利法制概论》,85页,北京,商务印书馆,2010。

（三）家庭所得认定具体规则的适用

一是关于家庭成员与民法抚养义务之关系。日本《生活保护法》第4条第2款表明申请救助之前要优先利用家庭内部之互助；但是当具有扶养能力的人未履行扶养义务之时，生活贫困者仍有权请求国家进行生活保护。日本将抚养义务区分为生活保持义务和生活扶助义务。前者系夫妻及未成年子女间的扶养义务，负有维持对方与自己生活同程度之生活水准之义务；后者系其他负有扶养义务者之扶养义务，当对方陷入困境时，在有余力的范围内给予援助之义务。[①] 若将《婚姻法》上的抚养义务人等同于《生活保护法》上的扶养义务人，其就有范围过于宽泛之嫌；这种规定无视生活保持义务者和生活扶助义务者的区别，具有强行要求扶养的倾向。[②] 此外，日本还规定了对扶养义务人的追偿制度，即《生活保护法》第77条。存在具有民法上应履行扶养义务的人时，申请救助者虽然获得生活保护，但都道府县或市町村长，可以法定扶养义务为限，向扶养义务人主张全部或部分的救助给付费用；追偿金额由保护实施机关与扶养义务人协商决定，协商不成的，由实施机关请求家庭法院决定。德国《社会法典》第12编第94条也规定了民法扶养义务人与社会救助主体之间法定债之移转。

二是家庭收入与家庭财产范围之认定。德国社会救助法中，一般将全部收入视为所得，但以能处分的资财为标准。家庭财产原则上应当变卖，但符合通念之最低生存基础之生活运作所不可或缺之财产可以排除在变卖之外，如家具、劳动工具、知识上（书籍）与艺术上（乐器）需求之客体以及对应紧急情况所需要之现金或等值财产（银行存款）；汽车必须变卖，除非其出卖获益加上其他的财产也未超过可持有财产的界限；一个适当的住屋或自有住宅以及为了取得或维持土地或房屋不动产之一定额度的金钱都可被认为是免计之财产；此外，若折现会导致陷入困境则应该被排除。[③] 日本《生活保护法》第4条第1款中的"可利用"是指生活贫困者对所拥有的物具有使用、收益、处分等权能；而资产的有效利用以变卖为原则。若被认为与为维持最低生活而现实地有效利用并处分相比，保有该资产对维持生活更为有效，以及现在没有有效利用，但将来肯定会有效利用，与其现在处分不如保有该资产对维持最低生活更有实效时，可承认其保有。[④] 日本的收入扣除包含不宜作

---

① 参见蔡维音：《低收入户认定之审查需求》，载《兴大法学》，2009年第5期。
② 参见韩君玲：《战后日本新生活保护法的特征》，载《华东政法大学学报》，2005年第2期。
③ 参见台湾社会法与社会政策学会主编：《德国社会法》，418页，台北，新学林出版股份有限公司，2019。
④ 参见［日］桑原洋子著，韩君玲译：《日本社会福利法制概论》，76页，北京，商务印书馆，2010。

为收入认定的对象部分、劳动扣除和实费扣除。如日本生活救助在进行收入认定时可根据收入数额,按照基础扣除额表扣除规定的数额。此外,尽管日本对接受保护期间储蓄金的处理做法不一,但从生活保护行政的实务看,申请时承认以最低生活费的 3% 为标准而同意保留 20 万日元左右的城市很多。①

四、我国最低生活保障认定标准的完善

(一) 在社会救助法中纳入统一的最低生活保障认定标准

虽然我国社会救助法体系庞大,但是立法层级和效力都比较低,存在大量的地方性政策性文件,以通知、意见等形式对外发布,时效也不过短短几年;客观上社会救助工作主要依靠"政策",制度稳定性和可预期性不强,影响了社会救助的实施和效果。② 获得社会救助的权利是法律保留原则的重要内容,其包含的权利义务内容和属性远超过国家行政管理的范畴,若一味任由行政法规、部门规章、地方性政府规章加以规定,不免存在对法律保留事项及立法权的侵蚀。自 1994 年民政部开始起草社会救助法,我国社会救助立法已经历 20 多年的历史,并自十届全国人大常委会开始,多次将社会救助立法列入立法规划,但迟迟未予以颁布。延续社会保障领域单行立法的模式经验,社会救助法仍然亟须在单行立法中确立基础性的法律地位。同时,按照我国当下的社会保障立法惯例、社会救助立法的现状以及扶贫开发经验的积累,在社会救助法中可增加最低生活保障认定标准的规定,在打破城乡、区域分割的基础上,形成统一性、基准性之认定原则和规则,为各省份制定具体的最低生活保障认定标准提供法律层面的指导,弥补当下社会救助法体系中救助对象认定标准的空白。

(二) 确立最低生活保障认定标准的基本原则

在社会保障领域的立法中,我们习惯性坚持宜粗不宜细的思路,社会救助更是不例外。《社会救助暂行办法》总共有 13 章 70 条,其中授权性条款达 11 条之多,并对社会救助对象和社会救助标准等关键问题都采取授权式条款绕开③,这就造成《社会救助暂行办法》在实施过程中"刚性不足而韧性有

---

① 参见邹文星:《日本生活保护法第 4 条对修改中国〈城市居民最低生活保障条例〉的启示——对加藤案件和中鸠案件的探讨》,载《环球法律评论》,2005 年第 5 期。

② 参见谢增毅:《中国社会救助制度:问题、趋势与立法完善》,载《社会科学》,2014 年第 12 期。

③ 参见林闽钢:《新时期我国社会救助立法的主要问题研究》,载《中国行政管理》,2018 年第 6 期。

余"。德日在社会救助法中确立最低生活保障、辅助性等指导性原则，并对认定标准、保护范围、保护程度等作出原则性规定。尽管日本《生活保护法》未详细规定收入认定标准，但在《关于生活保护法的保护实施要领》中予以规定。通过厚生劳动省行政通知的形式予以详细规定，至少使相关行政机关在实际认定工作中有了明确的依据，大大减少了行政机关收入认定工作的主观性。① 自新中国成立以来，我国从未停止过扶贫救助的探索，尤其是精准扶贫战略的实施，促使各省份迅速积累了充分的社会救助实践经验，具备抽象出更高层级社会救助法律规范的实践思路和立法技术。即便说《社会救助法》仍延续宜粗不宜细的立法思路，至少可以在法律中作出基本原则的规定，在行政法规层面对救助认定标准作出基准性规定，尤其是对应计入家庭成员、家庭收入、家庭财产之范围及合理排除事由作出规定，以指导各省份参考该基准进行单独立法。

（三）完善最低生活保障认定标准的具体规则

1. 共同生活的家庭成员以核心家庭、同居共财为认定要素

不同国家拥有不同的家庭传统与家庭观念，这构成各国立法表达的弹性空间。回归我国家庭传统，"同居共财"构成对"家户"之表达。首先，其核心要素是每个人的劳动所得全部放进为了全体成员利益的单一共同的会计，即家计中的形态；其次，生活中每个同居人的必要消费，全面性地由共同的会计供给；最后就是这些涉及生产消费各个方面的共同会计所产生的剩余，被当作全体成员的共同资产加以储蓄。② 当家庭中的某一成员遭遇生活风险和危机，通过穷尽家庭连带互助仍无法解决时，国家开始介入，进入公法上以"户"为单位的救助给付。2010 年我国一代户和二代户仍是当代家庭户的主体，今天的三代家庭户与传统的三代家庭户存在本质区别，最重要的一点就是"共居而不共财"③。基于家居模式的转变，建立在传统民法家庭关系之上的家庭成员认定标准无法贴合真实的家居状态。"同居共财"的家庭关系仍以婚姻、血缘、收养等关系作为家庭连带的基础，但其认定又不局限于此。一是家庭关系应限缩于核心家庭，即夫妻、未成年子女以及已成年但无独立生活能力之子女。二是对于法定家庭关系之成员，若构成事实上的"同居共财"的生活共同体，则应纳入家庭成员之范畴。

---

① 参见韩君玲：《日本生活保护制度中收入认定的现状与问题》，载《比较法研究》，2011 年第 4 期。

② 参见［日］滋贺秀三著，张建国译：《中国家族法原理》，62 页，北京，法律出版社，2003。

③ 参见彭希哲、胡湛：《当代中国家庭变迁与家庭政策重构》，载《中国社会科学》，2015 年第 12 期。

2. 家庭收入核算应以家庭实际可支配的净收入为审查标准

收入扣除规定的意义在于避免救助收入认定标准过于严格，家庭收入认定标准需给受救助者一定的收入保护，避免其落入贫困陷阱，丧失独立生活的可能性。可被利用的、为了维持最低限度生活的收入部分应被视为收入扣除部分。能够被列入认定范围的收入一定是家庭成员可支配的收入，至少该收入具有可支配的期待性。换言之，若家庭某部分收入无法用于满足基本生活的需求，不具有可支配的可期待性，则不能纳入家庭收入的认定范围。按照我国现行标准，在工资性收入认定中，应允许扣除因劳动所必须支出的收入部分，如因工作需要保有基本的交通费等；在转移性收入认定中，不能将未履行的民法扶养义务拟制为家庭收入。在社会救助认定规则中，应该区分民法上具有法定赡养、扶养、抚养义务关系人的给付义务与公法上社会救助的国家给付义务。从法律关系的性质来看，赡养、扶养与抚养义务基于民法法律关系产生，国家救助给付义务基于社会救助法律关系产生，二者的给付义务会在社会救助体系中发生移转，但前者的给付义务无法替代后者的给付义务。同时，可以借鉴德日经验，在贫困老人已经获得社会救助时，允许社会救助机关向应当履行民事赡养义务主体予以追偿，保证社会救助的公平性。另外，对于老年人以及劳动能力减损的人可以给予一定的财产免除额度。

3. 家庭财产核算应对家庭生活所需的必要财产予以扣除

家庭财产核算与家庭收入审核原理一致，其认定范围不能过度扩张。一是应该区分申请救助者家庭生活所必需的资产。若该资产属于基本生活资料或者生产生活工具，对该资产买卖处置将会使其家庭基本生活陷入更加恶劣的处境，则不应该将该部分资产纳入家庭财产核算范围，如不超过一定标准的唯一自住房屋、不超过一定标准的家用汽车等。如天津市规定："原则上家庭成员名下承租的公有住房和拥有的私有住房不能超过一套；但家庭成员名下有二套房但累计人均住房建筑面积低于 33 平米的除外；原则上家庭成员名下不能拥有非居住类房屋，但是唯一住房为非居住类房屋的除外。"[①] 这些规定为家庭财产审查提供了更为积极的救助认定规则，更加符合社会救助生存权保障的基本原理。二是应该区分特定财产可变现或可使用的期待性。若是该财产不具有收益、处分的能力，则不具有获得受益的期待可能，该部分财产应该予以排除。如天津市规定："原则上家庭成员名下承租的公有住房和拥有的私有住房不能超过一套；但农村城镇化分配的不能买卖且不能过户的房屋可以除外。"[②] 三是应当允许预留出家庭生活所需的部分现金或存款等类似

---

① 《关于印发天津市社会救助家庭经济状况核定办法的通知》（津民发〔2017〕79号）第16条。
② 《关于印发天津市社会救助家庭经济状况核定办法的通知》（津民发〔2017〕79号）第16条。

的财产。一般而言，现金或者银行存款均应视为家庭收入，允许贫困人群保留一定维持生活所必需的家庭存款，是一种鼓励资产建构的策略，以脱贫为考量基础，避免造成请领人怯于储蓄资产之反向动机；尤其是对生计来源不稳定的家庭，依赖现金存款渡过危机的需求更加典型。① 我国天津市和广西壮族自治区已有类似的立法实践，如天津市规定："拥有应急之用的货币财产总额，包括现金、存款、理财产品、有价证券、商业保险、个人名下的工商注册出资额等，人均不得超过 24 个月城市最低生活保障标准之和；因病变卖家庭唯一住房获得的现金予以扣除。"广西壮族自治区规定："家庭人均货币财产超过当地同期年城市最低生活保障标准的 3 倍。"② 尽管具体的家庭存款预留基准仍需根据各省份实际情况再度研究，但是这些地方立法的尝试是现代社会救助制度理念的具体实践与现实应用。

---

① 参见蔡维音：《低收入户认定之审查需求》，载《兴大法学》，2009 年第 5 期。

② 《关于印发天津市社会救助家庭经济状况核定办法的通知》（津民发〔2017〕79 号）第 16 条；《关于印发〈广西壮族自治区最低生活保障家庭收入和财产认定办法（试行）〉的通知》（桂民规〔2019〕2 号）第 11 条。

域外法学

第四次工业革命中的就业[*][①]

[西班牙] 卡门·佩吉斯　　[阿根廷] 劳拉·里帕尼[**] 著

吴锦宇　殷树喜[***] 译

[摘要]　　人工智能取得了突破性进展，使得自动化具有无限潜力，所以技术有巨大潜力来摧毁工作。技术会取代大部分惯常性任务，但是不一定会

＊　原题 Employment in the Fourth Industrial Revolution。原载 Estevadeordal，Antoni and Cabrol，Marcelo et al. Robotlution：the Future of Work in Latin American Integration 4. 0. Buenos Aires：Inter-American Development Bank Press，2017。该书是第一本系统阐述世界各国人工智能对劳动就业影响及法律政策应对的正式出版的学术论文集，由美洲开发银行邀请诺贝尔经济学奖得主、图灵奖得主、国际劳工组织官员等学者专家撰写报告的节选本，有英文版和西班牙文版。其英文版、西班牙文版的电子版下载地址为 https：//publications. iadb. org/en/integration-and-trade-journal-volume-21-no-42-august-2017-robot-lucion-future-work-latin-american。原文各级标题未加序号，译文中的标题序号为编者所加。

＊＊　卡门·佩吉斯（Carmen Pagés），美国波士顿大学经济学博士，美洲开发银行首席经济学家、劳动市场和社会保障部主任及研究部资深研究员；劳拉·里帕尼（Laura Ripani），美国伊利诺伊大学经济学博士，美洲开发银行劳动市场和社会保障部首席经济学家、资深研究员。

＊＊＊　吴锦宇，浙江定海人。法律学士、政治学学士、经济学硕士、意大利摩德纳-雷焦·艾米利亚大学劳动关系专业（劳动市场法研究方向）博士、中国人民大学应用经济学（劳动经济学专业劳动法与劳动关系研究方向）博士后；浙江工商大学经济学院经济系讲师。研究方向：国际比较劳动法与产业关系、法经济学、世界经济学。殷树喜，山东青岛人。北京大学文学学士和经济学学士、美国哈佛大学经济学硕士、德国图宾根大学经济学博士、瑞士圣加仑大学经济学博士后；合肥工业大学经济学院金融学教授、博士生导师。研究方向：微观金融学。

①　收稿时间：2020 年 7 月。

取代人类所从事的所有工作。技术使得基于非惯常性任务的职业更加宝贵；而且技术降低了生产很多商品和服务的成本，却会提升一些行业中的雇工数量。世界银行 2016 年的报告从技术的角度进行估算，认为新型国家和发展中国家中三分之二的工作可以被自动化。与第四次工业革命相关的变化很深邃，不仅仅需要个人，也需要私营部门和政府来努力获取收益，削弱对福利和公平的潜在冲击。拉美地区和其他新兴国家需要做好充分准备，面对风险，最大可能地获取这个新时代的收益。

[关键词] 工业革命 技术 自动化 工作 职业

> 未来有很多名字：对弱者而言，未来意味着无法得到的东西。对恐惧者而言，它意味着未知事物。对勇者而言，它意味着机遇。
>
> ——维克多·雨果

我们的世界正在进入第四次工业革命。第一次工业革命是在制造业中使用蒸汽机。第二次工业革命由发现电力而引发。第三次和第四次工业革命以信息通信技术的大规模发展应用为特点。最近的发展阶段则以信息通信技术与包括人工智能、大数据、云、3D 打印、物联网和数据区块链的各种新技术混糅和交融为特征（Schwab，2016）。这些变革在职场正在驱动不可思议的变革，使其更具有互联性、流动性和独特性。同时，当我们进入第四次工业革命时，技术进展越发快速和深刻，关于职场前景的顾虑也与日俱增。机器人会终结我们的工作吗？哪些工作更容易受到自动化的冲击？我们怎样才能做好准备，在未来的职场成功竞争呢？政府在改善职场前景方面该发挥什么作用呢？

一、第四次工业革命

（一）自动化的前景

在过去的几十年中，强大且精准的机械飞速发展，能够以低成本执行过去由工人完成的工作。除了计算机和通信技术之外，机器人在各个领域大显身手。依照国际机器人协会的定义，机器人指的是自动化控制、可以被重新编程的多功能机器。在过去的 20 年中，机器人在美国和欧洲的使用增长了 4 到 5 倍，在电气、电子、塑料、金属和机械业增长尤为迅速（IFR，2016）。服务业的自动化也迅猛增长，完全由机器人运营的产品派送仓库、没有收银员的店铺（例如亚马逊）、完全自动化的餐馆（例如洛杉矶的 Eatsa）都是典型的例子。因为能降低劳动力成本，很多派送中心、店铺和餐馆会采用自动化。人工智能取得了突破性进展。人工智能指的是能够模仿人类认知功能的机器（例如学习和解决问题、理解人类语言、击败国际象棋世界冠军、驾驶机动车、诊断疾病等几年之前我们认为只有人类才能做的事情）。

这些进展使得自动化具有无限潜力。牛津大学的研究（Frey and Osborne，2017）表明，47％的工作在未来20年会被自动化完全取代。麦肯锡的一项研究（Manyika，et al.，2017）表明，自动化活动在美国占到了经济总体的51％，涉及27亿美元的工资总值。在全球范围，自动化可能会影响到全球经济的49％、11亿工人，还有127亿美元的工资总值。据估算，因为自动化和人工智能，目前的职业有一半会在2025年消失。

（二）流动性和灵活性的增长

通信技术的进展意味着很多人现在不再需要在办公室工作。他们只要有互联网就可以了。在《工作的未来》一书中，雅各布·摩根指出，灵活的工作环境是未来的职场的特点。人们将能够从任何地方、在任何时间工作，可以以各种方式合作和交流，可以通过各种模式进行终生学习。因此，很多机构现在在重新设计其工作场所，减少办公室数量，让雇员共享公共空间。还有一个趋势是个人或者公司按日或者按小时来灵活租用办公空间。

灵活变动工作是另一个趋势。美国劳工统计局在2015年指出，美国的婴儿潮一代（1957年到1964年出生）在30年内平均从事过11.7份工作，而千禧年一代（1980年后出生的）会每不到2年就换一次工作。

（三）在线平台和自由职业经济

在过去，企业是降低交易成本的一种方式。如果一家公司控制生产过程的大部分环节，那么商品和服务的生产会更简单，因为这简化了此过程中的交易。但是，现在信息和通信技术大幅降低了这些成本，很多以前被认为是核心生产活动的任务现在被外包了，而且这一趋势会持续增长。企业可以通过在线平台雇人来为一项活动或者项目完成具体工作。因此自由职业经济也呈不断增长的趋势。工人不再是公司雇员，而是合同工。像优步和Upwork这样的公司显示，基于这种雇工的商业模型可以非常成功。多少工人从事这种工作？我们没有官方统计数据。但是，《华尔街时报》指出，美国每三名工人中，就有一名是自由职业者，这个比例到2020年会达到40％（Freelancers Union and UpWork，2016）。

二、工作的终结?

一些学者就工作的终结发出警告。在其颇具影响力的著作中，Brynjolfsson

和 McAfee（2011）探索了技术是否会终结工作以及和工作紧密相关的所有福利（例如养老金和健康保险）。他们指出，我们正在经历前所未有的迅速变化的技术革命的阵痛。如果机器能够更好而且更经济地做工，那还要人类干什么？技术会让我们陷入失业和不公平的深渊吗？

技术显然有巨大潜力来摧毁工作，但是总体效应如何呢？为了探讨技术会如何改变就业水平和结构，我们需要考虑几件事情。

首先，技术会取代大部分惯常性任务，但是不一定会取代人类所从事的所有工作。工作由很多任务组成。"工作"和"任务"的区分很重要，因为技术能够取代一些任务，辅助补充其他任务。最容易被技术取代的任务是重复性的，很容易被自动化（Autor，2015）。但是，事实是很少有工作能被完全自动化（至少目前如此）。Manyika 等（2017）指出，现今只有不到 5% 的工作可以被完全自动化。但是，在 60% 的工种中，几乎三分之一（30%）的任务可以被自动化。最新研究显示，在发达经济体中，基于惯常任务的工作大幅减少。

其次，技术使得基于非惯常性任务的工作更加宝贵。这导致劳动力市场的两极分化：一方面，对工资分布的两个极端的工作的需求大增（Autor，et al.，2006）。基于非惯常性任务的工作（计算机专家、工程师和技师，以及那些其工作随着技术而变得更加宝贵的工人）的岗位和工资提升。这些工作通常在工资分布的顶端（Autor，et al.，2006；Acemoglu and Autor，2011；Goos，et al.，2014）。另一方面，一些非惯常性体力工作（例如家政服务）不太容易被自动化，通常由教育水平不高的低收入人群承担，也面临需求增长。而对中等水平工资的工作的需求则下降，这些工作通常涉及惯常性任务。

Brynjolfsson 和 McAfee（2011）预测说，这一趋势会加剧，因为它不仅影响到那些工作由惯常性任务组成的工人，也影响到很多工作会在近期被自动化的工人，这些人处于教育水平分布的高端（例如翻译、数据分析师、管理人员等）和低端（例如卡车司机）。如果没有政策干预，这些局势会加剧社会中的收入分化。

最后，我们应该考虑一个事实，技术降低了很多商品和服务的成本，这至少会提升一些行业中的雇工数量。例如，Bessen（2015）指出，自动提款机的大规模使用并不意味着银行业雇员的末日。恰恰相反，银行业的工作岗位年均增长 2%。为什么呢？Bessen（2015）指出，自动提款机将雇员从惯常性任务中解放出来，将他们的工作从简单的柜台交易转换到处理客户的信贷申请和投资。但是，更重要的是，自动提款机的使用大规模降低了开设新分支机构的成本。因此，尽管每间分支机构的员工人数降低，但分支机构的数目大幅增加，使得银行业的雇员增加。

我们是在用银行业这个例外来证明一个普遍规律吗？Bessen（2016）研究证明，1980 至 2013 年大量使用信息和通信技术的部门雇佣了更多的工人。这确认了一个历史趋势，那就是在过去一个世纪技术并没有降低劳动人口比例。相反，这个比例在每个国家都有增加，和妇女大量进入劳动力市场同步。

问题在于这次情况是否有所不同。Brynjolfsson 和 McAfee（2011）认为，历史经验不是一个很好的线索，因为我们所经历的技术变革的速度和广度意味着，我们很难避免受其冲击。Acemoglu 和 Restrepo（2017）研究探索了在美国制造业中使用机器人的影响，结果并不令人鼓舞。他们的结论是，和信息技术不同，工业机器人对于劳工需求和工资都有负面影响。在这种情形中，工作损失这一负面影响大于产品和服务的低成本所带来的雇佣上的正面影响。目前这种工作岗位损失还比较小，是因为尽管机器人的使用大大增长，但使用比例仍然很低。所有迹象似乎都表明，机器人在未来会非常普及，就业所受的冲击可能是非常大的。

我们所需要考虑的另一个重要的相关方面是，技术所创造的新工作机会是否能够惠及那些被这些变革取代的工人。在这方面的结论也是不确定的。就美国而言，Autor 和 Dorn（2009）认为，很多因为信息和通信技术而下岗的工人被迫从事低技术含量（处于工资分布底端）的工作。只有少数人能够实现突破，获得同等的或者更加有技术含量或者收入更高的工作。这些学者还表明，老年工人受技术变革的冲击最严重。

自动化是否会导致就业人口比例的下降，或者只是导致职场的转型？我们正在见证答案的出现。所有线索都表明，很多（尤其是惯常性）工作会被摧毁，而一些全新（很多是我们想都想不到的）的工作会被创造出来。但是，工作创造和工作摧毁的速度取决于变化的速度，还有经济体重新培训工人并将工人从式微的经济活动转移到新生经济活动中的能力。如果没有政策干预，这些变动会继续导致收入不平等。

最后一个问题是，向着"优步"雇佣或者自由职业进展的趋势是否会终结工资雇佣，也就是带有福利的劳动？牛津大学的一项近期研究警告说，这种新型雇佣会为职场创造机会，为很多人提供收入，但是也会导致社会孤立，缺乏工作生活平衡，以及贪婪的中间人的问题（Graham, et al., 2017）。这种新经济中的很多工人没有享受到劳动法中为工资劳动者规定的保障。相反，他们大多是独立的合同工，没有社保、假期或者其他劳动福利。这种趋势不断加强，使得职场上的大部分人的健康和养老保证问题非常艰难。

三、发展中经济体

对上述趋势的研究大多关注发达经济体。但是其对发展中国家的影响是什么呢？世界银行 2016 年的报告从技术的角度进行估算，认为新型国家和发展中国家中三分之二的工作可以被自动化。南美洲一些国家在自动化潜力的榜单上排名很高（阿根廷和乌拉圭排名最靠前，那里至少 60％ 的工作可以被自动化）。在中美洲，很多国家中 40％ 的工作可以被自动化。但是，我们尚不清楚这些工作是否真的会被自动化，因为这些效应可以被劳动力相对于资本的低价以及较慢的技术采用所削弱。

在发展中国家中，不到 10％ 的贫困家庭有网络（World Bank，2016），收入处于最底端 20％ 的人口中只有 70％ 有能连到互联网的手机。而且，就商业界中数码技术的可得性和使用而言，发展中国家与发达国家差距甚远（World Bank，2016）。大量生产效率低的小企业在使用科技方面很落后，它们在技术升级方面很缓慢。拉丁美洲地区宽带的渗透年增长 16％～18％，但是仍然远远落后于发达国家（DigiLAC，2014）。也许是因为技术的低渗透率，最近的研究发现其劳动力市场的自动化进展缓慢（Corporación Andina de Fomento，2017）。

还有一个趋势在该区域还不明显，但是很可能会对新兴国家有极大影响，那就是自由职业经济的发展。这种雇佣模式会催生工作岗位，使得该区域的工人同发达国家的市场联系起来。南非、越南、马来西亚、印度和菲律宾的很多人现在已经在设计网站、处理数据、翻译文件，来满足发达国家的需求。拉丁美洲的主要商业活动集中于阿根廷、哥伦比亚、巴西和墨西哥（Graham，et al.，2017）。所有线索都表明，对这类工作的需求在未来会剧增。但是，那些会被互相联系起来的人（还有愿意从事这种工作的人）的人数也会倍增，所以雇佣条件在未来可能会恶化。

四、如何为未来的工作做准备

和第四次工业革命相关的变化很深邃，不仅仅需要个人，也需要私营部门和政府来努力获取收益，削弱对福利和公平的潜在冲击。

就个体工人而言，上述趋势表明，要成为这个新市场的赢家，他们需要投资于发展非惯常性技能，而这种技能被技术所增强。经合组织 2016 年的一份研究表明，发展中国家中 80％ 的新工作需要知识型工人（有技术技能、实践培训、管理技能和企业家精神的职业工作者）。技术变革迅猛，工人年轻时受到的教育并不足够：每个人都必须终生投资于教育和培训。

最近的研究还表明，除了工作岗位的具体技能要求之外，企业还需要人具有解决问题能力和卓越社交技能，这些技能将我们同机器人区分开来：创造力、有效沟通、同情心和积极的心态。涉及情感的能力目前是我们对机器享有的优势。举个例子，人工智能很快就能比最好的医生更有效地诊断病患，但是我们还会想让我们的医生和护工是人类，有应对我们的情绪所需要的同情心。领导力、面对困难坚持不懈、主动性以及责任心也是在职场取得成功的决定性因素。随着机器人接管我们工作中最机械化和重复性的方面，这些资质会变得更重要。

类似地，那些除了有社交技能，还能够理解和使用技术的人会是赢家。因此，投资于获取数码技能，例如编程、管理社交网络、在数码平台上工作，还有分析大数据、从社交网络和互联网每天所产生的海量数据中获取相关信息对我们来说非常重要。

让我们继续探讨拉丁美洲地区，以及其他新兴国家。如果这些国家或地区对（认知、技术和社交）技能的需求增长，这会成为个人和国家发展的一个瓶颈。很多发展中国家的教育体系很薄弱，因此民众对这些变革准备不足。拉丁美洲地区的 PISA 测试成绩显示，48％的学生无法理解基本文本，62％的学生无法完成简单的计算，职业培训系统也远离市场的需求。因此这些（并不很年轻的）青年人接受正规教育之外的培训时会有很多困难。而且，企业并没有在重新界定岗位和培训员工方面做好准备，而政府能力又有限。很多人就沦为在非正规部门（informal sector）工作（Alaimo, Bosch, Kaplan, et al. , 2015）。

因为所有这些原因，我们必须投资于发展更好的职业培训体系，以便能帮助人们不断升级技能，获得更卓越的相关技能。要做到这一点，我们必须继续改善质量保障体制，注重培训机构的认证和对结果的评估，我们还必须投资于提高教师的资质。关于培训，我们必须使得课程更具有相关性，这在公共政策方面就意味着让教学回应技能要求（统计模型、商业调研和大数据的使用）（Gonzalez-Velosa and Rucci, 2016）。政府必须让雇主更关注于甄别技能要求，提供各种在职培训，例如学徒工项目，为技能提升发展公私合作制度。这就意味着资源的投入。但是我们必须牢记，我们目前的制度在效率方面需要改进。

另一个观点广受支持，那就是我们需要重新分配自动化产生的巨额收入。比尔·盖茨提出对机器人课税（Kessler, 2017）。还有一些人提出，要实施全民基本收入，使得每个国民都能定期无条件获得一定的金钱，不管该人是穷是富，或者与谁一起生活。

使用自由职业机制的趋势越来越流行。这就要求我们加强健康、养老和失业保险，不管人们的雇佣状态如何。我们还需要找到合适的方式来规制这种新产业，一方面促进创新，另一方面创造体面的劳动条件。

我们最终需要的是一个基于新社会契约的新模型，使得我们都能享受技术的收益，并补偿和支持那些受到冲击的人，使得他们能够重新享有美好生活。否则那些在新世界中成功的人士和失败者之间的差距会不断拉大，拉丁美洲和其他新兴国家可能会继续处于新工业革命的边缘。

灵活性、独立性、合作、网络和技术革新都是描述工作未来的关键词，但是失业、脆弱和不平等也是。拉美地区和其他新兴国家需要做好充分准备，面对这些风险，最大可能地获取这个新时代的收益。

参考文献

［1］Acemoglu, D. , and Autor, D. H. 2011. "Skills, Tasks, and Technologies: Implications for Employment and Earnings. " in O. Ashenfelter and D. Card, editors. *Handbook of Labor Economics*, *Volume* 4. Amsterdam: Elsevier.

［2］Acemoglu, D. and Restrepo, P. 2017. "Robots and Jobs: Evidence from US Labor Markets". NBER Working Paper No. 23285. Cambridge, MA: National Bureau of Economic Research.

［3］Adecco Group. 2017. *The Soft Skills Imperative*. Geneva: The Adecco Group.

［4］Alaimo, V. , Bosch, M. , Kaplan, D. , et al. 2015. *Empleos para Crecer*. Washington, D. C. : Inter-American Development Bank.

［5］Autor, D. 2015. "Why Are There Still So Many Jobs? The History and Future of Workplace Automation. " *Journal of Economic Perspectives*, 29 (3): 3 - 30.

［6］Autor, D. , and Dorn, D. 2009. "This Job is 'Getting Old': Measuring Changes in Job Opportunities Using Occupational Age Structure. " *American Economic Review*, 99 (2): 45 - 51.

［7］Autor, D. , Katz, L. , and Kearney, M. 2006. "The Polarization of the US Labor Market. " *American Economic Review*, 96 (2): 189 - 194.

[8] Bessen, J. 2015. *Learning by Doing: The Real Connection Between Innovation, Wages, and Wealth*. New Haven and London: Yale University Press.

[9] ——. 2016. "How Computer Automation Affects Occupations: Technology, Jobs, and Skills". Law and Economics Research Paper No. 15 – 49. Boston, MA: Boston University, School of Law.

[10] Bureau of Labor Statistics. 2015. "Number of Jobs Held, Labor Market Activity, and Earnings Growth Among the Youngest Baby Boomers: Results from a Longitudinal Survey." New Release.

[11] Brynjolfsson, E., and McAfee, A. 2011. *Race Against the Machine: How the Digital Revolution Is Accelerating Innovation, Driving Productivity, and Irreversibly Transforming Employment and the Economy*. Lexington, MA: Digital Frontier Press.

[12] CBRE. 2014. *Fast Forward* 2030: *The Future of Work and the Workplace*. Genesis Research Report. October.

[13] Corporación Andina de Fomento. 2017. *Más habilidades para el trabajo y la vida: los aportes de la familia, la escuela, el entorno y el mundo laboral*. Bogotá, Colombia: CAF.

[14] Deming, D. 2015. "The Growing Importance of Social Skills in the Labor Market." NBER Working Paper No. 21473. Cambridge, MA: NBER.

[15] DigiLAC. 2014. http://descubre. iadb. org/es/digilac.

[16] Freelancers Union and UpWork. 2016. *Freelancing in America 2016*.

[17] Frey, C. B., and Osborne, M. A. 2017. "The Future of Employment: How Susceptible Are Jobs to Computerisation?" *Technological Forecasting and Social Change*, 114: 254 – 280.

[18] Gonzalez-Velosa, C., and Rucci, G. 2016. "Methods to Anticipate Skills Demand." Technical Note no. IDB-TN-954. Washington, D. C.: Inter-American Development Bank.

[19] Goos, M., Manning, A., and Salomons, A. 2014. "Explaining Job Polarization: Routine-Biased Technological Change and Offshoring." *American Economic Review*, 104 (8): 2509 – 2526.

[20] Graham, M., Lehdonvirta, V., Wood, A., et al. 2017. *The Risks and Rewards of Online Gig Work at the Global Margins*. Oxford: Oxford Internet Institute.

[21] Huneeus, C., De Mendoza, C., and Rucci, G. 2013. *Una visión crítica sobre el financiamiento y la asignación de recursos públicos para la capacitación de trabajadores en América Latina y El Caribe*. Discussion Paper No. IDB-DP-265. Washington DC: Inter-American Development Bank, Unit of Labor Markets and Social Security Unit (SCL/LMK).

[22] International Federation of Robotics (IFR). 2016. *World Robotics: Industrial Robots*.

[23] Kessler, A. 2017. "Bill Gates vs. the Robots." *The Wall Street Journal*, March 26.

[24] Manyika, J. 2016. "Technology, Jobs, and the Future of Work." McKinsey Global Institute. Briefing note prepared for the Fortune Vatican Forum, December (updated February 2017).

[25] Manyika, J., Chui, M., Miremadi, M. et al. 2017. *A Future That Works: Automation, Employment and Productivity*. McKinsey Global Institute.

[26] Morgan, J. 2014. *The Future of Work. Attract New Talent, Build Better Leaders and Create a Competitive Organization*. New Jersey: John Wiley and Sons, Inc.

[27] Organisation for Economic Co-operation and Development (OECD). 2016. "Automation and Independent Work in a Digital Economy." OECD.

[28] Schwab, K. 2016. *The Fourth Industrial Revolution*. Geneva: World Economic Forum.

[29] World Bank. 2016. *World Development Report* 2016: *Digital Dividends*. Washington, D. C. : World Bank.

如果算法成为老板？*①

——经济刺激、法律挑战和人工智能在工作中的兴起

［英］杰里迈亚斯·亚当斯-普拉斯** 著

欧旭鹏*** 译

［摘要］　人工智能在工作中的兴起给传统的雇佣法和劳动力市场监管带来了挑战。首先，从可获得信息的急剧增加和处理能力成本的迅速下降，到新的和不断演变的控制形式，这些因素开始使整个雇佣关系生命周期的决策自动化。其次，"算法老板"在实现对员工集中控制的同时，也可被用来分散雇主责任。这些科技进步给工作带来的变化，需要我们对传统的法律和监管

---

* 原题 What If Your Boss Was an Algorithm? Economic Incentives, Legal Challenges, and the Rise of Artificial Intelligence at Work。原载 Comparative Labor Law & Policy Journal, 2019, 41 (1), 123 - 146。原文无摘要、关键词，译文中摘要和关键词为译者所加。

** 杰里迈亚斯·亚当斯-普拉斯（Jeremias Adams-Prassl），英国牛津大学莫德林学院和法学院法学教授。"我感谢经济及社会研究理事会的资助，批准号 ES/S010424/1，并感谢瓦莱里奥·德斯特法诺（Valerio De Stefano）教授，以及国际劳工组织自动化与工作的未来研讨会的参与者和耶路撒冷希伯来大学、巴塞罗那庞培法布拉大学和维也纳大学的工作室，感谢他们的讨论和意见，还要感谢陈陈（Chen Chen）的宝贵的研究协助。我特别感谢阿比·亚当斯-普拉斯（Abi Adams-Prassl）教授对劳动力市场自动化经济学的持续讨论，这是文章第一至三部分的核心内容。通常的免责声明适用。"

*** 欧旭鹏，中国人民大学法学院博士研究生。

① 收稿时间：2022 年 3 月。

模式进行根本性反思，但这并不是由于新技术将造成大量现有工作被替代的需要。人工智能驱动的决策进步不仅不会剥夺员工的工作，反而会首先改变管理者的日常工作，增强并最终取代人类对工作场所的日常控制：我们正在见证"算法老板"的兴起。

[关键词]　人工智能　算法　自动化　数据　雇佣法

一、导论

工作的未来是一个古老而具有魅力的话题：每一次新的科技创新浪潮都伴随着一系列会影响劳动力市场的棘手问题。新科技会取代现有的工作岗位吗？如果不会，那么新科技将如何重塑它们？新科技对个体劳动者和更普遍的法律监管将会带来什么样的广泛影响？最近的科技进步使许多这类问题重新浮出水面，特别是在零工经济的背景下，配备了强大处理器、快速互联网连接和高精度卫星导航的移动电话使回答这些问题成为可能。[①]劳动力市场固有的挑战，从劳动者分类和集体权利保护到健康和安全、税收和社会保障条款，在一个基于平台的劳动中介世界中是相当显著的。无论是在国内还是国际层面，这些问题都理所当然地成为法院和决策者关注的焦点。

然而，与此同时，对零工经济的详细探索很快就会遇到一个根本性的创新悖论。毫无疑问，零工经济兴起背后的关键（科技）因素是全新的现象，它们对工作组织的影响可以被更准确地描述为非标准工作长期存在趋势的逻辑延续和推论，正如国际劳工组织（ILO）最近的一份报告所述：

> 在过去的几十年里，无论是在工业化国家还是在发展中国家，都出现了从标准就业向非标准就业的明显转变……包括临时就业、非全日制工作、派遣工作（temporary agency work）和其他多方雇佣关系（multi-party employment relationships）、隐蔽雇佣关系（disguised employment relationships）和依赖性自雇佣（dependent self-employment）。[②]

正如德斯特凡诺（De Stefano）所解释的那样，零工经济中的按需工作与这些非标准工作有许多共同点，换言之，这是长期存在的模式的结合和重塑。[③]科

---

① 完整概述参见 37 Comp. Lab. L. & Poly J. 471 (2016) 的文章集合。

② International Labour Office, Non-Standard Employment Around the World: Understanding Challenges, Shaping Prospects 2, 1 – 374 (ILO 2016).

③ See Valerio De Stefano, *The Rise of the Just-in-Time Workforce: On-Demand Work, Crowdwork, and Labor Protection in the Gig-Economy*, 37 Comp. Lab. L. & Poly J. 471, 480 – 483 (2016).

技在促进零工经济持续增长方面发挥着关键作用——尽管偶尔有人呼吁对适用的法律法规进行全面改革①，但是人们越来越清楚地认识到，主要的政策解决方案在于始终如一地应用和执行现有的监管模式。②

同样的结论是否适用于人工智能（AI）的普遍兴起，特别是运用精密复杂的机器学习算法的情况？本文认为，事实并非如此。至少，最新的自动化浪潮将给职场带来的一些变化，需要对传统的雇佣法（employment law）和劳动力市场监管的关键要素进行根本性的反思。然而，这并不是出于大肆吹嘘的就业的快速替代以及随之而来的解决大规模科技就业问题的需要。本文认为，人工智能驱动的决策进步不仅不会剥夺员工的工作，反而会首先改变管理者的日常生活，增强并最终取代人类对工作场所的日常控制：我们正在见证"算法老板"的崛起。

为了证实这一说法，本文论证结构如下：第二部分着眼于历史上有关技术性失业（technological unemployment）的辩论中的常见问题，包括强调替代性而非互补性，以及忽视或低估创造新就业机会的潜力，以质疑最近一波失业预测。这并不是说人工智能的出现不会对劳动力市场产生长期和根本性的影响。第三部分借鉴了阿比·亚当斯-普拉斯和其他经济学家的作品，阐述了科技变革将带来根本性剧变的关键层面，从可获得信息的急剧增加和处理能力成本的迅速下降，到新的和不断演变的控制形式。综合起来，这些因素已经开始使整个雇佣关系生命周期的决策自动化。第四部分针对初创公司和老牌经营者等进行了案例研究，显示了人工智能如何增强甚至取代传统的管理方式，从而行使雇主的全部职能：从数字信誉筛选和简历过滤，到持续的工作指示、绩效监测和解雇决定。这不仅仅是数字化泰勒主义（digital Taylorism）的回归——两种数据都被考虑在内，而且机器学习所依赖的概率模式从根本上不同于雇佣法所围绕的传统管理结构。由此产生的监管挑战是第五部分的核心：该部分将按照监管挑战的三重结构进行分析，首先探讨新的数据收集和组织形式对隐私和数据保护的影响，然后讨论对人工智能处理和控制的影响，最后是事后可解释性（*ex post facto* explicability）和成功的机器学习算法的跨辖区扩展。正如第六部分所指出的那样，在这里我们遇到了真正新奇的问题：大量雇主责任归属问题的探讨始终是在所涉问题是法律问题的基础上进行的——无论是虚假缔约还是使用/滥用法人人格——因此，至少

---

① See Seth D. Harris & Alan B. Krueger, A Proposal for Modernizing Labor Laws for Twenty-First Century Work: The "Independent Worker" (The Hamilton Project, Discussion Paper, 2015).

② 例如，在 Pimlico Plumbers Ltd v. Smith 案中的评论，Pimlico Plumbers Ltd v. Smith [2018] UKSC 29, at 27 (UK).

在原则上，可以根据同样的理论体系提出法律解决办法。同时，人工智能决策所固有的责任分散，最终既是一个科技挑战，也是一个法律挑战。第七部分的结论简短地强调了监管机构在塑造算法管理发展中的重要性。

二、重塑劳动力市场

尽管人工智能一直是备受争论的前沿问题，但科技对劳动力市场的影响并不局限于自动化的这一特定方面。技术性失业，即快速自动化将导致大量人口闲置并无法获得有酬就业，这一概念由来已久，可以追溯到近一个世纪前。以下简要介绍一些技术性失业理论的主要支持者，然后探讨为什么——至少到目前为止——他们的预测没有实现。

（一）未来技术性失业的简史

在 20 世纪 30 年代的经济萧条时期，约翰·梅纳德·凯恩斯（John Maynard Keynes）写了一篇题为《我们后代的经济前景》（"Economic Possibilities for Our Grandchildren"）的文章。在其他人看到的只是停滞和衰退的时候，他预言了繁荣和发展。在制造和运输方面史无前例的科技进步是实现这一愿景的关键。从长远来看，由此产生的生产效率提高将给所有人的生活带来多方面的改善。然而，从短期来看，"这些快速的变化正在伤害我们，并带来了难以解决的问题"。

> 我们正在遭受一种新的疾病的折磨，有些读者可能还没有听说过这种疾病的名字，但是在今后的岁月里，他们将会经常听到这种疾病——技术性失业。这意味着失业是由于我们发现节约使用劳动力的方法的速度超过了我们发现劳动力新用途的速度而引起的。[1]

举例来说，约翰·F. 肯尼迪（John F. Kennedy）总统认为保持充分就业"是 60 年代国内的主要挑战……当然，自动化正在取代人"[2]。

在 2013 年一篇关于美国劳动力市场的论文中，卡尔·弗雷（Carl Frey）和迈克尔·奥斯本（Michael Osborne）作出了同样令人吃惊的预测：由于机器学习的进步，近一半的美国就业人口在不久的将来面临着被自动化的"高风险"。他们的模型表明，在管理、商业和金融领域工作的劳动者不用担心。失业将集中在劳动力市场的最底层："计算机化将主要取代低技能和低工资的

---

[1] John Maynard Keynes, *Economic Possibilities for Our Grandchildren*, in Essays in Persuasion, 321, 325 (Palgrave Macmillan, London 2010) (1931).

[2] Press Release, President John F. Kennedy, News Conference, 24 (Feb. 14, 1962), https://www.jflibrary.org/archives/other-resources/john-f-kennedy-press-conferences/news-conference-24.

工作……运输和物流行业的大多数工人，以及大部分行政和辅助工人、生产行业的工人，这些都面临着危险。"①

与此密切相关的是，麻省理工学院的埃里克·布林约夫松（Erik Brynjolfsson）和安德鲁·麦卡菲（Andrew McAfee）认为科技进步将对劳动力市场产生明显的两极分化的影响：

> 对于拥有特殊技能或受过正确教育的劳动者来说，现在是最好的时机，因为这些人可以利用科技创造和获取价值。然而，对于一个只能提供普通技能和能力的劳动者来说，现在是最糟糕的时刻，因为计算机、机器人和其他数字科技正在以惊人的速度获得这些技能。②

因此，预言似乎很明确：鉴于机器学习和人工智能的指数增长，零工经济只是一个过渡现象，大多数低技能、基于平台的工作很快将移交给算法和机器人。随着自动驾驶汽车和洗衣机器人的出现，新兴的商业模式将导致大量劳动者失业。

持续适用雇佣法标准甚至可能加速这一转变：平台的成本将刺激尤其是在低工资行业的创新。正如辛西娅·埃斯特伦德（Cynthia Estlund）所说："自动化是一种完全合法的——事实上，几乎是无懈可击的——避免雇佣员工成本的方式。"她认为，低收入劳动者对就业保护成本的感受尤其强烈："特别是在劳动力市场的底层，提高工资、福利和工作条件的最低标准，增强了在科技上对可自动化工作进行自动化的商业理由。"③

这符合劳动经济学的要求——只要工作是可自动化的。然而，机器学习能够在多大程度上应对长期存在的工作形式，这个问题比乍看起来要有争议得多。

（二）挑战叙述

就目前而言，工作的现实与凯恩斯所说的"三小时轮班制或每周十五小时工作制"相去甚远。这是怎么回事？为什么我们还在工作？经济学的文献指出了若干要素，其中收益或资本化效应是核心。科技提高了生产效率，降低了价格，提高了实际收益。随着生活水平的提高，我们对更多产品和服务的需求在新兴产业中创造了新的就业机会：想想那些接受再培训成为电脑工程师的汽车工人。

麻省理工学院的经济学家戴维·奥特（David Autor）是自动化和就业破

---

① Carl Benedikt Frey & Michael A. Osborne, *The Future of Employment: How Susceptible Are Jobs to Computerisation?*, 114 Tech. Forecasting & Social Change, 254, 265 – 268 (2017).

② Erik Brynjolfsson & Andrew McAfee, The Second Machine Age: Progress and Prosperity in a Time of Brilliant Technologies, 11 (2014).

③ Cynthia Estlund, *What Should We Do After Work? Automation and Employment Law*, 128 Yale L. J. 254, 295 (2018).

坏的主要怀疑者之一。他认为，随着计算机的广泛运用，人们很容易认为它们能够替代大多数工作。"但这种逻辑上的飞跃是毫无根据的。"当涉及可以被提炼成一套清晰指令的日常工作时，现代算法要比劳动者强得多，例如在一个复杂的财务模型中处理数据。但是，就算现代劳动力市场的许多方面可以被自动化，这也比我们想象的要困难得多。

这就是波兰尼悖论（Polanyi's Paradox），即"我们知道的比我们所能言传的多"。事实证明，人类的直觉对整个劳动力市场至关重要，包括底层劳动力。奥特认为，那些被证明最难被自动化的任务是那些需要灵活性、判断力和常识技能的任务，而我们只能默默地理解这些技能。"在实践层面上，波兰尼悖论意味着许多常见的任务，从日常任务到崇高任务，目前都无法被计算机化，因为我们不知道'规则'。"①

布林约夫松和麦卡菲不同意这一观点：由于"人类最近在制造能够自己解决问题的机器方面做得更好了"，他们认为，"波兰尼悖论不再是曾经的障碍；即使人类无法教机器，机器也能学习"②。的确，工程师们一直在努力开发清洁机器人、自动驾驶汽车和图像识别软件。然而，即使经过多年的努力和数以十亿计的投资，这些算法仍然在挣扎：从一台机器清洁器缠绕在主人的头发上直到被辅助人员解救出来，再到无人驾驶汽车被冰、雪、褪色的道路标记和飘散的塑料袋弄得犯迷糊。③ 此外，可以自动化的工作和实际上可以自动化的工作之间有很大的区别。④

从长远来看，任何经济部门都不会超出算法的范围。然而，只要任务的日常性质是其自动化的核心，科技就可能在其他经济部门取得更快的进展⑤，

---

① David Autor, Polanyi's Paradox and the Shape of Employment Growth, 129，136 （NBER, Working Paper No. 20485 2014）.

② Erik Brynjolfsson & Andrew McAfee, The Second Machine Age：Progress and Prosperity in a Time of Brilliant Technologies，11 （2014）.

③ See Justin McCurry, South Korean Woman's Hair Eaten by Robot Vacuum Cleaner as She Slept, THE GUARDIAN （Feb. 9，2015），https://www. theguardian. com/world/2015/feb/09/south-korean-womans-hair-eaten-by-robot-vacuum-cleaner-as-she-slept；Aarian Marshall, Puny Humans Still See the World Better Than Self-Driving Cars, Wired （Aug. 5 2017），https://www. wired. com/story/self-driving-cars-perception-humans；Marty Padget, Ready to Pay Trillions for Self-Driving Car Roads?, Venture Beat （May 5，2017），https://venturebeat. com/2017/05/17/ready-to-pay-trillions-for-self-driving-car-roads.

④ See David Kucera, New Automation Technologies and Job Creation and Destruction Dynamics, 1 （ILO 2017）.

⑤ 例如，尽管从常规的意义上来说是"例行程序"，但许多通过零工经济平台"自动化"完成的任务，从清晰和可预测的例行程序的意义上来说，几乎不是例行程序；不管是在布满不同方向的电缆的角落里打扫，还是取悦父母和孩子，我都很难看到自动化的直接可能性。

包括法律查询和尽职调查：这一领域曾经是高薪的初级律师们的领地，他们要连续数周在成箱的文件中苦苦挣扎，而现在，语言和模式识别软件迅速占据了主导地位。①

三、公司重新布线

然而，对失业叙述的挑战不应被误认为是一种断言，即数字化的兴起，特别是人工智能的兴起，将不会对现有的雇佣模式产生影响：从降低交易和监测成本、重塑信息不对称，到加剧就业两极化，其影响将是深远的。

在最近的一项调查中，阿比·亚当斯-普拉斯全方位探索了这些发展。②就目前而言，最重要的变化与"科技和不完全信息"（imperfect information）有关。长期以来，经济学家一直认为不完全信息（即参与者不得不在不知道所有相关市场特征的情况下作出决定）是劳动力市场运作中的一个关键挑战。③例如在雇佣员工方面，有一点很突出：雇主可能无法接触到在特定地区的所有求职者，而那些求职者也不总是能够发现他们目前所能找到的所有工作。④

在经济学家所称的"柠檬问题"（lemons problem）中，不完全信息也很重要。当雇佣一名员工时，未来的雇主往往很难了解他技能的高低和是否有奉献精神，这对双方都会产生负面影响。优秀的员工可能得到较低的工资，不理想的员工可能得到较高的工资，公司可能不愿意雇佣任何人。⑤

正是在应对这些挑战的过程中，"科技可以改变寻找和雇佣过程，也可以在雇佣关系开始后促进新的监测和绩效管理计划"⑥。就"寻找摩擦"（search frictions）而言，科技创新大大减少了这种摩擦：从零工经济中的位置跟踪和用户评级，到在求职网站上匹配雇主、消费者和员工的复杂算法。

---

① See Jane Croft, Artificial Intelligence Closes in on the Work of Junior Lawyers, Financial Times (May 4 2017), https://www.ft.com/content/f809870c-26a1-11e7-8691-d5f7e0cd0a16.

② See Abi Adams, Technology and the Labour Market: The Assessment, 34 Oxford Rev. of Econ. Pol'y 349 (2018).

③ See Adeline Pelletier & Catherine Thomas, Information in Online Labour Markets, 34 Oxford Rev. of Econ. Pol'y. 376 (2018).

④ See generally Christopher Pissarides, Equilibrium in the Labor Market with Search Frictions, 101 Am. Econ. Rev. 1092 (2011).

⑤ See George A. Akerlof, The Market for "Lemons": Qualitative Uncertainty and the Market Mechanism, 84 Quarterly Journal of Econ. 488, 494-495 (1970).

⑥ Abi Adams, Technology and the Labour Market: The Assessment, 34 Oxford Rev. of Econ. Pol'y 349 (2018).

然而，至关重要的是，改进的匹配并不是自动化有望消除的由不完全信息造成的唯一市场摩擦。在与独立创业者（independent entrepreneurs）进行的公开市场交易中，雇主必须花费大量时间和精力，去了解服务提供商的背景和经验，控制工作的质量，并就价格进行谈判。[1] 即使在公司内部，也存在对员工监测成本的担忧[2]：这是泰勒"科学管理"理论失败的主要原因之一。[3]

从零工经济中的客户主导（customer-driven）评级机制开始，这种机制迅速在整个社会经济领域的工作场所成为现实："体力和非体力工作都会受到影响。"正如阿比·亚当斯-普拉斯所解释的，从劳动经济学的角度来看，这种监测成本的降低既有利也有弊：

公司可以更容易地监测其雇员，这应该有助于通过限制工作场所的道德风险来提高生产效率。软件供应商 Evolv 声称，其监测可以帮助三分之二的工作提高至少 5 个百分点的生产率，尽管这一说法尚未得到独立验证。对可穿戴设备的分析还可以让公司以有利于员工的方式调整工作岗位。例如，美国银行发现，当允许员工一起休息时，他们的工作效率更高。在普遍推行这项政策后，员工的绩效提高了 23%，压力下降了 19%。

然而，我们有理由对这一领域的发展持谨慎态度。如果不是工作的所有方面都能被监测并在相同程度上进行绩效管理，那么雇主就需要小心，不要在科技或多或少捕捉到的任务中扭曲雇员的努力。此外，一些研究发现，可穿戴设备和监测会增加工作场所的压力，这对生产效率和记忆力有潜在的不利影响。[4]

2001 年，戴维·奥特在一份非常有先见之明的报告中探讨了"为劳动力市场布线"（wiring the labour market）的后果。[5] 然而，自动化的直接后果似乎是"公司的（重新）布线"（(re-) wiring of the firm）：随着数据收集和处理成本继续下降，雇主越来越有能力利用科技对工作场所进行监测和控制，其程度是迄今难以想象的。

---

[1] 根据科斯的企业理论，企业之所以存在，是因为企业家兼协调人对其劳动力和其他生产要素的控制，要比进入市场和为每笔交易讨价还价的成本低得多。R. H. Coase, The Nature of the Firm 4 Economica 386, 390 - 391 (1937).

[2] See Paul Davies, *Efficiency Arguments for the Collective Representation of Workers：A Sketch*, in The Autonomy of Labour Law 367 (Alan Bogg et al. eds., Hart 2017).

[3] See Frederick Winslow Taylor, The Principles of Scientific Management (Harper Brothers 1919).

[4] See Abi Adams, Technology and the Labour Market：The Assessment, 34 Oxford Rev. of Econ. Pol'y 349 (2018).

[5] See David. H. Autor, *Wiring the Labor Market*, Journal of Econ. Perspectives 15, 25 - 40 (2001).

四、雇主自动化决定

这在实践中意味着什么？本·瓦伯（Ben Waber）是该领域首批初创公司之一的首席执行官，他写了大量关于"人力资本分析"的文章，比如"传感技术和大数据是如何对公司的组织方式产生巨大影响的？从改变组织结构到改变咖啡区，组织的任何方面都会受到这些数据的广泛应用的影响"[①]。他认为，数据导向型人力资源管理（HRM）的影响绝不仅限于大公司：

> 人力资本分析系统本质上是小公司的"盒子里的管理"（management in a box）……只需几个传感器和一些基本程序，他们就可以得到自动帮助以建立他们的管理结构和生成有效的协作模式。他们甚至可以收到进度反馈……以及关于组织结构、薪酬体系等方面的自动化建议。[②]

虽然瓦伯关于普遍人力资源分析（universal people analytics）的愿景尚未实现，但他工作中确定的基本趋势正在迅速成为普遍现象。早在 2015 年，经济学人智库就强调了人力资源领域"爆炸性的大数据 IT 增长"，指出了"支持劳动力分析/规划的 IT 能力方面的重大投资"[③]。

算法管理的首个，也许是最明显的例子，可以在零工经济中看到，平台依靠复杂的评级机制来管理劳动力。乍一看，这一机制的设计初衷是给消费者和员工提供关于其他平台供应商的准确反馈，但很快就会发现，鉴于其集群分布，评级几乎没有信息价值。[④] 相反，正如汤姆·斯利（Tom Slee）所说，声誉算法旨在对平台劳动力进行控制，作为：

> 公司管理结构的替代品，而且是个糟糕的替代品。声誉系统是来自地狱的老板：一个反复无常、脾气不好、不负责任的老板，他可以在任何时候，随心所欲地解雇你，而且不给你上诉机会。[⑤]

[①] Ben Waber, People Analytics 178 (2013).

[②] Ben Waber, People Analytics 191 (2013).

[③] Gilda Stahl, *Big Roles for Big Data in HR*, The Economist (Jan. 23, 2015), https://eiuperspectives. economist. com/strategy-leadership/future-business-human-resources/infographic/big-roles-big-data-hr.

[④] See Tom Slee, What's Yours Is Mine: Against the Sharing Economy (2015).

[⑤] Tom Slee, What's Yours Is Mine: Against the Sharing Economy (2015). 优步的内部文件证实了这一点：在 2014 年，不到 3% 的司机由于评分低于 4.6 分（满分 5 分）而"面临被停职的风险"。见 James Cook, Uber's Internal Charts Show How Its Driver-Rating System Actually Works, Business Insider UK (Feb. 11, 2015), http://uk. businessinsider. com/leaked-charts-show-how-ubers-driver-rating-system-works-2015-2. 有人可能会说，这是由于评级体系的压力使得员工群体保持在一个高标准，表现较差的品牌被排除在市场之外的结果。然而，正如汤姆·斯利所解释的那样，情况并非如此："J 曲线评级分布（几乎所有数据点都处于评分表的高端）与共享经济声誉系统的评级分布一样，只要人们相互评级就会出现。"

在零工经济中,评级算法的真正意义在于以各种方式行使雇主的控制权,而不是仅仅表明质量。因此,基于平台的工作成为开发算法管理工具的早期实验室。如今,算法管理已经蔓延到各个行业和工作场所。与前面几节探讨的未来主义预测相反,算法管理的到来不是我们可以推测的:它已经发生了。

初创公司和知名软件供应商竞相提供软件,承诺在工作的各个方面支持并可能实现管理决策的自动化,包括工作场所的全部社会经济范围,以及雇佣关系的整个生命周期:无论是在工厂或办公室、大学还是专业服务公司,从雇佣和管理员工到终止雇佣关系,雇主职能的行使已经可以自动化。①

例如,在雇佣关系开始时,人工智能驱动软件现在允许未来的雇主对申请人的在线状态进行广泛筛选,软件供应商 Fama 承诺以前所未有的广度和深度筛选员工的在线状态:

> 标准的背景调查并不能抓取所有应该抓取的东西。虽然传统的调查有助于核实重要信息,但很少有筛选方法可以确保现在和未来的员工与您的使命和价值观相一致,更少有方法能够预测他们是否会表现出有害的行为。随着性骚扰、偏见和其他职场问题成为社会的前沿问题,依赖标准背景调查的公司面临品牌受损和真实性丧失的风险。Fama 提供了合规的、基于人工智能的就业筛选,帮助您创造一个有效率、受欢迎的工作场所,并获得您需要的信息。②

招聘算法的运用并不局限于背景筛选:从分析简历到给候选人排名、发出聘用通知以及确定薪资水平的整个过程都可以自动化。这有时会带来严重的后果:2019 年初,媒体报道称,在机器学习算法已经开始系统地拒绝女性应聘者申请公司的工程师职位后,亚马逊被迫放弃了自动招聘工具。③

---

① 在以前的工作中,我将雇主的"职能"定义为雇主有权或有义务采取的各种行动之一,作为属于无限期服务合同范围内的一系列权利和义务的一部分。参见 Jeremias Prassl, The Concept of the Employer 24 - 25 (2015)。在对雇主职能的控制、经济依赖或相互义务等雇佣状况的既定测试进行搜索时,各种不同的事实情景可能会发生无数的变化,使得纯粹基于过去的决定进行分类的帮助有限。对不同事实模式下的概念进行分析的结果,而不是逐案分析的实际结果,是下列一系列职能,其中个别因素的存在与否或它们在任何特定情况下发挥的具体作用相比,变得不那么重要——"等同原则"。Luca Nogler, *Die Typologisch-Funktionale Methode am Beispiel des Arbeitnehmerbegriffs*, 10 Zesar 459, 463 (2009). 虽然这种分析主要是在普通法法域的基础上发展起来的,但后来的工作表明,这种做法也能够在民法法系领域得到类似的发展。参见 Jeremias Prassl & Martin Risaktt, *Uber*, *Task Rabbit*, *and Co.*: *Platforms as Employers? Rethinking the Legal Analysis of Crowdwork*, 37 Comp. Lab. L. Pol'y J. 619, 635. (2016) 等。

② *About*, Fama (last visited Jul. 4, 2019), https://www.fama.io/about.

③ See Maya Oppenheim, *Amazon Scraps "Sexist AI" Recruitment Tool*, The Independent (Oct. 11, 2018), https://www.independent.co.uk/life-style/gadgets-and-tech/amazon-ai-sexist-recruitment-tool-algorithm-a8579161.html.

一旦雇员被录用，他们可能会发现自己处于算法老板的监视之下：公司内部市场的日常管理（另一个核心雇主职能）同样可以自动化到令人惊讶的程度。在这种背景下被讨论最多的供应商之一是 Humanyze，这是一家来自本·瓦伯和他在麻省理工学院的同事的公司。为了便于在工作场所收集信息，该公司制作了一个供员工在工作日佩戴的徽章。虽然"Humanyze 徽章并不测量或记录内容、网络活动或办公室外的个人活动"，但它确实提供了"传感器来测量参与者是否处于运动或静止状态，他们是否接近其他徽章用户和信标，参与者是否在说话，以及人际互动的频率和时间"①。

这样收集到的信息会被分析，"以发现非正式的通信网络。这些通信网络对于了解您的团队和组织内部如何完成工作至关重要"。管理层"不再需要依靠调查或观察来了解什么是有效的（以及什么不是）。Humanyze 指标量化了以前无法衡量的团队成功因素，比如协作和沟通，这些因素对生产效率和绩效至关重要"②。

劳动力分析软件甚至可以行使雇主终止雇佣关系的权力。在面临针对其一个仓库的工会协同活动的报复性解雇指控时，亚马逊披露了算法管理的广泛使用：申诉人的雇佣关系因缺乏生产力而被终止，这是由一个中立的算法决定的。亚马逊辩称，当地仓库管理部门对所运用的系统的细节没有任何输入、控制或了解。③

五、集中控制

由于篇幅所限，无法进一步探索如何通过人力资本分析的出现，使雇主的全部职能能够并已经实现自动化。从丰富的文献中可以清楚地看到④：管理自动化使得人们能够对工作的各个方面进行之前不可能实现的精确控制。然而，这不仅仅是（数字化）泰勒主义的回归：所考虑的数据种类、机器学习所依赖的概率模式以及新的控制形式，都与雇佣法所围绕的传统管理结构有根本不同。

实时数据收集和机器学习分析的结合，使雇主能够持续监测和指导他们

---

① *Data Privacy*，Humanyze（Jul. 5, 2019），https://www.humanyze.com/resources/data-privacy/.

② *Solutions*，Humanyze（Jul. 5, 2019），https://www.humanyze.com/solutions/.

③ See Colin Lecher, *How Amazon Automatically Tracks and Fires Warehouse Workers for "Productivity"*, The Verge（Apr. 25, 2019），https://www.theverge.com/20 19/4/25/1851 6004/amazon-warehouse-fulfillment-centers-productivity-firing-terminations.

④ See Working in Digital and Smart Organizations: Legal, Economic and Organizational Perspectives on the Digitalization of Labour Relations（Edoardo Ales et al. eds. , 2018）.

的雇员——同时将责任分散到算法上。在不可预测和快速演变的参数的驱动下，管理决策变得难以记录，甚至难以解释。本文的其余部分将探索随之而来的控制/问责（accountability）悖论，首先探讨集中控制，然后再讨论责任的分散。

（一）数据

人力资本分析学兴起的第一个动因是收集迄今为止难以想象的大量数据：关于雇员个人的精细信息。现代工作场所有三大数据来源：数字信息、传感器和雇员自跟踪的增长趋势。关于数字信息，许多供应商提供软件解决方案，让雇主可以捕捉雇员的数字活动，从按键记录到定期（但随机）截屏。[1] 关于电话、电子邮件和其他沟通渠道的信息同样可以被记录下来。即使这些通信的实际内容没有被披露或分析，所谓的元数据（例如，特定个人之间的通话时间和频率，或者发送给外部收件人的电子邮件附件的大小和时间）也很容易被捕获。

除了这些数据碎屑，越来越精密的传感器（比如上一节讨论的 Humanyze 徽章）还可以捕捉物理信息：优步曾率先使用司机的手机来测量个人踩油门和刹车的速度，从而捕捉到驾驶模式。[2] 至关重要的是，监测并不局限于雇主强加的监测：无论是通过使用健身追踪器还是我们手机上的健康应用程序，自我监测或自跟踪的趋势都在不断增长，其结果很容易与工作场所收集的数据相结合。[3]

除了可以捕获大量信息外，对这些信息来源的依赖还引发了另外两个担忧：第一，工作场所与个人私生活之间的传统界限正在被迅速打破。个人周末活动的信息可以很容易地与周一早上的生产效率指标结合起来，揭示出远超出传统雇主关注的范围。第二，即使信息是以匿名形式收集和储存的，由于信息越来越多地以机器可读的格式组织起来，不同来源的数据集——在欧盟等司法管辖区的数据处理同意和隐私法的约束下——可以很容易地组合起来建立大型雇员数据库，而且可以迅速识别公司内的个人。

（二）处理

然而，仅仅记录和组织大量的数据本身是不够的：人力资本分析学兴起的关键是有越来越强大的工具来处理和分析已经捕获的数据。人工智能，特

---

[1] See *Use Your Work Diary*，Upwork（Jul. 5，2019），https://support.upwork.com/hc/en-us/articles/211068518-Use-Your-work-Diary.

[2] See Andrew Beinstein & Ted Sumers，*How Uber Engineering Increases Safe Driving with Telematics*，Uber Engineering（last visited Jul. 5，2019），https://eng.uber.com/telematics/.

[3] See Gina Neff & Dawn Nafus，Self-Tracking 1（MIT Press Essential Knowledge series 2016）.

别是机器学习的兴起，已经成为本次探讨范围之外的法律和政策辩论中热烈讨论的对象。值得注意的是，（特定领域的）人工智能并不是一个新概念，甚至不是一个新术语。[①] 然而，从历史上看，这项技术大多局限于所谓的"专家系统"，即将一系列决策编码成一个复杂的决策树。[②]

最近，大型数据集的出现和处理成本的急剧下降，推动了机器学习的兴起——对大型数据集进行概率分析，依靠复杂的统计模型来发现数据中的模式或相关性。[③] 这是与我们对算法的传统理解不同的关键一步：机器学习的设计依赖于参数的不断演变和重新定义——算法控制不再仅限于通过训练数据集和预编程的分析程序传授的经验。[④] 其结果是不断变化的决策结构：随着收集的雇员个人的数据越来越多，他们工作生活的每个方面都在不断被审查，被认为影响生产效率或创新等关键指标的因素将继续发生变化。[⑤]

（三）控制

在人力资本分析的第一波浪潮中，重点是增强管理决策能力：机器学习算法将搜索大数据集，以更好地对工作场所进行观察与分析，从物理空间的安排到提高团队行为效率，然后向管理层提供自动化选择信息。

然而，至少从科技角度来看，这种软件的能力并不局限于为传统的管理者提供信息；至少在原则上，他们的实际决策可以完全自动化。[⑥] 前面讨论的亚马逊的巴尔的摩仓库就是一个很好的例子：

> 亚马逊的系统跟踪每个员工的生产效率，不需要主管的输入自动生成任何关于质量或生产效率的警告或终止……如果一个员工在一个滚动的 12 个月内收到 2 次最终的书面警告或总共收到 6 次书面警告，系统会

[①] 一些经典的早期引用包括 John McCarthy et al. , *A Proposal for the Dartmouth Summer Research Project on Artificial Intelligence*, 47 Ai Magazine, No. 4, 1955, at 12; and Alan M. Turing, Computing Machinery and Intelligence, 49 Mind 433 (1950).

[②] See *Guidance*: *Check Employment Status for Tax*, Gov. UK (Jul. 5, 2019), https://www. gov. uk/guidance/check-employment-status-for-tax (an illustration in the employment context: the UK Government's employment status tool).

[③] See Nick Polson & James Scott, AIQ: How Artificial Intelligence Works and How we Can Harness Its Power for a Better World (2018).

[④] See Machines That Think: Everything You Need to Know About the Coming Age of Artificial Intelligence (Douglas Heaven & Alison George eds. , New Scientist 2017).

[⑤] See Ian Goodfellow et al. , Deep Learning (2016).

[⑥] 在欧洲《通用数据保护条例》所涵盖的管辖区，这种做法是不合法的，因为其有权拥有"圈内人员"（"human in the loop"），即不受完全自动化的决定的制约。Commission Regulation (EU) 2016/679, art. 22, 2016 O. J. (L 119).

自动生成一个终止通知。[①]

使用算法管理来制裁员工的做法最早出现在零工经济时代，平台热衷于发现和防止个人对其系统进行任何"游戏"："司机因拒绝低薪工作选择高薪工作而受到惩罚，这表明他们作为独立创业者的'自由'受到了另一种限制。"[②] 一段时间以来，优步还实施短暂的停用期，最长可达 10 分钟，作为对司机反复拒绝无利可图的乘车订单的直接制裁。[③]

综上所述，日益增长的数据、复杂的机器学习处理和算法控制，是根本性变革的关键要素，这个变革不是遥远的未来愿景，而是已经在世界各地的工作场所成为现实。正如上文仓库自理所显示的那样，算法老板可以像现代的 Panoptes（希腊神话中无所不能的看门人）一样盘旋在每个劳动者身边：从审查潜在加入者和分配任务，到控制工作的完成方式和报酬，以及对不令人满意的表现进行制裁——通常没有任何透明度或问责机制。正如美国地方法院法官引用米歇尔·福柯（Michel Foucault）的话，"一种有意识和永久可见的状态……确保了权力的自动运作"[④]。

六、分散责任

从法律角度来看，这种控制的急剧增加最初可能被认为是受欢迎的：大多数雇佣法律制度非常强调控制和从属地位，将其作为确定一种关系何时应属于法律保护范围的关键因素。然而，其在极大地集中雇主控制的同时，也可以依靠算法管理的关键要素来分散责任：谁应该承担责任——雇主公司，软件的设计者，还是被污染培训数据的提供者？——的问题不再需要用传统

---

① Colin Lecher, *How Amazon Automatically Tracks and Fires Warehouse Workers for "Productivity"*, The Verge（Apr. 25, 2019）, https://www. theverge. com/20 19/4/25/1851 6004/amazon-warehouse-fulfillment-centers-productivity-firing-terminations.

② Alex Rosenblat & Luke Stark, *Algorithmic Labor and Information Asymmetries*：*A Case Study of Uber's Drivers*, 10 Int'l J. of Commc'n 3758, 3761 - 3762, 3766（2016）.

③ See Doug H, *Fired From Uber. Why Drivers Get Deactivated*, *and How to Get Reactivated*, Ride Sharing Driver（Apr. 21, 2016）, http://www. ridesharingdriver. com/fired-uber-drivers-get-deactivated-and-reactivated/; Kari Paul, *The New System Uber Is Implementing at Airports Has Some Drivers Worried*, Motherboard：Tech by Vice（Apr. 13, 2015）, http://motherboard. vice. com/read/the-new-system-uber-is-implementing-at-airports-has-some-drivers-worried; 10 minute time out, Uber People（Mar. 1, 2016）, http://uberpeople. net/threads/10-minute-timeout. 64032/. 作为解决办法的一部分，司机现在明确程度略有提高，尽管仍明确提到因低接受率而暂时停用。*Uber community guidelines*, Uber（Jul. 5, 2019）, http://www. uber. com/legal/deactivation-policy/us/. In other cities, temporary deactivation has been replaced by a simple logout.

④ Michel Foucault, Discipline and Punish：The Birth of the Prison 201（Alan Sheridan ed. , 1979）.

的雇佣法来解决。这是人力资本分析兴起过程中最基本的科技挑战。

几十年来，雇佣法的范围一直是一个争论不休的问题：在大多数法律体系中，控制和从属是界定雇员（享有法律权利和保护）、雇主（承担相应义务）以及他们之间的雇佣合同的核心标准。[1] 西蒙·迪肯（Simon Deakin）和弗兰克·威尔金森（Frank Wilkinson）根据科斯的企业理论，论证了这种法律模式如何在劳动力市场管制经济学中发挥类似的关键作用[2]；雇佣法是对雇员施加控制的益处与对雇主施加保护义务的成本之间的平衡点。管理控制的个别情况归因于雇主的（法律）人格，以确保和促进执行问责机制。[3]

关于"非典型工作"的大量文献探讨了其在工作安排中的问题，这种安排偏离了为单一雇主提供稳定、无限期雇佣的既定模式。[4] 实例包括："分裂工作场所"[5]，雇主通过外包协议、使用派遣工或由复杂的企业集团来行使控制权；虚假的自雇佣，雇主通过虚构的独立承包人身份，在合同上否认了雇主的控制。[6] 一旦这样掩盖了控制的事实，所谓的非典型或非标准工人甚至可能不再享有最低工资或歧视法等基本保护规范。[7]

然而，至关重要的是，在"非标准工作"中掩盖雇主控制事实的机制从根本上来说是法律机制：从使用法人人格（例如在设立附属代理公司时）[8] 到合同法（例如在传统雇佣合同中插入独立承包人或自雇佣条款）[9]，问题在于就业法庭一再强调的"'律师大军'设计的文件……它们只是错误地表达了双

---

[1]　See Restatement of Labour Law in Europe: Volume I (Bernd Waas & Guus Heerma van Voss eds., 2017).

[2]　See Simon Deakin and Frank Wilkinson, The Law of the Labour Market: Industrialization, Employment, and Legal Evolution 15, 86 – 87 (2005).

[3]　See Paul Davies & Mark Freedland, *The Complexities of the Employing Enterprise*, in Boundaries and Frontiers of Labour Law (Guy Davidov, Brian Langille eds., 2006).

[4]　See Einat Albin & Jeremias Prassl, *Fragmenting Work, Fragmented Regulation: The Contract of Employment as a Driver of Social Exclusion*, in The Contract of Employment 209 (Mark Freedland et al. eds., 2016).

[5]　David Well, The Fissured Workplace: Why Work Became So Bad for So Many and What Can Be Done to Improve It (2014).

[6]　See Autoclenz Ltd v Belcher & Ors [2011] UKSC 41; Alan Bogg, *Sham Self-Employment in the Supreme Court*, 41 Industrial Law Journal 328 (2012).

[7]　See generally International Labour Office, Non-Standard Employment Around the World: Understanding Challenges, Shaping Prospects, 1 – 374 (ILO 2016).

[8]　See Hugh Collins, *Independent Contractors and the Challenge of Vertical Disintegration to Employment Protection Laws*, 10 Oxford Journal of Legal Studies 353 (1990).

[9]　See International Labour Office, Regulating the Employment Relationship in Europe: A Guide Torecommendation No. 198 33 (ILO Geneva 2013).

方的真正权利和义务"①。

至少在原则上，这使得对规避行为的回应相对简单：现有的法律机制难以将责任归于控制雇主，而现有的法律机制可以被用来恢复这种责任。诸如虚假合同或事实优先等理论使法院能够透过自雇佣条款，关注雇主控制的现实；可以刺破公司的面纱以打击控制母公司的欺诈性滥用行为。②

另外，人力资本分析的出现所带来的挑战则截然不同：算法管理并不依赖法律机制来模糊控制以逃避责任——相反，分散的、可能无法解释的控制机制是日益复杂的评级系统和算法所固有的。

雇佣法如何应对这些挑战？显然，需要进行法律监管，以确保新兴科技在适当的范围内运行。在过去的几年里，大数据和机器学习所带来的法律挑战日益成为计算机科学和传统法律辩论中广泛讨论的焦点。然而，与此同时，人们并不总是清楚所提出的想法是否能够在雇佣法这个非常具体的监管环境中发挥作用。鉴于个人雇佣关系的特殊性，在一般情况下提出的解决方案，甚至涉及其他领域（例如消费者保护），不一定能被转化为跨领域的解决方案。这一点可以参照上一部分所探讨的三个领域来简要说明。

（一）数据

当谈到数据时，关于负责任地使用人工智能的关键问题涉及隐私和数据保护，以及最近在使用自动决策过程中固有的算法歧视的真正危险。早期的实证研究已经清楚地表明，自动化决策可以复制甚至加强劳动力市场中普遍存在的歧视模式。然而，与此同时，现有的法律类别，包括明显的间接歧视/差别影响，很可能不足以让雇主为算法控制导致的这种歧视性结果承担责任。

重要的是要承认现有监管结构中的这些缺陷。然而，为了提出可靠的解决方案，我们首先需要了解算法决策背后的根本不同的控制和决策结构，并据此建立法律反应模型，包括对工作中反歧视所需的法律技术进行彻底反思。例如，算法歧视长期以来对因果关系的强调能否与机器学习对相关性的依赖相协调？③随着预测算法在越来越大的数据集中提高其准确性，对于基于不受保护的特征（例如偏爱含糖饮料）与受保护的理由（例如在老年时出现残疾）

---

① Aslam v. Uber B. V. ［2016］Case Nos. 2202550/2015 & Others, at 73（Emp't Tribunal）(UK).

② 当然，诉讼和强制执行的现实要复杂得多。Jeremias Prassl, *Part Ⅲ: Towards a Functional Concept of the Employer*, in The Concept of the Employer（2015）.

③ See Allan G. King & Marko Mrkonich, *"Big Data" and the Risk of Employment Discrimination*, 68 Okla. L. Rev. 555, 556（2016）.

高度相关的先发制人的解雇,应采取何种制裁措施?①

在数据保护方面,欧盟的《通用数据保护条例》(GDPR)可以为欧盟成员国的员工提供一定程度的保护,如29条数据保护工作组的大量文件所述②,特别是关于工作中数据处理的第2/2017号意见。③

广义的"处理"定义所包括的"收集、记录、组织、构造及储存"资料④(或许有些令人困惑),只有在雇主能提供法律依据的情况下才属合法。⑤ 然而,正如GDPR序言所明确指出的,同意是许多领域的主要合法理由,"在数据主体和控制者之间存在明显不平衡的特定情况下,不应为处理个人数据提供有效的法律依据"⑥。认识到雇佣关系的具体特点,第2/2017号意见因此得出结论,"除非在特殊情况下,雇主将不得不依赖于同意以外的其他法律依据,例如为了他们的合法利益而必须处理数据。然而,合法的利益本身不足以凌驾于雇员的权利和自由之上"⑦。

原则上,人力资本分析软件的运行可能构成雇主的合法利益。⑧ 然而,为了收集软件工作所需的数据,雇主必须首先进行详细的相称性评估,考虑是否:

> 有关的处理活动是必要的,如属必要,适用的法律依据是什么;
>
> 提议的个人数据处理对雇员是公平的;
>
> 处理活动与提出的问题是成比例的;
>
> 处理的过程是透明的。⑨

29条数据保护工作组的意见详细探讨了一些相关情况。一方面,在招聘

---

① See Sharona Hoffman, *Big Data and the Americans with Disabilities Act*, 68 Hastings L. J. 777 (2017).

② See Commission Regulation (EU) 2016/679, art. 22, 2016 O. J. (L 119).

③ See Article 29 Data Protection Working Party Opinion 2/2017 on Data Processing at Work (EU), 249 (hereinafter WP29 Opinion), https://ec. europa. eu/newsroom/article29/item-WPdetail. cfmitem_id=610169. 如今,29条数据保护工作组已被欧洲数据保护委员会取代,该委员会是一个独立机构负责执行GDPR。委员会认可了29条数据保护工作组的意见和准则。*Endorsement of GDPR WP29 Guidelines by the EDPB*, European Data Protection Board (Jul. 13, 2019), https://edpb. europa. eu/news/news/2018/endorsement-gdpr-wp29-guidelines-edpben.

④ See Commission Regulation (EU) 2016/679, art. 4 (2).

⑤ See Commission Regulation (EU) 2016/679, art. 6 (1).

⑥ Commission Regulation (EU) 2016/679, Recital 43.

⑦ Article 29 Data Protection Working Party Opinion 2/2017 on Data Processing at Work (EU), 249 (hereinafter WP29 Opinion), https://ec. europa. eu/newsroom/article29/item-WPdetail. cfmitem_id=610169.

⑧ See Commission Regulation (EU) 2016/679, art. 6 (1) (f).

⑨ Article 29 Data Protection Working Party Opinion 2/2017 on Data Processing at Work (EU), 249 (hereinafter WP29 Opinion), https://ec. europa. eu/newsroom/article29/item-WPdetail. cfmitem_id=610169.

过程中筛选应聘者的社交媒体资料时，数据收集只能在"必要且与工作表现相关"的范围内进行，数据主体必须被"正确地告知"雇主所采取的措施，并且所有收集到的数据应该"在明确表明不会发出聘用通知或不被有关个人接受的情况下立即删除"[1]。另一方面，键盘记录和屏幕捕捉技术，特别是用于监测家庭或远程工作的时候，在 GDPR 下不太可能被允许。正如工作组得出的结论，"此类技术所涉及的处理是不相称的，例如记录雇员的按键和鼠标移动，雇主很可能不具备合法利益的法律依据"[2]。

就雇员数据而言，GDPR 的规定似乎提供了一些机制，可以平衡因算法管理的日益普及带来的一些担忧。但这并不是说它可以解决所有固有的矛盾。工作组关于监测雇员个人设备的建议劝告雇主确保"为了防止监测私人信息，必须采取适当措施来区分设备的私人和商业用途"[3]。然而，考虑到这些情况之间的界限越来越模糊，目前尚不清楚如何划定界限。

（二）处理

第二组挑战与解释和理解机器学习的运作和结果以达到明晰法律责任的目的有关。正如我们所看到的，现代机器学习技术中固有的迭代方法可能会使算法老板变得高度不可预测和难以解释，因为不断变化的决策参数几乎不可能重建或详尽记录。[4] 具体而言，这意味着一个员工被算法老板解雇的原因可能在事发几天后就不再相关，甚至无法辨别。

那么，如何追究算法管理的责任呢？在开始探索这些问题时，可以在数据科学和法律的交叉点上，在关于数据保护、可解释性和算法设计方面的新兴文献中找到重要的启示，特别是弗兰克·帕斯夸莱（Frank Pasquale）关于"黑箱社会"[5] 的著作，以及最近欧盟的 GDPR。[6] 然而，除了第 2/2017 号意见是明显的例外，这一领域的大多数现有工作，相对而言很少涉及雇佣的特殊语境。这并不令人惊讶，因为很多具体特征加剧了许多潜在的紧张关系，

---

[1] Article 29 Data Protection Working Party Opinion 2/2017 on Data Processing at Work（EU），249（hereinafter WP29 Opinion），https：//ec. europa. eu/newsroom/article29/item-WPdetail. cfmitem_id=610169.

[2] Article 29 Data Protection Working Party Opinion 2/2017 on Data Processing at Work（EU），249（hereinafter WP29 Opinion），https：//ec. europa. eu/newsroom/article29/item-WPdetail. cfmitem_id=610169.

[3] Article 29 Data Protection Working Party Opinion 2/2017 on Data Processing at Work（EU），249（hereinafter WP29 Opinion），https：//ec. europa. eu/newsroom/article29/item-WPdetail. cfmitem_id=610169.

[4] See Merle Temme, *Algorithms and Transparency in View of the New General Data Protection Regulation*, 3 European Data Protection L. Rev. 473（2017）.

[5] See Frank Pasquale, The Black Box Society: The Secret Algorithms That Control Money and Information（2015）.

[6] See Lukas Feiler et al. , The EU General Data Protection Regulation（GDPR）: A Commentary（2018）.

包括雇主和雇员之间谈判能力的根本不平等(最重要的方面)①,以及不同管辖区的劳资关系结构和劳动力市场组织的巨大差异。②

因此,即使是在金融监管或数据保护等背景下制定的最有前途的监管策略也很难适用于工作场所:尽管增加透明度可以成为审查金融市场的强有力工具③,但对雇主施加类似义务可能很快就会与雇员的隐私期望相抵触。④ 无条件的反设事实解释(unconditional counterfactual explanations)的倡导者认为这是一种很有希望的策略,可以解释算法决策同时避免复杂的技术争论,他们同样明确强调,"反设事实并不能提供评估算法的公平或种族偏见所需的统计证据"⑤。

与其在数据收集方面的潜力相反,即使是 GDPR 也不太可能在短期内成功应对这些挑战。有一些实质性和程序性要求可能影响算法管理的运用,包括:限制数据必须"为特定、明确和合法的目的收集,而不得以与这些目的不相符的方式进一步处理"⑥;需要进行数据保护影响评估(DPIA),"在考虑到处理的性质、范围、背景和目的的情况下,特别是采用新技术的处理类型可能会对自然人的权利和自由造成高风险"⑦;以及围绕敏感个人数据的特别保障,包括"种族或族裔、政治见解、宗教或哲学信仰或工会成员身份"⑧。

然而,这些义务主要是程序性的。尽管 GDPR 有关于处理透明度和为数据主体提供信息的规定⑨,但它是否有能力在这种情况下提供权利还不太清楚。文献是有分歧的,特别是关于 GDPR 是否给予数据主体"解释权",即关于一组特定的算法是如何作出决策的,这将极大地减少可用的解决方案的范围。例如:詹克劳迪奥·马尔基里(Gianclaudio Malgieri)和吉奥瓦尼·科曼德(Giovanni Comandè)主张对 GDPR 进行广义的解读,这将要求"数据

---

① See Kenneth Wedderburn, The Worker and the Law (1986).

② See Otto Kahn-Freund, *On Uses and Misuses of Comparative Law*, 37 Modern L. Rev. 1 (1974).

③ See Merle Temme, *Algorithms and Transparency in View of the New General Data Protection Regulation*, 3 European Data Protection L. Rev. 473 (2017).

④ See Joe Atkinson, *Workplace Monitoring and the Right to Private Life at Work*, 81 Modern L. Rev. 688, 688 – 689 (2018).

⑤ Sandra Wachter et al., *Counterfactual Explanations Without Opening the Black Box: Automated Decisions and the GDPR*, 31 Harv. J. L. & Tech. 842, 883 (2018).

⑥ Commission Regulation (EU) 2016/679, art. 5 (1) (b).

⑦ Commission Regulation (EU) 2016/679, art. 35 (1).

⑧ Commission Regulation (EU) 2016/679, 9 (1).

⑨ See Commission Regulation (EU) 2016/679, art. 13, 15.

控制者应进行可读性测试，以履行关于自动决策所涉及逻辑的有意义信息的义务"①；而桑德拉·瓦赫特（Sandra Wachter）等将其解读限制在狭窄的"知情权"，这表明缺乏"明确和定义清晰的权利以及针对自动决策的保障措施，因此有失去效力的风险"②。

在评估 GDPR 的潜力时，注意具体的例外情况和国内执行情况也很重要。例如，第 22 条对个人接受完全基于自动处理的决定的潜在强大限制受到明确同意例外的制约。③ 最后，第 88 条在雇佣方面提供了很大的实施灵活性：

> 成员国可以通过法律或集体协议制定更具体的规则，以确保在雇佣背景下处理雇员个人数据时保护其权利和自由，特别是为了招聘、履行雇佣合同，包括履行法律或集体协议规定的义务，管理、规划和组织工作，工作场所的平等和多样性，工作场所的健康和安全，保护雇主或客户的财产，为了个人或集体行使和享有与雇佣相关的权利和福利，以及为了终止雇佣关系的目的。

虽然原则上这种灵活性是受欢迎的，特别是通过社会伙伴的参与，但值得注意的是，只要规则"更加具体"，就有可能偏离 GDPR 的标准，这与就业指令中较为传统的措辞有差异，这些就业指令往往只是为了"制定更有利于雇员的法律、条例或行政规定"而规定减损。④

（三）控制

第三组挑战与算法管理所带来的广泛控制机制有关。在上一节中，我们看到了算法管理软件的使用如何快速超越单纯的监测，直至自动终止雇佣关系。然而，重要的是，雇主的指令不再需要明确的框架，即针对员工的指令：算法控制以多种方式行使，通常避免直接指令或明确的指示。⑤ 由于算法老板

---

① Gianclaudio Malgieri & Giovanni Comandè, *Why a Right to Legibility of Automated Decision-Making Exists in the General Data Protection Regulation*, 7 Int'l Data Privacy Law 243, 243 (2017).

② Sandra Wachter et al., *Why a Right to Legibility of Automated Decision-Making Does Not Exist in the General Data Protection Regulation*, 7 Int'l Data Privacy Law 1, 1 (2017).

③ See Commission Regulation (EU) 2016/679, art. 22 (2) (c).

④ See Council Directive 2001/23, art. 8, 2001 O. J. (L 82) 1, 19 (EC).

⑤ 算法控制机制的运作与史蒂文·卢克斯所说的"最有效和最隐蔽的权力使用"非常吻合。他认为，可以通过无数种方式来控制局面，无论是通过社会力量和制度实践的运作，还是通过个人的决定："严格地说，A 可以通过让 B 做他不想做的事来对 B 行使权力，但他也通过影响、塑造或确定他的真正需要来对 B 行使权力。事实上，让他人拥有你希望他们拥有的欲望——也就是说，通过控制他们的想法和欲望来确保他们顺从，这难道不是权力的最高运用吗？" Steven Lukes, Power: A Radical View, 27 (2005).

的出现，自动评级机制①、游戏化②和基于激励的"推动"机制③的使用，在控制大型、异类员工方面变得越来越有效，同时谨慎地避免了传统雇主控制的外观。④

亚历克斯·罗森布拉特（Alex Rosenblat）和卢克·斯塔克（Luke Stark）是最早对这种控制机制进行广泛研究的学者。他们证明了工作条件是如何轻易地被"公司通过应用程序部署的各种设计决策和信息不对称所塑造，从而对员工的日常工作进行'软控制'"⑤。尽管指令"被精心设计成间接的，大概是为了避免公司政策的出现"⑥，但它们可以实现与直接指令基本相同的结果：

> 个性化的衡量标准……培养了一种"对自己工作稳定性的高度个性化的责任感"，尽管劳动者对乘客如何与评级系统互动或（公司）如何评估评级系统的控制有限。根据设计，整个交互过程的系统责任被附加到（劳动者）个人身上。⑦

例如，当优步司机准备下班时，算法控制可以迅速介入。罗森布拉特和斯塔克展示了该应用程序是如何通过用带有高价图标的诱人的弹出信息提示司机的："你确定要离线吗？你所在的地区需求量很大。赚更多的钱，不要现在停下来！"⑧

为了抓取算法管理的全部范围，调整和发展我们所接受的控制的法律概念以涵盖更广泛的指令和控制是至关重要的。在 2015 年的一项判决中，作为正在进行的关于优步雇员分类诉讼的一部分，美国地区法院法官爱德华·M. 陈（Edward M. Chen）认识到了这一点，他发现：

> 优步的应用数据可以……用来持续监测司机某些方面的行为。这种

---

① See Tom Slee, What'S Yours Is Mine: Against the Sharing Economy (2015).

② See Matthew Bodie et al., *The Law and Policy of People Analytics*, 88 U. Colo. L. Rev. 962, 973 - 975 (2016).

③ See Rosenblat & Stark, *supra*, note 51, at 3761.

④ See Humans and Machines at Work: Monitoring, Surveillance and Automation in Contemporary Capitalism (Phoebe v. Moore et al. eds., 2017).

⑤ Alex Rosenblat & Luke Stark, *Algorithmic Laber and Information Asymmetries: A Case Study of Uber's Drivers*, 10 Int'l J. of Commc'n 3761.

⑥ Alex Rosenblat & Luke Stark, *Algorithmic Laber and Information Asymmetries: A Case Study of Uber's Drivers*, 10 Int'l J. of Commc'n 3775.

⑦ Alex Rosenblat & Luke Stark, *Algorithmic Laber and Information Asymmetries: A Case Study of Uber's Drivers*, 10 Int'l J. of Commc'n 3772.

⑧ Alex Rosenblat & Luke Stark, *Algorithmic Laber and Information Asymmetries: A Case Study of Uber's Drivers*, 10 Int'l J. of Commc'n 3768.

程度的监测，即司机在任何时候都可以被观察到，可以说使优步对司机表现的"方式和方法"有了极大的控制。[①]

算法管理带来的挑战不仅限于所提出的例子：另一个主要问题来自科技的可扩展性。泰勒主义失败的原因之一是监测和衡量每个劳动者的业绩所涉及的高交易成本。通过算法管理，额外雇员的边际监测成本是最小的。因此，在加州编写并在多个地点的云服务器上运行的软件，能够实时监测和制裁世界各地劳动者的行为。由此产生的管辖权问题本身就需要深入研究和辩论。

七、结论

算法管理的兴起，正在缓慢但肯定地成为围绕未来工作的学术分析和更广泛的政策辩论的焦点。这些话语模式让人想起早期的共享经济。我们再一次面临着截然不同的信息，将未来工作的前景与（通过算法完善的）剥削的可怕预测并列在一起。当然，在现实中，两种说法都有一定的真实性：我们应该非常警惕任何一方的支持者提出的简单的监管解决方案，无论是一方完全放松管制，还是另一方粉碎科技的勒德派幻想（Luddite fantasy）。

真正的挑战在于利用塑造未来工作的趋势中的明确潜力，同时确保在享有体面和可持续的工作条件方面没有人掉队。更重要的是，这要求我们避免落入科技决定论的陷阱：本文所确定的趋势都不是某种不可改变的逻辑的结果。历史证据有力地表明科技进步使工作更简单、更安全、更有效率。然而，与此同时，它也带来了滥用的可能性，从侵犯隐私的监视到不稳定的、高压力的工作。

因此，真正重要的是对机构、对监管选择的权力和路径依赖性的真正意识。我们的努力重点在哪里取决于法律和经济刺激措施，这些措施最终决定科技是否用于支持体面劳动，或者是否对体面劳动构成真正的威胁。希望本文强调的挑战将有助于朝着这一任务迈出几个第一步。

---

① O'Connor v. Uber Techs., Inc., 82 F. Supp. 3d 1133, 1151 (N. D. Cal. 2015).

同工同酬原则与生活工资原则概述 *①

［日］岛田阳一** 著

李帛霖*** 译

[摘要] 同工同酬是一个在薪酬理论、劳工运动、国际人权公约等国际文书和劳动法学中长期被谈论的术语,但该术语的内容并未达成共识。从历史角度来看,同工同酬中的同工一词是指同价值劳动,虽然往往会被解读为同等效率的工作或者同等职务,但其共同点在于会从确定报酬标准的因素中排除掉与提供的劳动无关的因素。这一原则最开始是以解决男女同工同酬问题为目的而提出的,因此它需要与解决以男性扶养者模式为原型的家庭扶养问题的生活工资原则来统一把握。两个原则之间的关系的表现形式取决于每个国家劳资关系中建立的工资决定框架和国家政策。

[关键词] 同工同酬 生活工资 家庭扶养 薪酬理论 生活保障

---

* 原题「同一労働同一賃金原則」と「生活賃金原則」に関する覚書,原载［日］岛田阳一等编:《法律对"尊严社会"的贡献——社会法和性别法之间的合作》,177－194页,东京,劳动旬报社,2019。本文中文摘要与关键词系译者根据文章内容归纳而成。本文系国家留学基金委2022年国家建设高水平大学公派研究生项目（留金选〔2022〕87号）、华东政法大学2022年度优秀博士学位论文培育项目（项目编号:2022-1-009）的阶段性成果。

** 岛田阳一,日本早稻田大学名誉教授,曾任早稻田大学副总长（2014—2018）。

*** 李帛霖,华东政法大学博士研究生,日本早稻田大学联合培养博士研究生。

① 收稿时间:2023年3月。

一、引言

今天，纠正所谓的正式员工（正规雇佣劳动者）和非正式员工（非正规雇佣劳动者）之间的待遇差异，不仅被视为重要的劳动问题，而且也是日本整个社会的一个重要问题。为解决这一问题，日本已经采取了相应的立法行动。首先是 2007 年修订了《关于改善非全日制劳动者雇佣管理等的法律》（以下简称《非全日制劳动法》）。① 对于有期雇佣劳动者②，日本于 2012 年对《劳动契约法》进行了修订，2014 年又对《非全日制劳动法》进行了修订。③ 此外，2018 年《关于制定推进工作方式改革的若干法律》（以下简称《工作方式改革法》）的修订，加速了这一趋势。④ 如此一来，正规雇佣劳动者和非正规雇佣劳动者之间的待遇差异问题在同工同酬的口号下全面展开。2016 年 12 月 28 日公布的《同工同酬准则草案》将同工同酬定义为"旨在消除所谓的正规雇佣劳动者（即无固定期限的全日制劳动者）和非正规雇佣劳动者（有期雇佣劳动者、非全日制劳动者和派遣劳动者）之间不合理的待遇差异"。而在《工作方式改革法》颁布后，2017 年 12 月 28 日制定的同工同酬准则⑤ 的正式名称是《关于禁止短时间、有期雇佣劳动者以及派遣劳动者不合理待遇的准则》，其目的是"确保公平待遇，无论其就业形态如何，进而实现日本的同工同酬目标"。这种同工同酬的术语并不是从最近的工作方式改革开始的。早在 2015 年 9 月，由包括日本民主党在内的三个在野党提出的议员立法法案《关

---

① 规定了"短时间劳动者"中"与普通劳动者同等待遇的短时间劳动者"和"普通劳动者"的均等待遇。这个规定在 2007 年制定当时，是《非全日制劳动法》的第 8 条，2014 年该法修正后，成了该法的第 9 条。

② 日本劳动法上的有期雇佣劳动者对应的是中国《劳动合同法》上签订固定期限劳动合同的劳动者和签订以完成一定任务为期限劳动合同的劳动者。

③ 2012 年规定了禁止固定期限劳动者与无固定期限劳动者相比的不合理劳动条件差异（《劳动契约法》第 20 条），2014 年《非全日制劳动法》也追加了与《劳动契约法》第 20 条宗旨相同的规定（《非全日制劳动法》第 8 条）。

④ 根据《工作方式改革法》，《非全日制劳动法》改称为《关于确保短时间劳动者、有期雇佣劳动者的待遇等的法律》（2020 年 4 月 1 日施行，中小企业 2021 年 4 月 1 日施行。以下简称《非全日制有期劳动法》），其中的均等待遇规定（该法第 9 条）也适用于有期雇佣劳动者。另外，《劳动契约法》第 20 条和《非全日制劳动法》第 8 条也被统合细化为《非全日制有期劳动法》第 8 条。关于派遣劳动者，也创设了其与用工单位的劳动者均等、均衡待遇的规定（《关于确保劳动者派遣事业的适当运营及派遣劳动者的保护等法律》（以下简称《劳动者派遣法》）第 30 条之三，2021 年 4 月 1 日施行）。关于整个修法过程，详见［日］水町勇一郎著：《同工同酬的全貌》，5 页以下，东京，有斐阁，2018。

⑤ 该准则是在早期的《同工同酬准则草案》的基础上制定的，其法律依据是《非全日制有期劳动法》第 15 条和《劳动者派遣法》第 47 条之十一。

于促进确保劳动者待遇符合其职务的措施的法律》已经获得通过,该法案也被称为《同工同酬推进法》。可以说,同工同酬已经成为纠正正规雇佣劳动者和非正规雇佣劳动者之间差距的基本法律原则,尽管在现行法条中没有使用这一表述。

需要强调的是,自21世纪初以来积极制定的关于改善非正规雇佣劳动者待遇的法律政策,从一开始就没有以实现同工同酬为宗旨。2007年修订的《非全日制劳动法》,没有在同工同酬的术语下讨论纠正正规雇佣劳动者和非正式雇佣劳动者之间的差距,而是在均等待遇或均衡待遇这样的术语① 下讨论。

同工同酬通常被普遍视为一个不言而喻的术语。这可能就是为什么它被用作工作方式改革的宗旨。神吉知郁子警示道,这种“通俗易懂的政治口号,虽然在推进工作方式改革方面有极大的好处,但也有让人对其内容产生误解的副作用”②。事实上,虽然同工同酬在工作方式改革中被定义为旨在消除正规雇佣劳动者和非正式雇佣劳动者之间不合理的待遇差异,但这一定义并不是一个自然形成的共识。

同工同酬是一个在薪酬理论、劳工运动、国际人权公约等国际文书和劳动法学中被长期谈论的术语,但在历史背景下,该术语的内容并未达成共识,而是被赋予了不同的含义。此外,在劳动法学方面,同工同酬并没有在实体法中明确规定,也没有被自然地认可为一项法律原则。在《非全日制劳动法》和《劳动契约法》不存在包含关于改善非正规雇佣劳动者待遇的具有民事效力规定的阶段,法院判决中往往会否认同工同酬原则的存在。③ 然而,可以说,同工同酬作为一个象征着纠正正规劳动者和非正规劳动者之间差异的口号正在被社会所接受,而不管其具体内容如何。在这种情况下,严格将同工同酬原则作为一种法律理论来研究,并确定它在多大程度上可以有效地纠正正规劳动者和非正规劳动者之间的差异,是一项重要的课题。而作为一个前提条件,劳工运动和薪酬理论中的同工同酬理论是不可或缺的。这是因为今

---

① 《非全日制劳动法》最初的目标之一是“确保非全日制劳动者和普通劳动者之间的均衡待遇”(第1条)。

② [日]神吉知郁子:《同工同酬原则与工资规制》,载《法律家》,2019年第1528号。

③ 日本长野地方法院上田支部1996年3月15日对“丸子警报器事件”([日]《劳动判例》第690号第32页)的判决意见虽然指出,在没有关于纠正正式员工和非正式员工之间差距的明确的实体法规的情况下,非全日制劳动者的工资低于正式员工80%的属于违反公序良俗且雇主需要对此进行损害赔偿,但该判决同时也否认了同工同酬原则的公序性。关于2007年《非全日制劳动法》修订前的判例情况,参见[日]大木正俊:《非全日制劳动与均等——均衡待遇》,载[日]土田道夫、山川隆一编:《劳动法的争论点》,158页,东京,有斐阁,2014。

天在国际人权公约和其他文书中所表述的同工同酬原则，是建立在成为法律规范之前的劳工运动和薪酬理论的成果之上的。

在第二次世界大战之后的一部关于同工同酬的早期著作的序言中，长沼弘毅写道："乍一看，'同工同酬'原则似乎是一个简单明了的原则。但从学术上讲，它是一个极其复杂的原则。为了充分理解它，有必要对一般的薪酬理论有高度认识。"[①] 诚然，当看到这句话时，笔者确实对这项研究多少感到有些陌生，但本文的目的就是为了完成这项研究。换句话说，本文的目的是将在劳动法学之外的关于同工同酬原则的讨论整理出来，作为塑造同工同酬原则法学理论的前提工作。但本文不会面面俱到，而是仅限于以下几点的阐述。

首先，探索同工同酬理论的根源。众所周知，同工同酬理论是作为男女同工同酬理论出现的。因此，笔者将展示同工同酬理论是如何在劳工运动中出现的，又是如何以1919年的《凡尔赛条约》为起点，在国际文书中被逐步确立的。正是在这一过程中，出现了"男女同价值劳动同等报酬"或"同价值劳动同等报酬"这样的表达，但对其具体内容却未作讨论。

其次，研究与同工同酬理论密切相关的生活工资原则。在薪酬理论中，与工资水平相关的生活工资原则早已与同工同酬原则一起被讨论。在研究同工同酬原则时，必须附带理解其与生活工资原则的关系。这是因为同工同酬理论的出发点是男女同价值劳动同等报酬，其着眼点是女性劳动者的低工资问题，这与工资水平理论不可分割。其中明确指出，如何在工资水平理论中定位家庭扶养费用是一个与理解男女同价值劳动同等报酬原则同样重要的问题，对于理解同工同酬理论也是如此。

最后，笔者将对这些讨论进行总结，并明确本文的后续研究课题。

二、同工同酬理论的出现及其具体内容

同工同酬理论的具体内容并非一个超时代的事物，而是经历了历史的演变。今天研究同工同酬理论的意义时，应该充分考虑到这一点。以下将对同工同酬理论的内容作一个简要的历史回顾。

众所周知，同工同酬理论最早是作为男女同工同酬理论出现的。时至今日，这两者虽然在劳动法学中往往被区分讨论，但要探寻同工同酬理论的内容，必须从男女同工同酬理论这一根源性理论的讨论着手开始。因此，我们

---

① ［日］长沼弘毅著：《论同工同酬》，序1页，东京，钻石社，1947。

要先看看男女同工同酬理论是如何出现的。[①]

(一) 劳工运动中男女同工同酬理论的出现

19 世纪末，女性劳动者在劳动力市场中的参与度不断提高，对成年男性劳动者构成了威胁。这是由于男性对劳动力市场的垄断所形成的偏见，以及女性劳动者在低廉的工资待遇下劳动进而导致的劳动条件恶化和就业机会丧失而产生的结果。早期，成年男性劳动者组建的工会所作出的反应通常是阻止女性侵占他们的工作，但这一策略并不奏效，也没有阻止女性劳动者群体的发展。因此，随着工会战略的转变，男女同工同酬理论出现了。[②] 由此可见，男女同工同酬原则最初有保护男性劳动者利益的一面，最初的男女同工同酬原则也并没有立即获得今天所认为的语义内容。

当时，劳动力市场是按性别划分的，男性和女性能够从事相同工作的领域极其有限。即使男性和女性在同一个工厂工作，一般也有明确的职责分工。只有在极少数情况下，男性和女性才从事同样的工作。在这个阶段，男女同工同酬的目的是为工会维持男性劳动者的工资标准。换句话说，当时男女同工同酬的重点是防止男性劳动者工资因女性劳动者的地位提高而下降。[③] 其背后的逻辑大概是，男性劳动者不会失去他们的工作场所，因为他们比女性劳动者更有效率。从这个意义上说，这一阶段的男女同工同酬原则可以说是男女同等效率劳动同等报酬原则。[④]

还应注意的是，从解决女性劳动者工资偏低问题的角度来看，在这个阶段，男性和女性的工作领域区别非常分明，男女同工同酬的原则只在极其有

---

① 该部分内容主要参考的成果有：[英]西德尼·韦伯、贝特丽斯·韦伯著，高野岩三郎监译：《产业民主》，599－613 页，东京，法政大学出版局，1969；[日]高岛道枝：《女性劳动、女性薪酬与经济理论——英国同工同酬理论史 (1)》，载《经济学论纂》，1994 年第 34 卷第 5－6 号；[日]高岛道枝：《女性劳动、女性薪酬与经济理论——英国同工同酬理论史 (2)》，载《经济学论纂》，1994 年第 35 卷第 1－2 号；[日]高岛道枝：《女性劳动、女性薪酬与经济理论——英国同工同酬理论史 (3)》，载《经济学论纂》，1994 年第 35 卷第 3－4 号；[日]高岛道枝：《女性劳动、女性薪酬与经济理论——英国同工同酬理论史 (4)》，载《经济学论纂》，1994 年第 35 卷第 5－6 号。

② 竹中惠美子在其论文中提出："男女之间的工资差别对工人阶级有多大的威胁，可以很容易地从男女同工同酬的要求被推动以防止工资下降的事实中推断出来。"参见 [日]竹中惠美子：《关于男女工资差别与男女同工同酬的考察》，载《经济学杂志》，1953 年第 29 卷第 3－4 号。

③ 不言而喻，男女同工同酬原则，并不仅仅是成年男性劳动者为防止其工资降低而主张的，而是从相同质量劳动力出现两个价格是不合理的这一观点出发，旨在消除这种经济不合理性。关于这一点，可参见 [日]氏原正治郎：《男女同工同酬》，载《日本劳动问题研究》，183 页以下，东京，东京大学出版会，1966。(该内容初见于 [日]劳动省妇女少年局《妇人劳动资料》1950 年第 6 号。遗憾的是，至今未能见到初稿原文。)

④ 这一历史沿革也可参见 [日]黑川俊雄著：《现代工资斗争理论》，199－206 页，东京，劳动旬报社，1977。

限的领域发挥作用，以作为消除女性劳动者工资过低问题的一种手段。一般来说，同工同酬原则也是如此。①

（二）《凡尔赛条约》中同价值劳动同等报酬原则的出现

在第一次世界大战期间，由于许多男性劳动力被派往战场，大大加快了女性劳动者进入男性劳动者岗位的步伐。这极大地促进了社会接受今天意义上的男女同工同酬理论的基础的形成，而不再是从过去的男性劳动力中心主义角度出发。

在这种背景下，一战结束后签订的《凡尔赛条约》（1919年）在第13编"劳动编"中规定了与男女同工同酬原则有着不同表达形式的男女同价值劳动同等报酬（该条约第427条）。而且，在之后的国际文书中，这一原则反复出现。在此，笔者想从历史角度探讨同工同酬原则的内容，追溯其在各个国际文书中的发展轨迹。

首次出现在《凡尔赛条约》中的同价值劳动同等报酬概念，与今天的同工同酬存在着区别。今天的同工同酬是具有法律原则性质的内容，在这一语境下，即使劳动者没有从事同样的工作，也可以对工资差别待遇提出质疑。然而，当时的同价值劳动同等报酬理念却并没有被视为一项法律原则。②

根据详细的研究，在《凡尔赛条约》的制定过程中，同工同酬一词被修改为同价值劳动同等报酬，这一修改并非是建立在同价值劳动同等报酬原则的今日意义上的。③ 也就是说，这一修改与《凡尔赛条约》第13编的其他条款的用语修改一样，是"缔约国多数同意的用语结果"④ 之一。具体来说，这一用语与当时英国政府的观点产生了摩擦。⑤ 因为英国政府的认识是以1918年英国内阁成立的"内阁女性劳动问题委员会"（War Cabinet Committee on

---

① 当然，这一问题不是本文的主题，因此不多赘述。不过，从克服女性劳动者工资偏低的角度来看，有必要采取措施来解决阻碍女性职业范围扩大的结构性因素，例如女性的家务劳动负担等。参见［日］竹中惠美子：《关于男女工资差别与男女同工同酬的考察》，载《经济学杂志》，1953年第29卷第3-4号。

② 在下面的叙述中，在需要区别于同工同酬表述的情况下，笔者将使用同价值劳动同等报酬来表示，但对于两者共同的问题，笔者将使用同（价值）工同酬来表示。

③ 参见［日］居城舜子：《凡尔赛条约中同工同酬的含义》，载《常叶学园大学研究纪要》，2009年第29号。

④ 参见［日］居城舜子：《凡尔赛条约中同工同酬的含义》，载《常叶学园大学研究纪要》，2009年第29号。

⑤ 参见［日］居城舜子：《凡尔赛条约中同工同酬的含义》，载《常叶学园大学研究纪要》，2009年第29号。

Women in Industry) 的男女同工同酬报告书① 为基础的。②

高岛道枝对英国的同工同酬理论进行了详细的历史研究，她在对阿特金委员会报告（多数派报告）③ 的分析中写道："同工同酬严格理解为'相同或类似劳动的同等计件工资率'这一最狭隘的意义。在男女之间存在效率差异的情况下，如果不论效率差异，在同等计时工资率意义上的同等薪酬原则反而会导致女性被排除在职场之外。另外，'同酬'概念中所包含的最广义的不同种类劳动之间同价值劳动的意义，是他们没有想到的。"④

即使在男女从事同一或类似的工作时实行同工同酬，但对于什么是同酬，当时有两种思路，这两种思路与劳动者的工作效率有关：（1）不考虑效率平等性而为同一劳动支付同等的报酬，这一思路侧重于按照平等的工作时间支付平等的工资；（2）将同工解释为具有同等效率的工作，与为此支付同等薪酬这一点形成对应。阿特金委员会报告认为，如果采用思路（1）这种侧重于同一计时工资计算方法的思路，那么工作效率低的女性劳动者最终会被排除在职场之外，因此思路（2）中将同工视为同等效率的工作是合理的。⑤

应该指出的是，在《凡尔赛条约》的基础上制定的《国际劳工组织章程》重述了该条约第 427 条规定的劳动条件原则，但从今天来看，国际劳工组织的这一原则在男女同价值劳动同等报酬方面存在着较大差异。换句话说，该章程没有提到男女同价值劳动同等报酬，而只是承认同价值劳动同等报酬原则。人们似乎难以详细解释为什么《国际劳工组织章程》当时采用的是同价值劳动同等报酬而非男女同价值劳动同等报酬，但可以认为，这意味着同价值劳动同等报酬在当时是一种简称，是男女同价值劳动同等报酬的同义词，而不是像今天这样以区别于男女同价值劳动同等报酬的方式描述。

另外，《凡尔赛条约》的法文版使用了与英文版的"同价值劳动"（for work of equal value）相同的表述，即"pour un travail de valeurégale"。而《国际劳工组织章程》的法文版使用的却是"à travail égal"（相同劳动），但其英文

---

① 该委员会以委员长阿特金（J. R. Atkin）的名字命名，通称"阿特金委员会"（Atkin Committee）。本文将该委员会的报告称为"阿特金委员会报告"。

② 参见 [日] 居城舜子：《凡尔赛条约中同工同酬的含义》，载《常叶学园大学研究纪要》，2009 年第 29 号。林弘子在其著作中也谈到了这一点，参见 [日] 林弘子：《劳动基准法第 4 条与"男女同酬原则"的法律问题》，载《经营与劳动法务的理论及实务》，375 - 378 页，东京，中央经济社，2009。

③ 阿特金委员会报告分为多数派报告和贝特丽斯·韦伯委员一人主张的少数派报告。

④ [日] 高岛道枝：《女性劳动、女性薪酬与经济理论——英国同工同酬理论史（4）》，载《经济学论纂》，1994 年第 35 卷第 5 - 6 号。

⑤ 参见 [日] 高岛道枝：《女性劳动、女性薪酬与经济理论——英国同工同酬理论史（4）》，载《经济学论纂》，1994 年第 35 卷第 5 - 6 号。

版和《凡尔赛条约》一样，使用的是"for work of equal value"。虽然不清楚《国际劳工组织章程》的法文版为何使用这一表述，但笔者认为，这表明在 1919 年这个阶段，同价值劳动的含义并没有被有意识地与同工区分开来使用。

（三）此后的国际文书中的同价值劳动同等报酬

关于后来的国际文书中的同价值劳动同等报酬。国际劳工组织在 1944 年 5 月为迎接二战后的世界而通过的《费城宣言》随后被附在《国际劳工组织章程》之后，该宣言没有直接提到同价值劳动同等报酬，而是规定了一项禁止一般性歧视的规定："每个人，无论其种族、信仰或性别，都有权在自由和尊严、经济保障和机会均等的条件下，追求物质福利和精神发展。"[1] 而 1948 年的《世界人权宣言》指出："人人有权不受任何歧视地从事同等价值的劳动，并获得同等报酬。"（Everyone, without any discrimination, has the right to equal pay for equal work.）[2] 这表明，同价值劳动同等报酬适用于所有类型的社会性歧视，而不仅仅是性别歧视。联合国在 1966 年通过的《经济、社会及文化权利国际公约》第 7 条规定，"公平的工资和同价值劳动同等报酬而没有任何歧视，特别是保证女性享受不差于男性所享受的劳动条件，并享受同工同酬"。

（四）同工的具体内容

同工同酬原则中的同工一词渐渐被理解为同一职务。例如，《同酬公约》（Equal Remuneration Convention）第 3 条第一款规定，"在有助于本公约各项条款的实施时，应采取各种措施，以促进根据所从事的劳动对各种职务进行客观评定"。《同酬建议书》（第 90 号建议书，1951 年）中，虽然保留了"在适当情况下，考虑促进按照男女劳动者同价值同等报酬的原则确定报酬率的目标"，但是也要求加盟国"建立或鼓励建立通过职务分析或其他程序对应当完成的工作进行客观评估的方法，以便对劳动力进行不论性别的职务分类"（第 5 条）。

这一趋势也强烈地反映在国际劳工组织请愿审查委员会在其对日本政府关于《同酬公约》中的男女同价值劳动同等报酬原则的审查报告（2011 年 11 月 1 日）的结论中。[3]

---

[1] 根据国际劳工组织下属的国际劳动基准局和国际劳动条件平等局共同编写的《同等报酬入门指南》第 13 页，《费城宣言》的一部分可以理解为对《国际劳工组织章程》中同价值劳动同等报酬的确认。顺便提一句，该书中的"equal pay"是指男女同等报酬。此外，国际劳工组织于 1951 年通过了《同酬公约》（第 100 号公约，日本于 1967 年批准），规定了男女同价值劳动同等报酬。关于这一公约的现代意义，可参见［日］浅仓睦子著：《雇用差别禁止法制的展望》，19 页以下、508－509 页，东京，有斐阁，2016。

[2] 日本外交部将"the right to equal pay for equal work"暂译为"就同等劳动获得同等报酬的权利"。

[3] 关于这一点，参见［日］浅仓睦子著：《雇用差别禁止法制的展望》，19 页，东京，有斐阁，2016。此外，关于《同酬条约》，参见［日］浅仓睦子著：《劳动法与性别》，69 页以下，东京，劲草书房，2004。

可以看出，从逻辑上说，同工同酬似乎是从确定工资标准的因素中排除了与劳动无直接关系的因素。

（五）小结

如上所述，由于对成年男性劳动者工资降低的担忧，男女同工同酬被搬上了舞台。在国际上，1919 年《凡尔赛条约》将其表述为男女同价值劳动同等报酬，在二战后，这一原则已不仅适用于性别，还适用于以社会属性（例如种族、信仰、性取向等）为理由的收入差别待遇。①

国际文书中的术语演变说明，同价值劳动同等报酬的原则是作为男女同价值劳动同等报酬原则的发展而出现的。然而，《经济、社会及文化权利国际公约》对任何形式的歧视一词是否包括雇佣形态，并没有明确说明。

此外，也可以这样说，同工同酬原则中的同工一词无论被视为同等效率的工作还是同等职务，在任何情况下，原则上都会从确定报酬标准的因素中排除掉与提供的劳动无关的因素。

三、男女同工同酬理论与生活工资原则

（一）国际文书中的生活工资原则

如前所述，在同工同酬理论出现的时候，男女之间存在着明显的职务差距，成年男性劳动者基本上垄断了高薪工作。因此，女性劳动者的薪酬比男性低得多。对于男性劳动者工会来说，他们担心的是，在一个由男性劳动者主导的劳动力市场上出现廉价女性劳动力，会导致男性劳动者的工资被迫降低。这种说法是基于女性劳动者的收入低于男性的自然假设。在回顾男女同工同酬理论的历史时，这一点至关重要。这是因为，根据高岛道枝的说法，在采用职务薪酬制度的欧洲和美国，"男女同工同酬必须面对的理论是'男性薪酬理论'（基于男性有责任养活他们的妻子和孩子这一社会观念，男性的收入应该能够养活他们的家庭）"②。这意味着，同工同酬原则具有与后述的生活工资原则相对立的一面。

当时较为普遍的观点认为，男性的收入是用于养家糊口的，因此男女之间的收入差距是正当的。③ 尽管这一观点在今天没有得到支持，但在同工同酬理论

---

① 从上述文字的变迁中未必可以清楚地看到，但同价值劳动这一概念逐渐获得了涵盖不同职务内容的劳动之间的工资差距的含义。这一问题虽然重要，但并非本文的直接主题，所以在此不作讨论。

② ［日］高岛道枝：《女性劳动、女性薪酬与经济理论——英国同工同酬理论史（1）》，载《经济学论纂》，1994 年第 34 卷第 5－6 号。

③ 参见［日］竹中惠美子：《关于男女工资差别与男女同工同酬的考察》，载《经济学杂志》，1953 年第 29 卷第 3－4 号。

中，如何从工资水平的角度来定位家庭扶养问题是一个重要的问题。因此，在回顾国际文书中关于工资水平原则的表述时，需要探讨家庭扶养费用的地位。

《凡尔赛条约》第427条规定了一项与男女同价值劳动同等报酬原则并列的关于劳动条件的原则，即"向雇员支付足够的工资，以维持其在该国和当时的合理生活标准"。《国际劳工组织章程》还在承认同价值劳动同等报酬原则的同时，规定了要"支付合理的生活工资"。

《费城宣言》指出，国际劳工组织政策的义务是保证"最低生活工资"。《世界人权宣言》还指出："所有劳动者都将得到公正有利的报酬，以保证他本人和家属过上符合人的尊严的生活，并且在必要时可以通过其他社会保护手段得到补充。"《经济、社会及文化权利国际公约》规定："劳动者及其家属享有符合本公约的体面生活。"

回顾上述国际文书，可以发现，在男女同（价值）工同酬的同时，被称为生活工资原则的关于工资水平的原则一直被提及。[1] 但从这些表述中并不清楚在确定工资水平时考虑了哪些因素。《凡尔赛条约》中表示为"维持当时和该国合理生活水平的工资"；《国际劳工组织章程》中表示为"支付合理的生活工资"；《世界人权宣言》及《经济、社会及文化权利国际公约》明确规定，其内容不仅包括劳动者个人的生活，还包括维持家庭生活。可以说，在这个阶段的生活工资原则中，当然包括了家庭扶养费用。这意味着，生活工资原则和禁止任何差别待遇的同价值劳动同等报酬原则一样，都是社会性人权的内容之一。

（二）薪酬理论中的生活工资原则和同工同酬原则

合理的生活工资是一个能使劳动者持续提供劳动，即劳动者能够进行劳动力再生产的工资水平。这里的劳动力再生产"不能说成是劳动者生活保障"[2]。氏原正治郎称这是薪酬理论中的生活工资原则。下面，笔者将通过氏原的观点，探讨薪酬理论中生活工资原则和同工同酬原则之间的关系。

生活工资原则指出，就劳动力再生产的水平而言，"劳动者的生活不是劳动者一个人的生活，还包括其家庭。而且，劳动者的子女也是未来的劳动力，所以劳动力再生产的成本，或者说保证劳动者生活的成本，自然包括他们家庭的生活"[3]。

当然，氏原笔下的生活工资原则并不否认"需要抚养许多家属的劳动者，

---

① 长沼弘毅的书中使用了"生活必要原则"这一表述。参见［日］长沼弘毅著：《论同工同酬》，7页，东京，钻石社，1947。

② 参见［日］氏原正治郎：《男女同工同酬》，载《日本劳动问题研究》，193页，东京，东京大学出版会，1966。

③ ［日］氏原正治郎：《男女同工同酬》，载《日本劳动问题研究》，193页，东京，东京大学出版会，1966。

仅凭其获得的个人工资会生活贫困,或者在相反情况下劳动者会生活充裕",因为他"从不认为每一个劳动者都可以靠其工资正常生活",也没有说"工资应该根据每个劳动者的需要来支付"。氏原笔下的生活工资原则并非停留在保障单个劳动者的具体工资金额的层面,而是从"除非支付给某一职业的劳动者的工资总额足以保证包括那些失业者在内的所有劳动者的生活,否则就很难实现劳动力再生产"的角度考虑了工资总额。

从生活工资原则中可以看出,工资水平"仅仅保证了一个拥有标准家庭的劳动者的生活",并包含了"与实际生活需求的矛盾"。这一矛盾被设想为由劳动者个人储蓄、社会保险和公共生活保障来解决。

换句话说,生活工资原则是一个规制工资总额的原则,而给劳动者个人的分配则是另一个问题。这种分配的基本原则被整理为同工同酬原则。在这个意义上,薪酬理论中的生活工资原则和同工同酬原则这两个系谱,可以说是统一把握的。①

(三) 工资水平理论中家庭的模型与男女同工同酬理论

当生活工资原则以上述方式被概括整理时,至少从今天的角度来看,自然会产生一个问题,即该原则所设想的家庭的形象是不是所谓的"男性养家模式"②。由于基于生活工资原则的工资水平是对有标准家庭的劳动者的生活保障,如上所述,在计算具体标准时,"作为必然的结果,不得不引入标准家庭的概念"③。一个不可否认的事实是,这种标准家庭一般都假定家里有一个主要的负责养家糊口的人,实际上就是我们今天所知的"男性养家模式"④。

的确,在家庭中养育下一代劳动者是必要的,家庭无疑是再生产下一代的社会单位。当一个家庭单位中只有一个负责养家的劳动者时,其工资水平

---

① 以上内容均参见 [日] 氏原正治郎:《男女同工同酬》,载《日本劳动问题研究》,195-196页,东京,东京大学出版会,1966。(然而,应该注意的是,这里并没有讨论男女同工同酬原则。)

② 高岛道枝在其论文(《女性劳动、女性薪酬与经济理论——英国同工同酬理论史(2)》,载《经济学论纂》,1994 年第 35 卷第 1-2 号)中批判了古典经济学派以及马克思等人将家庭扶养费用包含在男性劳动者工资中的观点。这一批判意见与氏原正治郎提出的生活工资原则也有一定关联。

③ [日] 氏原正治郎:《男女同工同酬》,载《日本劳动问题研究》,113 页,东京,东京大学出版会,1966。(该内容初见于 [日] 劳动省劳动教育课《劳动教育》1952 年 2 月号(日本劳政协会),但未见原文。)

④ 根据长沼弘毅著作([日] 长沼弘毅著:《论同工同酬》,10 页,东京,钻石社,1947)中的内容,"标准家庭理论是由澳大利亚联邦调解法院院长希金斯先生于 1907 年首次提出的"。这里的标准家庭规模被定义为一个五口之家:一个男性劳动者、他的妻子和三个孩子。关于标准家庭理论的更多信息,详见 [日] 长沼弘毅著:《生活工资与家庭补贴制度》,76 页以下,东京,钻石社,1947。根据该书第 125-126 页的内容,五口之家的标准家庭理论被批评为不符合事实。然后该书介绍了关于标准家庭中的"标准"究竟应该是以(夫妻)两人("两人标准"理论)还是单身者为基准的讨论,长沼弘毅的结论是应该以单身者为标准,家庭津贴应该按照实际家庭成员的数量支付。

自然包含维持家庭生活；但当一个家庭单位中有一个以上的劳动者时，即一对夫妻都有工作时，这种说法似乎就不太妥当了。这主要是基于对男女同工同酬原则和生活工资原则之间的关系（而非前文所提到的薪酬理论中的同工同酬原则）的考虑，因为如果夫妻俩一起从事同样的工作，就会出现分配不公平的问题。

虽然在《经济、社会及文化权利国际公约》和其他文书的起草过程中所预设的家庭模型究竟是怎样的今后还需讨论，但不能排除家庭扶养费用在生活工资中的地位在《经济、社会及文化权利国际公约》中可能仍未得到解决。考虑到其颁布日期为 1966 年，当时可能是为家中有男性扶养者的家庭而设。

（四）家庭扶养费用与同工同酬理论

如前所述，同工同酬理论的原则是在决定工资水平的要素中排除与劳动无关的要素，在这种情况下，劳动者的家庭扶养费用该如何定位呢？反过来想想，男性工资比女性工资高的主要理由，正是因为男性要抚养家庭，而女性没有这个必要，所以女性工资较低也有其合理性。由此可见，为了从整体上理解男女同（价值）劳动同等报酬原则和生活工资原则，如何定位家庭扶养费用就变得至关重要。

在此，我们来介绍一下男女同工同酬理论所倡导的两个方向。

第一个方向是，将家庭扶养费用从工资中分离出来，用公共补贴形式进行替换。例如，高岛道枝提出，贝特丽斯·韦伯倡导的男女同工同酬是基于这样一种中心思想，即"排除一切差别待遇，以个人为单位，根据各种职务所要求的努力程度和需求制定'职务工资'标准，对于无法工作的成人、儿童和其他未成年人，由国家承担扶养责任"[1]。确实，不用看今天日本的状况就知道，从国家人口政策的视角来看，家庭扶养这一话题具有浓厚的社会性，不依靠劳动获得的工资而是通过公共给付来应对，这是一个解决方法。《世界人权宣言》在保障"公正和有利的报酬，以保证个人和家庭过上符合人的尊严的生活"的基础上，还规定"在必要时，可由其他社会保护手段加以补充"（第 23 条第 4 款）这一点也可以预示了这一方向。然而，纵观国际劳工组织关于男女同价值劳动同等报酬的第 100 号公约，其中并没有具体的条款表现这一点。[2]

---

① ［日］高岛道枝：《女性劳动、女性薪酬与经济理论——英国同工同酬理论史（4）》，载《经济学论纂》，1994 年第 35 卷第 5－6 号。

② 只有 1950 年的《同酬建议书》（第 90 号建议书）中才规定"建立福利和社会设施，以满足女性劳动者，特别是有子女需要抚养的女性劳动者的需要"（第 6 条 a 项），作为提高女性劳动者生产效率的措施之一，以促进同价值劳动同等报酬原则的实施。

总而言之，家庭扶养费用从工资中剥离的这一方向，与同工同酬原则是一致的，但涉及社会保障的制度建设问题，因此在尚未实现的阶段。家庭抚养费用和工资水平问题在理论上仍是悬而未决的问题。①

第二个方向是放弃基本工资中所谓的"标准家庭"的概念，以单身者的再生产费用为最低标准，并通过提供家庭津贴来处理家庭扶养问题。② 对于基本工资而言，这个方向满足了男女同工同酬的原则，而且，一个人如果是单身者，这也恰好同时符合生活工资原则。然而，从逻辑上讲，劳动者从雇主那里获得了基本工资作为劳动对价，但为什么又要求其支付家庭扶养费用，这一点并不清楚。雇主可以将家庭津贴的支出合理化为一种恩惠或福利支出，以鼓励劳动者长期服务，但它不会被认为是应该作为工资且理所当然支付的成本。雇主在基本工资和家庭津贴之间分配人工成本的事实，也可能意味着支付的家庭扶养费用是以牺牲单身劳动者为代价的，从而导致基本工资的相对下降。在任何情况下，将家庭扶养费用从作为劳动对价的工资计算中完全排除是否合适，仍然是一个需要进一步考虑的问题。

（五）小结

根据上述分析可以确认，对同（价值）工同酬原则和保障劳动者及其家庭的符合《经济、社会及文化权利国际公约》的合理生活的工资水平（生活工资原则）进行统一理解作为理论问题，在今天仍未得到充分澄清。

在薪酬理论中，生活工资原则源于工资必须处于能够实现劳动力再生产的水平这一认识。根据这一观点，"如果劳动力市场上某一特定劳动力的价格最终不足以维持劳动者的生活，那么劳动者的自我调节作用将降低其效率，他的健康将因过劳和营养不足而受到损害，他的技能将因缺乏教育和培训而降低，那么整个经济就无法正常地发展"。并且，"劳动力再生产成本，或者说，劳动人民的生活需求，根据产业社会所需要的熟练程度和体力程度而不同"。"因此，劳动能力的再生产成本，或者说，劳动者的生活需求也是不同的"。在这种生活工资理论中，"工资因劳动而异是理所当然的"③。在这里，工资是特定劳动的对价，而不是一种具体的生活保障。根据上述关于薪酬理论的讨论，未来的一个问题是如何在劳动法学中对同工同酬原则和生活工资原则进行统一理解。

---

① 不言而喻，所得税中的家庭扶养扣除也有类似的功能，但我们在此不作讨论。

② 参见［日］长沼弘毅著：《论同工同酬》，序14页，东京，钻石社，1947；［日］长沼弘毅著：《生活工资与家庭补贴制度》，76页，东京，钻石社，1947。

③ ［日］氏原正治郎：《男女同工同酬》，载《日本劳动问题研究》，112页，东京，东京大学出版会，1966。

四、代结语

本文对同工同酬原则进行了追根溯源的研究，确认它是作为男女同（价值）工同酬原则的发展而出现的，虽然对同工的内容有不同的理解，但在理念上将提供的劳动以外的要素排除在决定工资水平的要素之外是其基本特征。而同工同酬原则，至少在不允许社会性歧视的意义上，已经在《经济、社会及文化权利国际公约》和其他文书中被规定为一项社会人权。

然而，不仅是同工同酬原则被承认为与工资有关的社会人权，还有关于工资水平的生活工资原则。生活工资原则指出，工资水平应保证劳动者及其家庭的合理生活标准，但其包含的家庭扶养费用又与具体劳动无直接对价关系，因此在这一点上其往往与同工同酬原则的统一性存在疑问。事实上，生活工资原则假定家庭中只有一个（男性）主要收入者，其本身就被批评为男性扶养者模式。

然而，即使男性扶养者模式被否定，将家庭扶养费用完全排除在工资水平之外是否合适是另一个问题，而且仍然是一个未被解决的问题。

本文只是对同工同酬原则和生活工资原则进行一般性讨论。这两个原则之间的关系将以不同的方式表现出来，这取决于每个国家劳资关系中建立的工资决定框架和国家政策。

众所周知，二战后，日本正式员工的工资形式以"电产型工资制度"① 为象征，即"工资数额必须能够满足劳动者全家的生活，因此工资数额会随着劳动者的年龄或工龄而增加"②，也就是所谓的生活薪酬。这个生活薪酬平等

---

① 电产型工资制度是日本二战后初期的工资制度。战后日本的工会运动开始活跃，其中，工资问题成为劳资斗争的核心问题。工会关于工资数额的确定应以生活费用为基础的主张开始广泛传播。这种以生活保障为目的的工资结构被称为"电产型工资"。之所以这样命名，是因为它最早是由日本电力产业工会联合会发起的，该联合会是由日本电力企业内部工会联合成立的。1946年，日本电力产业工会联合会向日发公司和9家配电公司提交了书面请求，并开始了"电产型工资体系"的谈判。在一次停电罢工后，该案转由日本中央劳资关系委员会进行调解结案。调解后的具体内容是按照工会的书面要求，在谈判和调解过程中修正每个工资项目的金额标准。具体而言，工资的约44%的比例由劳动者年龄决定，约4%的比例由工龄决定，约19%的比例由家庭成员数量决定。就当时的男性职员而言，家庭成员的数量与年龄密切相关，因此劳动者工资的约67%的比例由其年龄和家庭状况决定。这意味着工资是一种重视生活花费的生活保障形式。随着这种电产型工资的普及，蓝领工人的工资也从日结工资和计件工资转变为固定的月工资制度。因此，在战后严峻的经济条件下，这一以保证生计为目的的工资制度对劳资关系的稳定产生了极大的作用。具体参见［日］笹岛芳雄：《生活薪酬——生活薪酬的源流与发展》，载《日本劳动研究杂志》，2011年第609号。

② ［日］远藤公嗣著：《今后的工资》，74页，东京，劳动旬报社，2014。

地适用于所有劳动者。其前提是"所有劳动者作为生活者都是平等的"①。但日本的生活工资与本文介绍的生活工资原则理念有很大不同，因为后者直接关注的是"不从事劳动的一般生活者的最低生活需求问题"②。

在这种日本式生活薪酬的背景下，本文的后续任务是研究同工同酬原则如何在劳工运动、薪酬理论和劳动法学中被讨论和接受。

---

① 〔日〕氏原正治郎：《男女同工同酬》，载《日本劳动问题研究》，111 页，东京，东京大学出版会，1966。

② 〔日〕氏原正治郎：《男女同工同酬》，载《日本劳动问题研究》，114 页，东京，东京大学出版会，1966。

青年法苑

人工智能的职业替代风险：异化、冲击与回应①

钟晓雯*

目次

[摘要]　　人工智能职业替代风险的核心并非社会工作岗位的数量问题，而是人工智能可能导致大规模的结构化失业，人工智能创造新就业机会的速度可能无法跟上就业机会被破坏的速度，基于自由市场力量形成的新的就业机会可能无法实现分配正义。人工智能的职业替代风险对劳动法主体制度、收入分配制度、解雇制度、职业培训制度和社会保障制度造成了冲击。为此，需要在"去人类中心主义"的理念下深入探索人工智能的劳动法主体问题，建立人工智能技术红利机制，扩张人工智能下解雇制度的适用范围，从职业培训的对象、内容、方式以及评估四个方面完善人工智能职业培训制度，在社会保障制度上探索全民基本收入模式。

[关键词]　　人工智能　劳动法主体　收入分配　解雇　职业培训　社会保障

　　人工智能技术的发展在变革经济结构、产业结构、就业结构的同时，在创造新的就业岗位之前对传统工作岗位、职业造成了冲击，引发了社会对于

---

　　* 钟晓雯，女，西南政法大学民商法博士研究生，研究方向：网络法、民法。本文系国家社科基金重大项目专项"社会主义核心价值观融入智慧社会法治建设的理论模型与实践进路"（项目编号：20VHJ009）的阶段性成果。
　　① 收稿时间：2021 年 6 月。

人类工作被机器取代的担忧,形成人工智能的职业替代风险。人类工作被机器取代的担忧,并不是智能时代所独有的现象,而是经济史上反复出现的议题。当一项新技术使以前由工人完成的一系列任务自动化时,就产生了"机器换人"的现象。自动化过程提高了总生产率,机器能够比先前执行任务的工人更快、更好、更便宜地完成任务。① 2013 年以来,人类被机器取代的工作数量一直是众多研究、调查、专栏和政策文件的讨论主题。部分研究结果对人工智能引发的职业替代风险表示担忧。牛津经济研究院认为,机器人的兴起在提高生产力、促进经济增长,创造新的就业机会的同时,也将导致许多行业的现有商业模式受到严重破坏,数以百万计的现有工作岗位流失,预计到 2030 年将失去多达 2 000 万个制造业工作岗位。② 市场调研公司Forrester 预测到 2030 年,人工智能的发展将导致 29% 的工作岗位减少,而只有 13% 的工作岗位可以作为填充。③ 也有其他研究结果对此给予了积极的看法。世界经济论坛发布的报告《2018 年工作的未来》指出,人工智能、机器人技术和自动化将取代 7 500 万个工作岗位,但可能会创造 1.33 亿个新工作岗位:净增 5 800 万个工作岗位。④ 麦肯锡全球研究所经研究认为,在全球范围内,如果经济增长、创新和投资充足,就可以创造足够多的新就业机会来抵消自动化的影响,尽管在一些发达经济体中,需要额外投资来降低就业短缺的风险。在美国,到 2030 年,就业将实现净增长。⑤ 可见,因人工智能广泛应用产生的职业替代风险已经受到全球的关注。

一、人工智能职业替代风险的异化

综观历史,尽管前几次工业革命期间的技术创新也引起了人们对于社会职业替代风险的担忧,但并未形成大规模失业,反倒是科技创新使得经济活

---

① 参见吕建强、许艳丽:《重新发现人类劳动的价值:智能时代的职业变迁与职业教育应对》,载《成人教育》,2021 年第 2 期。

② See Oxford Ecnomics. How Robots Change the World, Oxford Ecnomics (June 18th, 2021), https://www.oxfordeconomics.com/recent-releases/how-robots-change-the-world.

③ See Forrester. The Future of Work Is Dynamic and Adaptive, Forrester (June 18th, 2021), https://go.forrester.com/press-newsroom/future-of-work/.

④ See British Broadcasting Corporation News. WEF: Robots "Will Create More Jobs than They Displace". British Broadcasting Corporation News (June 18th, 2021), https://www.bbc.com/news/business-45545228.

⑤ See McKinsey Global Institute. The Future of Work in America: People and Places, Today and Tomorrow. McKinsey Global Institute (June 18th, 2021), https://www.mckinsey.com/featured-insights/future-of-work/the-future-of-work-in-america-people-and-places-today-and-tomorrow.

动中出现了更多的、新的就业机会。故而虽然短期内人工智能可能影响部分常规性的、重复性的工作，但长期来看，人工智能对就业的消极作用将会被积极作用抵消。这也是部分学者对于人工智能时代的职业替代风险抱以积极态度的根源。但人工智能导致的职业替代风险并非危言耸听，尽管科技创新在导致失业风险的同时，可能也会创造出更多的、新的就业机会，但人工智能职业替代风险的核心并非社会工作岗位的数量问题，而是以下三方面的问题：一是人工智能可能导致大规模的结构化失业；二是人工智能创造新就业机会的速度可能无法跟上就业机会被破坏的速度；三是基于自由市场力量形成的新的就业机会可能无法实现分配正义。

（一）人工智能可能导致大规模的结构化失业

人工智能对不同部门、不同技能的岗位将会产生不同的替代效应。对于高技能工作而言，人工智能技术的发展反而使其工作需求更加旺盛且薪水高昂。例如：人工智能架构师、人工智能算法工程师等岗位会随着人工智能应用领域的拓宽而增加需求量。但对于低技能工作而言，尤其是制造业与服务业，人工智能技术下的机器自动化程度日趋提高，足以取代重复、简单的机械化人力劳动。当然，人工智能与低技能劳动力也不完全是替代与被替代的关系，也有可能互补，形成高技能劳动力，盖因在生产与传统服务业中有一部分低技能劳动力难以被替代，如护理、家政等基本服务。但从整体而言，未来人工智能仍主要是用来替代低技能劳动力。对于中等技能工作而言，大多数工厂和办公室的中等技能工作由于相对可预测且极有可能实现自动化而受到挤压并减少工作岗位。[1] 2017 年联合国在其发布的《AI 技术革命对劳动力市场和收入分配的影响》报告中，也预期手工和认知工作中的中低技能工作人员将面临来自更有能力的机器和人工智能软件的进一步压力。[2] 概言之，人工智能可能导致大规模的结构化失业，具体而言，即人工智能主要替代低技能劳动力，中等技能劳动力可能因自动化而受到挤压并减少工作岗位，高等技能劳动力则因科技创新需求增大，如此一来，中低技能劳动者将面临人工智能带来的职业替代风险。

（二）人工智能创造新就业机会的速度可能无法跟上就业机会被破坏的速度

虽然人工智能在替代某些职业的同时也会创造出新的就业机会，但人工智能对就业机会的破坏是迅速的，甚至超越创造新的就业机会的速度。这源

---

① See Christman John, Autonomy in Moral and Political Philosophy, Stanford Encyclopedia of Philosophy (Mar. 23, 2021), https://plato.stanford.edu/archives/spr2018/entries/autonomy-moral/.

② 参见腾讯研究院法律研究中心：《联合国〈AI 技术革命对劳动力市场和收入分配的影响〉》，见腾讯研究院网，http://www.tisi.org/Public/Uploads/file/20171116/20171116162712_12693.pdf，访问日期：2021 年 6 月 20 日。

自以下四方面的原因：第一，简单、重复的机械化人力劳动在社会中占比较大。《2020年度人力资源和社会保障事业发展统计公报》的数据显示：在就业人员方面，全国第一产业就业人员占23.6%，第二产业就业人员占28.7%，第三产业就业人员占47.7%；在职业技能方面，全年共有1 195.8万人次参加职业技能鉴定和职业技能等级认定，962.6万人次取得职业资格证书或职业技能等级证书，其中25.8万人次取得技师、高级技师职业资格证书或职业技能等级证书。① 上述数据直观显示出，我国从事第一产业和第二产业的就业人员过半数，取得专业职业技能证书的人员不多，亦即侧面反映了当前社会工作仍然主要为简单、重复的机械化人力劳动，而人工智能主要替代的就是此类中低技能劳动力。如此一来，因人工智能导致的中低技能失业劳动者数量必然比较庞大。第二，市场竞争驱使企业快速实现自动化。人工智能的自动化程度能够以近乎边际的成本完成上述工作，在当前市场竞争激烈的情形下，企业将被迫在短期内实现自动化，这意味着人工智能时代下的结构性失业问题将会比人类历史上的任何一次工业革命时期都来得更快。第三，人工智能的自主学习性使得可替代的职业范围快速扩大。当前人工智能主要替代简单、重复的机械化人力劳动，对于需要概念化、战略性、策略性和创造性的高技能劳动力的替代风险较小。但人工智能作为可以感知外界环境、具有自主学习能力的智能系统，发展速度难以为人类所掌控和预测，可替代的职业范围也将快速扩大。第四，早期的人工智能技术难以立即大幅度提升生产力，并创造大量的新就业机会。例如在第一次工业革命期间，早期的纺织机器取代了许多工匠，但并未显著提高生产率，1830年后，生产率和新的就业机会才加速增长。因此，基于上述理由，人工智能创造的新就业机会的速度可能无法跟上就业机会被破坏的速度。此外，还需要注意的是，城市与城市之间的经济、科技、文化等方面的发展差异也可能导致人工智能创造或破坏就业机会的程度在不同城市间存在失衡。

(三) 基于自由市场力量形成的新的就业机会可能无法实现分配正义

从弱者保护的制度脉络来说，分配正义的实现，是改变弱者地位最为直接也最为关键的一步。② 罗尔斯将分配正义表述为"具体规定着平等基本权利和自由的正义原则"③，易言之，分配正义聚焦于形式平等，涉及财富、权利、

---

① 参见中华人民共和国人力资源和社会保障部：《2020年度人力资源和社会保障事业发展统计公报》，见中华人民共和国人力资源和社会保障部网，http://www.mohrss.gov.cn/SYrlzyhshbzb/zwgk/szrs/tjgb/202106/W020210604378756386429.pdf，访问日期：2021年6月19日。

② 参见胡玉鸿：《正确理解弱者权利保护中的社会公平原则》，载《法学》，2015年第1期。

③ [美]约翰·罗尔斯著，万俊人译：《政治自由主义》，242页，南京，译林出版社，2000。

荣誉等具有价值的事物的分配，即给予每个社会个体其应得。探究人工智能创造的新就业机会能否实现分配正义，即需要剖析分配应得与分配风险间的一致性问题。人工智能在产生职业替代风险的同时，也会创造出诸多高技能工作岗位，但即便如此，基于自由市场形成的新的就业机会在劳动者分配应得与分配风险间仍然存在失衡：中低技能劳动力在承担了较大的可能被人工智能取代的风险的同时，在人工智能创造了新的就业机会后，也仍然处于收入分配的弱势地位。第七次全国人口普查数据显示：全国 14.1 亿人口中，具有大学（指大专及以上）文化程度的人口为 2.18 亿。① 这一数据也反映出人工智能时代对劳动者要求的高端技能在当前社会中仍然仅为少数人具备，大多数人的文化技能素质仍然不高。因此，即便人工智能在替代某些职业的同时能够创造出新的就业机会，绝大部分人在短期内仍然无法胜任此类岗位。如此情形下，部分劳动者一旦被人工智能所替代，他们必须学习新技能去适应新的工作。这一转型过程对于劳动者而言是收入下降的过程，但对于资本所有者而言，将得益于劳动力替代以及资本积累，成为最大的受益者。以制造业和服务业为例，在劳动者被人工智能替代并重新学习新技能，整体收入下降时，由于产业的自动化程度提高，制造业和服务业的全要素生产率也会相应提高，资本所有者将从中获益。对此，马克思在其"传统机器论"中也曾作出相应的阐述。"机器的发展""劳动过程的变迁"是马克思"传统机器论"中两条贯穿始终的线索，机器、劳动和资本则是里面三个最核心的角色。② 其中马克思分析了机器的本质："机器的采用加剧了社会内部的分工，简化了作坊内部工人的职能，集结了资本，使人进一步被分割。"③ 亦即机器生产所实现的生产资料的节约是和浪费劳动力及剥夺正常劳动条件结合在一起的。④ 换言之，技术风险下，在弱势劳动者面临失业和被剥夺正常劳动条件风险的同时，资本所有者则恰恰运用此科技应用的异化风险来攫取大量利益。因此，即便科技创新在消灭许多职业的同时也增加了新的就业岗位，人工智能时代下基于自由市场力量所形成的新的就业机会仍然无法实现分配正义。

---

① 参见国家统计局：《第七次全国人口普查主要数据情况》，见国家统计局网，http://www. stats. gov. cn/ztjc/zdtjgz/zgrkpc/dqcrkpc/ggl/202105/t20210519_1817693. html，访问日期：2021 年 6 月 19 日。

② 参见胡元聪、税梦娇：《科技风险下分配正义新构造的财税法变革》，载《湖北社会科学》，2019 年第 12 期。

③ 中共中央马克思恩格斯列宁斯大林著作编译局编译：《马克思恩格斯文集》：第 1 卷，628 页，北京，人民出版社，2009。

④ 参见于春玲、陈凡：《马克思技术批判视野中现代性追问的逻辑进程》，载《中国社会科学》，2015 年第 10 期。

二、人工智能职业替代风险对现行劳动就业市场法律制度的冲击

（一）对劳动法主体制度的冲击

《人工智能标准化白皮书（2018 版）》将人工智能分为弱人工智能与强人工智能，其中弱人工智能是不具有自主意识，无法真正实现推理和解决问题的智能机器，是一种纯技术性的工具；强人工智能则是指真正能思维的智能机器，具有知觉和自我意识。[①] 当前仍处于弱人工智能时代，人工智能技术通常是以一种纯技术性工具的形态介入劳动生产领域，与纺织机、挖掘机等机器并无本质性区别，无法对劳动生产关系和结构产生实质性影响。[②] 即便因人工智能技术介入劳动生产关系和结构而产生了劳动纠纷，也能够通过既有法律秩序得到解决，不会对现行劳动就业法律体系产生颠覆性冲击。然而，人工智能技术具有自主性，其技术发展潜力巨大，无法永远以纯技术性工具的形态存在。当人工智能技术发展成熟，进入强人工智能时代时，强人工智能的自主意识与思维能力将迫使我们不得不正视人工智能的法律主体问题。实际上，人工智能的法律主体问题在我国法学理论中已经展开了广泛讨论。具体反映到部门法领域，人工智能的法律主体地位在刑法与民法领域的讨论最为激烈，目前来看，刑法学界对赋予人工智能刑事主体地位的态度较之民法学界更为谨慎，这是因为在刑法领域，人工智能的刑事主体地位问题不仅涉及对犯罪主体的责任追究问题，还与犯罪被害人的权利救济有直接关联。[③] 民法学界则对于该问题的观点较为超前：2016 年欧盟《就机器人民事法律规则向欧盟委员会提出立法建议的报告草案》（Draft Report with Recommendations to the Commission on Civil Law Rules on Robotics）中包含的决议动议要求欧盟委员会将自动化智能机器"工人"的身份界定为"电子人"（electronic persons），并赋予这些机器人依法享有著作权等特殊的权利与义务，其中决议动议第 31 款（f）呼吁欧盟委员会探索"为机器人创造特别法律地位，如此一来至少最成熟的自主性机器人有电子人的地位，其带有特定的权利和义务，包括机器人可能会（对第三方）形成的好处和造成的损失，还包括在机器人作出自主

---

① 参见中国电子技术标准化研究院编写：《人工智能标准化白皮书（2018 版）》，见中国电子技术标准化研究院网，http://www.cesi.cn/images/editor/20180124/20180124135528742.pdf，访问日期：2021 年 6 月 19 日。

② 参见杨猛宗：《人工智能机器人劳动者主体身份的反思与应然转向》，载《政法论丛》，2020 年第 6 期。

③ 参见杨猛宗：《人工智能机器人劳动者主体身份的反思与应然转向》，载《政法论丛》，2020 年第 6 期。

决定或/和第三方互动时的情形中适用电子人格"的法律效果。[1] 2017 年沙特阿拉伯更是赋予了机器人索菲亚公民身份。尽管刑法与民法学界关于人工智能法律主体地位的研究立场基本表征了我国法学理论界对于此问题的理论倾向，但在劳动法领域，人工智能的劳动法主体地位问题有其特殊性，盖因劳动法既具有私法属性，反映市场经济的一般要求与规律，同时又具有倾斜保护弱势劳动者的社会法之价值取向。换言之，面对人工智能的冲击，我国劳动就业市场法律制度既需要解决人工智能的劳动权益实现问题，又需要保障人工智能时代下的劳动者合法权益问题。当前我国劳动就业市场制度体系均以自然人和单位为主体展开，所指向的劳动者也仅为达到法定年龄、具有劳动能力的自然人，亦即根据现有的劳动就业市场法律制度，人工智能无法成为劳动者。[2] 囿于当前人工智能应用已经日趋广泛，强人工智能时代或将来临，立法应当对人工智能的劳动法主体问题予以回应。

（二）对收入分配制度的冲击

人工智能的自动化程度能够以近乎边际的成本完成中低技能劳动者的工作，故而极易导致中低技能劳动者面临失业的风险。由于中低技能劳动者在社会劳动者中占比较高，可达半数以上，一旦该群体失业且相关技能无法胜任人工智能所创造的新岗位时，劳动力市场即会出现人口相对过剩的情形，此时劳动力市场处于用人单位市场，劳动者则处于劳资关系的弱势方。用人单位，尤其是非公有制企业，其运营的最终目的是为了提升企业竞争力，抢占市场份额，获取企业利润，而降低劳动报酬作为用人单位压缩生产成本的有效方法之一，必然会被用人单位所青睐。如此一来，大量中低技能劳动者既无法胜任人工智能创造的新就业岗位，又面临用人单位降低劳动报酬的困境，其收入分配必然受到影响；而高技能劳动者则恰恰相反，劳动力市场不仅对高技能劳动岗位需求旺盛，且为了吸引人才也将给予高技能劳动者较高的报酬，这就冲击了既有的收入分配制度。《AI 技术革命对劳动力市场和收入分配的影响》报告也指出，自动化开始逐步取代常规的手动和认知任务，许多常规任务密集的工作都在中档工资的范围内，例如制造业和日常办公类工作。非日常工作密集型的职业，其薪资水平会出现完全相反的两种极端，例如管理型、专业性和技术性的专家在顶端，而服务行业工作者如美甲师、

---

① See Draft Report with Recommendations to the Commission on Civil Law Rules on Robotics. https://www. europarl. europa. eu/doceo/document/A-8-2017-0005_EN. html # title1.

② 参见杨猛宗：《人工智能机器人劳动者主体身份的反思与应然转向》，载《政法论丛》，2020 年第 6 期。

酒保和个人工作者就出现在薪资的底端。① 此外,除不同技能的劳动者在收入分配上存在显著差异外,如前所述,对于资本所有者而言,其也将得益于劳动力替代以及资本积累,成为最大的受益者。概言之,在人工智能时代,自动化将较以往科技革命时期的程度更高,对收入分配制度的冲击也更大,若国家不加以适当干预,社会财富分配的两极分化现象将愈演愈烈。

(三) 对解雇制度的冲击

由于人工智能技术可以提升自动化水平,提高企业的生产力水平,实践中会出现企业因引入人工智能作为生产工具而解雇劳动者的现象,因此,判断用人单位因引入人工智能而进行规模裁员或个别解雇的行为是否构成合法解雇,是立法无法回避的问题。② 2017 年 7 月上海即首现智能系统取代人工劳动争议案。该案中上海某知名百货公司在采用智能 EPR 管理系统后,实现了数据收集和分析工作的智能化,原本需要人工 8 小时才能完成的工作任务可由该智能系统以 10 分钟时间完成。为此,该公司在 2017 年 1 月正式取消了"数据分析师"的工作岗位,并以调岗无法协商一致为由与该岗位员工王某解除合同(已工作满 10 年并签订无固定期限劳动合同),同时支付解除劳动合同的经济补偿及代通知金。故此引发劳动争议,由上海市劳动争议仲裁院受理此案。③ 负责审理该案的仲裁员曾公开表示:该案的争议焦点之一是,智能系统取代人工劳动能否被认定为"客观情况发生重大变化"。目前我国劳动就业法律制度采用的是"法定解雇"原则,相关规定主要集中于《中华人民共和国劳动合同法》(以下简称《劳动合同法》)以及《中华人民共和国劳动法》(以下简称《劳动法》)中,其中《劳动合同法》制定于 2007 年,《劳动法》制定于 1994 年。尽管两部法律均进行了部分修正,但仅为小修小补,由于两部法律在制定之初面临的科技发展状况、市场变化趋势与当前实际情况已存在较大差异,故其无法解决人工智能技术对解雇制度的冲击。况且,两部法律在法定解雇事由的阐述上也存在概念不清晰、缺乏可操作性等问题:《劳动合同法》与《劳动法》规定了因"客观情况发生重大变化"④ 可与劳动者解除合同,但并未对"客观情况发生重大变化"作出详细解释;《劳动合同

---

① 参见腾讯研究院法律研究中心:《联合国〈AI 技术革命对劳动力市场和收入分配的影响〉》,见腾讯研究院网,http://www.tisi.org/Public/Uploads/file/20171116/20171116162712_12693.pdf,访问日期:2021 年 6 月 20 日。

② 参见战东升:《挑战与回应:人工智能时代劳动就业市场的法律规制》,载《法商研究》,2021 年第 1 期。

③ 参见程子彦:《上海首例智能取代人工劳动争议仲裁开庭失业 or 转型?》,载《中国经济周刊》,2017 年第 36 期。

④ 参见《劳动合同法》第 40 条第 3 项和《劳动法》第 26 条第 3 项。

法》在规模性裁员的法定事由中还规定了"企业转产、重大技术革新或者经营方式调整"，但对此同样未予明晰，这将导致法院在处理相关案件时陷入困境。故而面对人工智能对劳动就业市场中的解雇制度的冲击，法律应当予以重视并作出回应。

（四）对职业培训制度的冲击

人工智能技术在导致中低技能劳动者失业的同时，也会创造诸多新的就业岗位，然而，技术变革也会重新定义劳动力市场的技能需求。基于人工智能技术本身的复杂性，其所创造的新的就业岗位也多为高技能劳动岗位，中低技能劳动者无法在短期内胜任此类岗位。目前我国已高度重视此问题，并已采取相应对策：在《中国制造2025》① 与《新一代人工智能发展规划》② 中均明确了培养人工智能高技能人才的行动纲领与战略部署。此后，为落实这一部署，加强新业态新职业人才培养，人力资源和社会保障部联合库学云（北京）科技有限公司在全国范围内开展"人工智能技术人才培训"。尽管国家已经将人工智能时代的技术人才培训问题提高至国家战略的高度，但一方面由于人工智能技术对劳动者的知识结构和技能素质提出跨界融合、跨学科交叉的复合型要求，相关技术人才的培训具有相当的难度；另一方面，当前我国的劳动职业技能培训多为项目式培训，具有时间短、规模小、碎片化的特征，无法应对人工智能技术对劳动者的技能培训需求。③ 因此，鉴于我国当前的职业培训制度尚无法使劳动者获取符合人工智能技术要求的跨界融合、跨学科交叉的复合型技能，有必要从法律层面完善既有的职业培训机制，切实保障劳动者在人工智能技术的冲击下能够实现其劳动权益，充分应对人工智能的职业替代风险。

（五）对社会保障制度的冲击

信息时代以来，人类即频繁通过信息通信技术对话、交流，甚至是通过互联网实现线上远程工作，尤其是自2020年全球新冠疫情以来，远程办公应用愈趋广泛。除远程办公外，市场经济的快速发展也在劳动力市场中催生了灵活的雇佣制度、临时性的劳动力就业，以及弹性的工作时间。④ 此外，近年来，人工智能技术的发展不仅引发了技术性失业的风险，也在原本灵活的就

---

① 参见国务院：《中国制造2025》，见中国政府网，http://www.gov.cn/zhengce/content/2015-05/19/content_9784.htm，访问日期：2021年6月21日。

② 参见国务院：《新一代人工智能发展规划》，见中国政府网，http://www.gov.cn/zhengce/content/2017-07/20/content_5211996.htm，访问日期：2021年6月21日。

③ 参见战东升：《挑战与回应：人工智能时代劳动就业市场的法律规制》，载《法商研究》，2021年第1期。

④ 参见潘天君、欧阳忠明：《人工智能时代的工作与职业培训：发展趋势与应对思考——基于〈工作与职业培训的未来〉及"云劳动"的解读》，载《远程教育杂志》，2018第1期。

业雇佣劳动力市场的基础上，间接地产生了一种颠覆传统的工作模式——"云劳动"（cloud labor），即一种按需式的工作系统。云劳动的本质是共享工作，云劳动带有浓厚的云计算特征。在云计算中，服务器通过互联网按需提供计算能力和存储空间，与此相类似，云劳动的核心是工作共享，即用人单位将其劳动力需求通过网络端发布，由劳动者根据其自身所具备的技能自行从中选择对应的工作，此时劳动者也可称为"自营工作者"[①]（own-account workers）。云劳动也被称为一种被人工智能颠覆的劳动力市场所重新塑造的职业。[②] 总的来说，信息通信技术的发展推动了远程办公的应用，市场经济的快速发展催生了灵活的雇佣制度、临时性的劳动力就业，以及弹性的工作时间，云劳动也开创了劳动力市场中的新型劳动模式，并促使全职、兼职型劳动者逐渐走向完全自由型职业者。我国现行社会保障制度基本是建立在全职用工的基础之上，即社会保险基金的筹集主要以劳动者全职就业为前提。[③] 养老保险、医疗保险、生育保险、失业保险以及住房公积金等主要由用人单位与劳动者个人共同缴纳（用人单位承担大部分费用），缴费基数为劳动者的工资薪金总额。尽管目前养老保险、医疗保险、住房公积金等也相继开启了由灵活就业人员单独缴费的模式，但并非社会保险基金的主要筹集方式，且灵活就业人员也往往并不重视社会保险基金的缴纳。如此一来，随着人工智能技术的发展、远程办公应用的推行、灵活雇佣制度的扩展、云劳动模式的扩张，以劳动者工资收入为主要来源的社会基本保险费用必然面临捉襟见肘的困境。与此同时，我国目前还面临着严峻的人口老龄化危机，年轻劳动力占比也在日趋下降。长此以往，人类现有依赖工资薪金和社会保障维持生活的模式将被打破，我国社会保障制度也将面临巨大挑战。

三、劳动就业市场法律制度对人工智能职业替代风险的回应

（一）劳动法主体制度的回应

理论界关于人工智能法律主体地位的探讨不在少数，且已从最初的知识产权法、民法领域逐步扩展到法理学、刑法、公司法、劳动法等领域。在劳动法领域，学者们对人工智能能否成为劳动法主体存在"否定说"与"肯定

---

① 自营工作者是指劳动者以自己的名义或与一个或多个合作伙伴一起工作，从事被定义为自营的工作类型，并且在此期间没有持续聘用任何员工为他们工作的工人。

② 参见潘天君、欧阳忠明：《人工智能时代的工作与职业培训：发展趋势与应对思考——基于〈工作与职业培训的未来〉及"云劳动"的解读》，载《远程教育杂志》，2018第1期。

③ 参见战东升：《挑战与回应：人工智能时代劳动就业市场的法律规制》，载《法商研究》，2021年第1期。

说"之争。持"否定说"的学者从技术与法律两个层面分析，认为在技术层面，人工智能对人类劳动的技术性取代存在范围限制，无法取代具有强烈文化情感寄托或具有较高共情能力要求的工作；在法律层面，人工智能机器人在机体构造、工作原理上均与人类存在巨大差异，因此不具备赋予人工智能机器人劳动者主体身份的条件。① 持"肯定说"的学者认为人工智能与劳动者在劳动范围上存在非空交集，可被视为"广义劳动力"，能够成为劳动法的主体。② 也有学者在"肯定说"中衍生了"暂缓说"。"暂缓说"的本质是根据人工智能的发展阶段来确定是否承认其法律主体地位（包括劳动法主体地位），但仍然认为应当以人类为中心，不应将人工智能作为人类给予其与劳动者完全同等的对待。③ 事实上，人工智能的劳动法主体问题并非一个独立的法律问题，其可划入人工智能法律主体这一大问题的范畴，且与既有法律体系、伦理学、人口学等密切相关。一旦认可人工智能的劳动法主体地位，即意味着劳动就业市场法律制度体系所调整的不再是人与人之间的关系，还包括人与机器人以及机器人之间的关系，因此，人工智能的劳动法主体地位问题不应仅从传统的劳动法律关系、劳动法调整对象来思考，而是需要结合人工智能的特性、伦理学、人口学等知识结构对其进行缜密的理论与实践的推演和证成。当前学界普遍以"自主意识"作为是否赋予人工智能法律主体的判断标准，但"自主意识"应当如何界定仍然是众说纷纭。事实上，"自主意识"这一判断标准是否科学、合理也仍然值得深究。从根本上来说，人工智能法律主体问题分歧的根源是"人类中心主义"与"去人类中心主义"的伦理之争，而以开放、包容及创新的理念观察这一问题或将得到更多的认同，"去人类中心主义"也或应成为新的伦理理念。面对人工智能给劳动法主体制度带来的冲击，立法理念也需要从"回应型"转向"前瞻型"，倘若从劳动法的角度赋予人工智能主体地位，必然引起既有劳动法体系下的相关概念、范畴、制度等的更新变化。因此，对于该问题需要理论与实务界进行专门的研究探讨。

（二）收入分配制度的回应

人工智能对收入分配制度的冲击主要体现在两个方面：一是不同技能劳动者因劳动力市场需求存在差异，在收入分配上可能出现两极分化；二是资本所有者因劳动力替代、资本积累、生产力提高等原因将成为最大受益者。

---

① 参见杨猛宗：《人工智能机器人劳动者主体身份的反思与应然转向》，载《政法论丛》，2020年第6期。

② 参见程承坪：《人工智能对劳动的替代、极限及对策》，载《上海师范大学学报（哲学社会科学版）》，2020年第2期。

③ 参见战东升：《挑战与回应：人工智能时代劳动就业市场的法律规制》，载《法商研究》，2021年第1期。

对此，我国应当建立人工智能技术红利共享机制，将劳动者的工资薪金与用人单位因运用人工智能技术产生的利润进行挂钩，实现互惠共享。

建立人工智能技术红利共享机制具有必要性、合理性和可行性。就必要性而言，建立人工智能技术红利共享机制，一方面有利于缩小不同技能劳动者之间的劳动报酬水平差距，另一方面有助于平衡资本所有者与劳动者间的利润分配。就合理性而言，建立人工智能技术红利共享机制能够在加快推进人工智能产业健康发展的同时，应对人工智能技术导致的收入分配制度上的缺陷。当前人工智能作为新一轮科技革命与产业变革的核心技术在全球范围内兴起，世界各国为在国际上抢夺相关产业话语权，纷纷加快对人工智能技术的开发和应用。当前中国正面临人口红利消退、人工成本快速上涨的压力，建立在低成本投入要素基础之上的价格优势正在削弱，而抓住新一轮科技革命、人工智能技术兴起的契机，是中国在国际竞争中实现"弯道超车"的重要转折点。因此，尽管对于人工智能给收入分配制度带来的冲击，有不少学者提出了开征"机器人税"[①]（又被称为"资本利得税""人工智能税"），但从总体上来看，机器、机器人抑或人工智能技术均带来了社会生产率的提高，增强了中国的国际竞争力，贸然对相关企业进行征税并不能从根本上解决人工智能对收入分配制度的冲击，反而会抑制中国人工智能产业的发展。更为合理的方式应当是建立人工智能技术红利共享机制，一方面由政府给予人工智能产业相应的政策扶持，另一方面由政府推行人工智能技术红利共享机制，将通过应用人工智能技术所带来的社会财富增量在资本所有者与劳动者间进行分配。就可行性而言，2014 年证监会颁布了《关于上市公司实施员工持股计划试点的指导意见》，员工持股计划已经正式成为上市公司股权激励措施，为建立人工智能技术红利共享机制提供了可供借鉴批判的经验教训。

（三）解雇制度的回应

人工智能对解雇制度的冲击主要表现在：既有解雇制度尚无法应对因人工智能技术的持续发展导致的智能系统替代人力的劳动纠纷。具体而言，包括两方面的问题：一是因引入人工智能产生的规模性裁员[②]是否合法；二是因引入人工智能产生的个别解雇行为是否合法。

---

① 相关观点可参见韩青江、韩民春：《机器人技术进步对劳动力市场与社会福利的影响研究》，载《技术经济》，2021 年第 1 期；瞿帅：《论人工智能替代就业的税法因应》，载《税收经济研究》，2020 年第 3 期。

② 根据《劳动合同法》第 41 条的相关规定，规模性裁员是指裁员人数在 20 人以上，或不足 20 人但占企业职工总数 10% 以上的情况。

1. 关于因引入人工智能产生的规模性裁员的合法性问题

现行《劳动合同法》第41条第1款第3项规定了，在"企业转产、重大技术革新或者经营方式调整，经变更劳动合同后，仍需裁减人员的"，企业可以依据法定程序予以裁员，但对于人工智能的引入能否纳入"重大技术革新"的范畴尚未明晰，对于"重大技术革新"这一法定解雇事由的适用条件也未予明确。首先，对于人工智能是否属于"重大技术革新"，只有当引入的人工智能技术使得企业的核心技术升级或核心竞争力提高才能认定为"重大技术革新"，在实践纠纷中需要由企业提供相应证据，并由法院或仲裁委员会结合具体情况进行个案分析。需要注意的是，"重大技术革新"不一定是整个企业的技术革新，也有可能以企业某类岗位的技术革新形式存在。其次，对于"重大技术革新"这一法定解雇事由的适用条件，可能存在两种解释：一是认为适用此项事由的前提是企业经营发生严重困难，为继续生存而进行重大技术革新；二是认为此项事由的设立是为了扩大规模性裁员的适用范围，无须同时具备企业经营发生严重困难这一前提。判断上述何种解释更合理，有必要回溯《劳动合同法》第41条第1款第3项的立法初衷。《劳动合同法》第41条第1款第3项是在《劳动法》的基础上增加的条款，而《劳动法》本已就企业经营发生严重困难的情形作出了规定，即允许企业通过法定程序进行适当的经济性裁员。此种情形下，仍将《劳动合同法》中所增加的"企业转产、重大技术革新或者经营方式调整"的法定解雇事由解读为需要具备企业经营发生严重困难的前提，在立法上无疑是多此一举，且不符合逻辑。因此，《劳动合同法》第41条第1款第3项的立法初衷应当是为了扩大规模性裁员的适用范围。故而依据现行法律规定，即便企业经营未出现严重困难，企业出于市场竞争需要引入人工智能，并形成重大技术革新，从而发生的规模性裁员也应当被认定为合法解雇。此外，需要注意的是，在前述条件满足的情况下，用人单位不能直接进行裁员，而是需要先与相关劳动者协议变更劳动合同，若在变更劳动合同后仍然有裁员必要的，才能进行规模性裁员。

2. 关于因引入人工智能产生的个别解雇行为的合法性问题

判断因引入人工智能产生的个别解雇行为的合法性问题的核心是明确此种情形是否属于《劳动合同法》第40条第3项中规定的法定解雇事由——"客观情况发生重大变化"。尽管《劳动合同法》第41条第1款第4项同步规定了"客观经济情况发生重大变化"作为法定解雇事由，但因《劳动合同法》第41条仅适用于规模性裁员，故而从体系解释上来说，因引入人工智能引发的规模以下的裁员情况应属于《劳动合同法》第40条第3项的调整范围。结合《劳动合同法》第41条第3项的"重大技术革新"法定解雇事由，可以推断,当引入人工智能,并经确认属于重大技术革新的,企业可以依据《劳动合同法》第 40 条第 3 项进行个别解雇。① 但需要注意的是,在引入人工智能且形成重大技术变革时,用人单位并非可以直接与单个劳动者解除劳动合同,而是需要与之协商变更劳动合同内容,未能协商一致变更的才可解除合同。

与此同时,为了促进人工智能产业健康发展,加快提升企业的生产力,建议未来《劳动合同法》可进一步放宽因引入人工智能而产生的个别解雇或规模性裁员的适用范围,转而增加用人单位支付经济补偿金的数额;加大社会保障力度,充分保障因人工智能而失业的劳动者的基本生活;以及完善职业培训制度,强化对中低技能劳动者的职业培训力度,从而一方面既防止出现劳动者因被人工智能取代而面临失业的困境,另一方面也帮助因人工智能而失业的劳动者尽快实现再就业。

(四)职业培训制度的回应

人工智能技术对劳动就业市场最大的冲击即为出现就业极化现象,一方面可能导致中低技能劳动者失业,另一方面致使劳动力市场中高技能劳动者的需求缺口变大。因此,劳动就业市场中的职业培训制度应当作出回应,既要对已经失业或容易失业的行业劳动者加大技能培训力度,又要重点培养符合人工智能时代要求的高技能人才。具体而言,人工智能时代的职业培训制度需要从职业培训对象、职业培训内容、职业培训方式、职业培训评估四个方面作出完善。

首先,在职业培训对象上,对于中低技能劳动者,应当利用大数据精准定位已经失业或容易失业的行业劳动者。同时囿于人工智能技术的更新发展速度较快,需要实时监控劳动力市场,及时发现潜在的面临失业风险的劳动者,并采取相应的职业培训措施。对于高技能劳动者,一方面应当定期开展职业技能测试,及时发现技能匹配度不高的劳动者;另一方面应当通过各种合法方式搜索潜在的人工智能高技术人才,做好人才储备工作。其次,在职业培训内容上,应当针对不同技能劳动者类型化制定培训内容,具体可划分为初阶、中阶以及高阶三个阶段的培训内容。初阶阶段的培训内容主要为基本的数字技能培训。人工智能时代下的劳动者在基本数字技能方面需要重点掌握高效联网技能,智能系统的操作、使用和控制技能。由于人机协同将会是人工智能时代的发展趋势,故而中级阶段的培训内容主要为人机合作的技能培训,培训目的是为了使劳动者在掌握了基本数字技能的基础上,能够具备弥补科技缺陷的能力。此阶段的培训内容主要包括增强劳动者的人机交互

---

① 参见战东升:《挑战与回应:人工智能时代劳动就业市场的法律规制》,载《法商研究》,2021年第 1 期。

能力、教授人工智能的基本知识（包括人工智能的技术框架、算法逻辑等）、模拟人工智能预期、教授突发故障处理，以及增强劳动者的"人—人、人—机、人—世界"的基本沟通能力等。[1] 高级阶段的技能培训则需要帮助劳动者掌握自主学习、持续学习的能力，因为人工智能时代是信息技术更新迭代的时代，劳动者需要学会自主提高自身技能，以随时适应劳动力市场的变化。为此，高级阶段的职业培训应当通过模拟不同场景，传授劳动者获取学习资源的途径、帮助劳动者掌握有效的学习方法，从而达到训练劳动者自主学习、持续学习能力的预期效果。再次，在职业培训方式上，需要创新职业培训方式，从传统的课堂教学、填鸭式教学等方式转换至"数字化＋产学研一体化"的培训方式。一方面可利用虚拟现实（virtual reality）、增强现实（augmented reality）、混合现实（mediated reality）等技术在虚拟语境下模拟不同情境下劳动者所应当具备的岗位技能，以虚拟化操作培训劳动者的工作技能[2]；另一方面通过与不同类型的人工智能企业合作，形成产学研一体化模式，开展相关岗位技能的实地培训。最后，我国应当建立职业培训评估体系，制定相应的职业培训评估标准。一方面对相关职业培训工作开展定期评估，确保人工智能的职业培训工作符合国家标准；另一方面对各个阶段培训完毕的劳动者进行评估，确保已完成培训的劳动者达到具备与人工智能技术相适应的工作技能的预期效果。

此外，由于目前的劳动技能培训工作以劳动者自愿为主，为了充分应对人工智能时代的职业替代风险，我国应当转而由国家强制力保障推行人工智能的相关技能培训工作，同时加大对参与职业培训的劳动者的补贴力度，宣传、鼓励劳动者参与培训，提高自身技能。

（五）社会保障制度的回应

信息通信技术的发展推动了远程办公的应用，市场经济的快速发展催生了灵活的雇佣制度、临时性的劳动力就业，以及弹性的工作时间，"云劳动"也开创了劳动力市场中的新型劳动模式，促使全职、兼职型劳动者逐渐走向完全自由型职业者，这对现有的社会保障制度均造成了冲击。一方面我国现有社会保障制度的资金筹集主要来源于全职型工作者，而劳动模式的转变将使社会保障基金无法应对当前严峻的老龄化现象和保障退休人员的基本生活；另一方面，人工智能技术催生了诸多兼职、完全自由型劳动者，但此类劳动者往往未参与社会保险基金的缴费，退休后的基本生活可能难以保障。对此，

---

① 参见潘天君、欧阳忠明：《人工智能时代的工作与职业培训：发展趋势与应对思考——基于〈工作与职业培训的未来〉及"云劳动"的解读》，载《远程教育杂志》，2018 第 1 期。

② 参见战东升：《挑战与回应：人工智能时代劳动就业市场的法律规制》，载《法商研究》，2021 年第 1 期。

我国在社会保障制度上可尝试转变社会保障模式，探索全民基本收入（universal basic income，UBI）模式。

全民基本收入是一种由政府和其他公共部门提供，旨在无差别针对全体公民和居民的常态化经常性现金转移支付机制。① 在理论层面，全民基本收入的理论由来已久，自文艺复兴时期以来，托马斯·摩尔的《乌托邦》即论述过全民基本收入的合理性问题，相关的著作还有胡安·卢斯·维韦斯的《关于扶贫问题的观点》、托马斯·潘恩的《土地正义论》、孟德斯鸠的《论法的精神》等。尽管关于全民基本收入的现有研究成果尚不充分，但已有不少学者对此问题在人工智能的语境下展开了研究。例如，有学者认为，在应对人工智能时代的技术性失业风险时，选择技术进步路径、调控技术进步速度均为暂缓之策，而通过嵌入全民基本收入政策来反哺人类，才能保障人工智能时代中的"无分之人"的基本生活。② 也有学者认为，全民基本收入可以弥补人工智能时代下现有社会保障制度的缺陷，应当被视为人工智能时代的"生存工资"③。在实践层面，目前已有不少国家开启了全民基本收入的试点项目，例如芬兰、德国、肯尼亚、荷兰以及印度等国家。结合上述国家的政策实践，根据转移支付的覆盖范围、替代水平、支付方式和受益条件，全民基本收入包括五种模式：完全的全民基本收入、部分全民基本收入、负所得税、参与型全民基本收入以及通用福利。④ 实际上中国亦存在全民基本收入的实例：河北省石家庄市槐底街区的社会红利政策⑤ 和澳门特别行政区的财富分配计划⑥。围

---

① 参见联合国开发计划署驻华代表处：《全民基本收入：工作文件》，见联合国开发计划署网，https://www.cn.undp.org/content/china/zh/home/library/poverty/universal-basic-income—a-working-paper.html，访问日期：2021 年 6 月 21 日。

② 参见谢新水：《未雨绸缪：人工智能时代反哺性全民基本收入政策探究》，载《学术界》，2021年第 3 期。

③ 参见［美］安妮·罗瑞著，万晓莉译：《贫穷的终结：智能时代、避免技术性失业与重塑世界》，6—8 页，北京，中信出版社，2019。

④ 参见赵柯、李刚：《资本主义制度再平衡：全民基本收入的理念与实践》，载《欧洲研究》，2019 年第 1 期。

⑤ 河北省石家庄市槐底街区的社会红利政策包括年度基本收入与综合福利制度。其中年度基本收入为 1 500 元（自 1995 年起槐底即采用年度基本收入政策），以分期付款、每月 125 元的形式直接汇入居民的银行账号；综合福利制度则包括为槐底居民提供免费教育、住房、可于 60 岁之后领取的养老金、医疗保险费、社区卫生保健以及食物和洗浴用品等日常消费品，这些福利来源于从当地居民共同拥有的土地开发权中获得的资产。

⑥ 澳门特别行政区的财富分配计划：根据居民的居住身份向所有澳门居民卡持有人提供不同的现金流通。例如，永久居民获得 9 000 澳元（约合 7 743 元人民币），而非永久居民则获得相当于总支付额 60%的现金保险费，为 5 400 澳元（约合 4 646 元人民币）。直到 2015 年，现金补贴在永久居民5 000 澳元、非永久性居民 3 000 澳元的基础上持续增加。该计划需要每年接受审批，尽管具有不确定性，但自 2008 年起一直实行到当前（2021 年 6 月 21 日）。

于当前人工智能和生产自动化对我国劳动力市场的潜在破坏风险，而全民基本收入能够为人类面对人工智能职业替代风险时提供缓冲区，以及基本和广泛的安全网的潜在选择，我国应当着手探索其建设方向。对于我国全民基本收入的模式选择、资金筹集方式、普及程度等问题仍然需要进一步思考，因此，有必要对人工智能时代下的全民基本收入政策这一命题作进一步的深化研究。

四、结语

人工智能技术能够通过实现自动化提高社会生产力，带来整体财富，然而，这意味着相同生产率输出所必需的劳动力减少，尽管这并不代表整体就业机会必然减少，因为在社会可用财富增加的同时，或可通过增加人们的消费需求以抵消生产率的提高。但由于自动化产生了职业替代风险，劳动力市场也正在发生根本转变，并有形成工作两极分化的趋势。基于工业时代形成的传统劳动就业市场法律制度显然已经无法适应人工智能时代的需求，亟待作出改变。本文仅就人工智能职业替代风险的异化、冲击与回应作出粗略的探讨，相关问题仍然需要进一步深化研究。如何通过法律制度层面的安排，最大限度地实现人类与技术风险的和谐发展仍然是风险社会下的重要议题。

建筑领域违法分包背景下的用工主体责任研究[①]

李富成[*]

[摘要] 我国为因应建筑领域违法分包用工而创设的用工主体责任是一个亟待厘清的概念，其在内涵上是指应用于特定领域，以不问劳动关系有无的技术保护特定劳动者的一种用工单位责任，在外延上包括但不限于工伤保险责任和建筑领域农民工欠薪清偿责任。在责任属性上，围绕用工主体责任和劳动关系的关系问题争议已久，特别是劳动关系已对工伤保险责任的实现形成掣肘。对此，当下宜在保持劳动关系二元判断标准的基础上，逐步回归社会保险的价值范畴，实现两者适度"脱钩"。在责任承担方式上，用工主体责任并非以连带赔偿方式实现，两者在内容、性质等方面存在差异，在法律适用逻辑上，用工主体责任也优先于连带赔偿责任。

[关键词] 用工主体责任 违法分包 欠薪清偿责任 工伤保险责任

一、问题的提出

层层分包下的劳动用工是目前我国建筑行业的基本用工形态，在促进灵

* 李富成，广西北海人，西南政法大学经济法学院博士研究生。研究方向：劳动法、社会保障法。
基金项目：（1）重庆市研究生科研创新项目：家庭友好型劳动法律制度构建研究；（2）西南政法大学学生科研创新项目：平台用工的性别平等法律制度构建研究；（3）西南政法大学经济法学院"研究阐释党的二十大精神"专项科研创新项目：工伤保险待遇与民事赔偿竞合问题研究。
① 收稿时间：2020年8月。

活就业、释放农村剩余劳动力、创造巨大经济效益的同时，也成为制造劳资纠纷的温床。目前，我国建筑行业普遍存在建筑施工企业将部分工程或业务发包或分包给不具备用工主体资格的自然人或单位（下称"实际施工人"），由其招用劳动者（其中绝大多数为农民工）从事承包业务的违法现象。一方面，当劳动者因工受伤或罹患职业病时，由于实际施工人本身不是劳动法上适格的用工主体，而具有用工资格的建筑施工企业与劳动者是否属于劳动关系又"悬而未决"，导致劳动者将面临可能无法获得工伤救济的困境；另一方面，由于垫资施工、结项付款已经成为建筑业的"行业惯例"，上游的工程款一旦被拖欠，实际施工人往往因为自身责任能力的欠缺而选择逃避责任，最终不可避免地出现劳动者工资拖欠的结果。工伤和工资，已然成为建筑业底层工人"不可承受之重"。

劳动和社会保障部于 2005 年颁布了《关于确立劳动关系有关事项的通知》（以下简称《通知》），其中第 4 条规定：建筑施工、矿山企业等用人单位将工程（业务）或经营权发包给不具备用工主体资格的组织或自然人，对该组织或自然人招用的劳动者，由具备用工主体资格的发包方承担用工主体责任。本条对劳动关系避而不谈，而试图通过构建"用工主体责任"概念对劳动者进行救济。不过，《通知》有限的条文使得这一概念仅呈现出"粗线条状"，对用工主体责任的内涵、外延、属性及承担方式等基本问题均缺乏明确的规定，这导致在司法实践中产生混乱，学理上也莫衷一是。在此情形下，有必要重新探讨用工主体责任的法律意蕴，以使相关法律的适用更加合理，实现对建筑业外包用工的规制，重塑建筑业的和谐用工关系。

二、用工主体责任的内涵特征及外延范畴探析

（一）用工主体责任的内涵特征

对用工主体责任进行定义是一件极为困难的事情，因为这需要对现有的若干用工主体责任的内涵特征进行归纳总结，并从中"提取公因式"。对此类内涵特征的总结应避免失之过宽或者过狭，前者容易导致用工主体责任难以与其他类似制度区分开来，后者则容易将一些本应纳入用工主体责任的项目排除在外。本文认为，用工主体责任的内涵包含以下几项核心特征：

首先，用工主体责任是一项不问劳动关系成立与否的立法技术，坚持以解决劳动者实际问题为宗旨。随着社会经济的发展变化，劳动形态也逐渐呈现出"去标准化""任务化"的灵活性特征，出现了雇员和自雇二元架构以外

的"第三类劳动者"①。但在我国传统劳动法领域当中，劳动关系和劳动权利乃至社会保险的捆绑，使得劳动者不得不面临劳动保护"全有或全无"的风险，而对于用工主体责任的制度设计则突破了传统劳动法律解决劳动领域问题的范式，以一种不问劳动关系是否成立的立法技术，对个别难以纳入传统劳动关系和民事雇佣关系的第三类劳动者提供一定程度的劳动保护，当前主要涉及工资保障、工伤保险、职业安全卫生等项目。建立用工主体责任，这是基于目前我国劳动关系与民事雇佣关系二元对立且未构建起劳动者分层保护理论的现实，坚持以解决劳动者实际问题为导向的一个次优选择。

我国2004年颁布的《建设领域农民工工资支付管理暂行办法》仅适用于形成劳动关系的农民工和建筑业企业。而2019年颁布的《保障农民工工资支付条例》第2条第2款则明确将条例中的"农民工"界定为用人单位提供劳动的农村居民，而劳动关系形成与否则不予考虑。第6条、第12条也分别使用"书面约定"而非"书面劳动合同约定"的立法表述，立法意图较为明显，不难看出，欠薪清偿责任的承担也同样呈现"去劳动关系"的特点。

其次，用工主体责任适用于特定的用工领域。用工主体责任是专门为了保护不具有典型劳动关系特征的从属劳动者而设定的，其适用范围不能无限扩大以至于侵蚀传统的劳动法领域。根据《通知》第4条的规定，用工主体责任适用于从事违法发包、分包用工的建筑施工、矿山企业等领域。笔者认为，其中的"等"字应当理解为"等外"即不完全列举，以留待此后将类似的情形纳入规制范畴。根据相关司法解释和部门规范性文件，用工主体责任还可以适用于个人挂靠单位资质招聘人员进行劳动②以及雇用超龄劳动者工作的情形。③

最后，用工主体责任是单位责任，仅能由具有法定资格的用人单位承担。这也是长期以来引发争议的地方，即用工主体责任是不是用人单位责任？答案是否定的。用工主体责任只能由违法发包或转包的，具有用工主体资格的用人单位来承担，这仅是对于责任主体的限定。但由于该单位与劳动者之间

---

① 参见肖竹：《第三类劳动者的理论反思与替代路径》，载《环球法律评论》，2018年第6期。

② 参见最高人民法院《关于审理工伤保险行政案件若干问题的规定》（法释〔2014〕9号）第3条第5项："社会保险行政部门认定下列单位为承担工伤保险责任单位的，人民法院应予支持：……（五）个人挂靠其他单位对外经营，其聘用的人员因工伤亡的，被挂靠单位为承担工伤保险责任的单位。"第1、2、3项并非用工主体责任，因为在上述情况下主体间已经具有明确的劳动关系，只是对具体承担工伤保险责任的主体予以强调而已，属于注意性规定。

③ 参见人社部《关于执行〈工伤保险条例〉若干问题的意见（二）》（人社部发〔2016〕29号）第2条第1款："达到或超过法定退休年龄，但未办理退休手续或者未依法享受城镇职工基本养老保险待遇，继续在原用人单位工作期间受到事故伤害或者患职业病的，用人单位依法承担工伤保险责任。"

不存在劳动关系，除了特定责任以外，也不承担诸如支付二倍工资、经济补偿金等用人单位责任，因此，两者在性质和内容上相去甚远，用工主体责任不能与用人单位责任等同。

（二）用工主体责任的外延范畴

关于用工主体责任的外延，人社部《关于执行〈工伤保险条例〉若干问题的意见》（以下简称《意见》）第 7 条和最高人民法院《关于审理工伤保险行政案件若干问题的规定》（以下简称《规定》）第 3 条① 共同使用了"工伤保险责任"的表述，明确将其正式纳入用工主体责任的范围，对此学界没有任何异议。

然而，是否将欠薪清偿责任纳入用工主体责任的外延范畴，由于缺乏实定法的依据，远不如工伤保险责任来得清晰明确，理论上对此也存在争论。宋晓辉主张，用人单位支付报酬是一种法律义务，有义务并不必然产生责任。所以，所谓用工主体责任，实践中仅适用于工伤赔偿方面。② 王文君③ 和聂辉④ 则认为，（用工主体责任）一般仅适用于支付拖欠工资和兑现工伤保险待遇问题上。还有一种观点认为《劳动合同法》第 94 条中的"损害"应包括人身损害和财产损害，劳动者应获而未获得的收入损失，即属于财产损害。所以，用工主体责任除工伤保险责任外，还应包括工资（劳务费）清偿义务。⑤ 这种观点的言下之意，即欠薪清偿责任的法律性质是《劳动合同法》第 94 条规定的连带损害赔偿责任，而非《通知》第 4 条的用工主体责任。

笔者赞同第二种观点，即将欠薪清偿责任纳入用工主体责任。第一种观点是不正确的，支付拖欠工资的行为属于违约责任中的"继续履行"，毫无疑问是一种法律责任。第三种观点同样也是不成立的，这需要通过梳理建筑领域农民工欠薪清偿责任的历史沿革，认识立法者的态度变迁予以证明。笔者根据立法时间和内容归属，将其划分为以下两个时期。

---

① 人社部《关于执行〈工伤保险条例〉若干问题的意见》（人社部发〔2013〕34 号）第 7 条："具备用工主体资格的承包单位违反法律、法规规定，将承包业务转包、分包给不具备用工主体资格的组织或者自然人，该组织或者自然人招用的劳动者从事承包业务时因工伤亡的，由该具备用工主体资格的承包单位承担用人单位依法应承担的工伤保险责任。"最高人民法院《关于审理工伤保险行政案件若干问题的规定》（法释〔2014〕9 号）第 3 条第 4 项："社会保险行政部门认定下列单位为承担工伤保险责任单位的，人民法院应予支持：……（四）用工单位违反法律、法规规定将承包业务转包给不具备用工主体资格的组织或者自然人，该组织或者自然人聘用的职工从事承包业务时因工伤亡的，用工单位为承担工伤保险责任的单位"。

② 参见宋晓辉：《对劳社部发〔2005〕12 号文第 4 条的适用分析》，载《中国劳动》，2017 年第 5 期。

③ 参见王文君：《劳动争议案件仲裁与诉讼衔接问题研究》，载《法律适用》，2019 年第 13 期。

④ 参见聂辉：《"用工主体责任"包含哪些责任》，载《中国劳动》，2013 年第 6 期。

⑤ 参见吴学文：《用工主体责任应否包含工资清偿义务》，载《人民法院报》，2017 年 2 月 15 日。

1. 连带责任时期

2004 年 9 月 6 日，《建设领域农民工工资支付管理暂行办法》颁布，其中第 12 条规定了工程总承包企业将所承包的工程违法分包、转包给不具有用工主体资质的组织或者个人时，应当与该组织或者个人承担连带清偿工资的责任。

2. 清偿责任时期

2010 年 2 月 5 日，国务院办公厅发布的《关于切实解决企业拖欠农民工工资问题的紧急通知》第 3 条规定，因工程总承包企业违反规定发包、分包给不具备用工主体资格的组织或个人，由工程总承包企业承担清偿被拖欠的农民工工资责任。2016 年 1 月 7 日，国务院办公厅发布的《关于全面治理拖欠农民工工资问题的意见》第 9 条规定，建设单位或施工总承包企业将工程违法发包、转包或违法分包致使拖欠农民工工资的，由建设单位或施工总承包企业依法承担清偿责任。2019 年 12 月 4 日，国务院常务会议通过《保障农民工工资支付条例（草案）》，其中第 26 条第 2 款规定：承包单位将所承包的建设工程转包给个人或者不具有合法经营资格单位发生拖欠为该工程提供劳动的农民工工资的，由最初转包的发包单位承担清偿所拖欠工资的责任。最终正式通过的《保障农民工工资支付条例》第 36 条明确：建设单位或者施工总承包单位将建设工程发包或者分包给个人或者不具备合法经营资格的单位，导致拖欠农民工工资的，由建设单位或者施工总承包单位清偿。

可以看出，以 2010 年 2 月 5 日为分水岭，此前建设领域农民工欠薪清偿责任一直是以连带责任的形式出现的，此后则步入了直接的清偿责任时期。虽然立法表达不断变迁反复，但是本质上都是由违法发包或发包的建设单位或者施工总承包单位，即实际施工人前一手具有用工主体资格的单位清偿拖欠农民工的工资，因此，欠薪清偿责任（准确来说是建筑领域农民工欠薪清偿责任）应当属于用工主体责任。当然，这个外延并不是封闭的，立法者可以在合适的时机纳入其他责任内容。

三、用工主体责任与劳动关系的"捆绑"与"脱钩" ——以工伤保险责任为例

承接上文，用工主体责任是一种不问劳动关系成立与否的立法技术，但是，从逻辑上看，不问劳动关系成立与否的立法技术并不意味着被保障的主体和相对人之间一定不存在劳动关系①，劳动关系的"悬置"说到底只是次优

---

① 参见沈建峰：《坚持问题导向，依法保障农民工工资支付》，载《工人日报》，2020 年 1 月 20 日。

选择，在理论上对劳动关系的地位作出回应才是长远之计。而且，即使用工主体责任可以通过条文表述"高调"宣布不问劳动关系的有无，但事实上，以工伤保险责任为例，劳动关系的有无，无论是在程序上还是在实体上处处都影响着劳动者工伤保险权利的实现，因此，只有在理论和规则上回应用工主体责任和劳动关系的关系，才能很好地说明用工主体责任这一概念所具有的本质属性。

（一）障碍与分歧：用工主体责任与劳动关系的"捆绑"

1. 程序障碍：工伤认定与劳动关系的"捆绑"

从立法观察，根据《工伤保险条例》及人社部《意见》的相关规定，工伤认定以构成劳动关系或事实劳动关系为前提条件，社会保险行政部门发现劳动关系存在争议且无法确认的，应中止工伤认定并告知当事人申请劳动人事争议仲裁确认劳动关系，待收到生效法律文书以后才恢复认定程序。[①] 该规定从程序上奠定了劳动关系与工伤保险责任的"捆绑"关系，从实务观察，有的地方人社部门据此以劳动者与建筑施工企业之间不存在劳动关系为由，将劳动者推入旷日持久的劳动仲裁和诉讼当中，除了徒增当事人的讼累以外，大多数情况下最后仍然以不存在劳动关系为由拒绝认定工伤。从学理来看，学者的主流意见认为，工伤保险的参保范围与劳动关系的范围一致，凡是与用人单位形成劳动关系的劳动者都有权获得工伤保险的保护，用人单位则应当参加工伤保险。[②] 因此，超越劳动关系的范畴认定工伤不符合工伤保险保护受伤职工的制度目的。

2. 实体障碍：工伤待遇与劳动关系的"捆绑"

在现实中，若贸然认定建筑施工企业与劳动者之间不存在（事实）劳动关系，劳动者将面临有可能无法享有完整工伤保险待遇的风险。司法实践中已经出现此类判例，建筑工程违法分包下招用的劳动者因工伤亡，施工企业无须支付一次性工伤医疗补助金和一次性伤残就业补助金。[③] 其中重庆高院的再审判决理由如下：虽然被申请人与申请人之间不存在劳动关系，但是……被申请人应当承担用工主体责任。一次性伤残就业补助金系用人单位在依法终止与工伤职工的劳动合同时所支付。因申请人与被申请人并无劳动关系，

---

① 参见《工伤保险条例》第 18 条及人社部《关于执行〈工伤保险条例〉若干问题的意见》第 5 条。

② 参见李满奎著：《工伤保险的强制性及其实施路径研究》，112 页，北京，法律出版社，2014。

③ 参见上海市高级人民法院（2018）沪 01 民终 11905 号民事判决书、重庆市高级人民法院（2018）渝民申 2031 号民事判决书。

申请人要求被申请人支付一次性伤残就业补助金没有法律依据。[①] 该判决显然是形式（概念）化的法律适用，以《工伤保险条例》第18条规定作为大前提，以认定无劳动关系的事实为小前提，进而得出"排除与劳动关系相关联的待遇"的结论。按照此逻辑，有可能得不到法院支持的还包括停工留薪期的工资[②]、保留劳动关系、由用人单位缴纳养老保险等社会保险费等待遇。[③] 如此一来，工伤保险待遇被人为肢解、剥夺，严重损害了劳动者的权益。

3. 学理分歧：劳动关系"肯定说"、"拟制说"与"否定说"莫衷一是

在我国，用工主体责任与劳动关系在学理上的对应关系大致可分为"肯定说"、"拟制说"和"否定说"三类。"肯定说"主张劳动者和建筑施工企业（发包方）之间存在真实劳动关系，具体又可以划分为"完全肯定说"和"部分肯定说"两类。其中，持"完全肯定说"的学者认为，所谓用工主体责任，等同于劳动关系中用人单位的责任，可以说建立劳动关系是直接承担用工责任的前提和基础。[④] 持"部分肯定说"观点的学者主张仅在工伤责任范围内有限地承认劳动关系。如林嘉认为一概不予承认劳动关系的做法失之偏颇，尤其是发生工伤事故的时候，应当认定违法发包单位与劳动者存在劳动关系。[⑤] "拟制说"认为用人单位（建筑施工企业）缺乏对劳动者的直接管理控制，但法律上拟制双方存在劳动关系。[⑥] 从该作者的文章表述判断，这种"拟制劳动关系"在法律效果上等同于真实（标准）的劳动关系。"否定说"支持者较多，大多认为建筑施工企业与劳动者之间不存在管理与被管理的隶属关系，也没有建立劳动关系的合意，劳动者的工资也由实际施工人直接支付，因此，不符合劳动关系的要件，不构成劳动关系。

（二）反思与突破：用工主体责任与劳动关系的"脱钩"

1. 对学理分歧的反思

针对上述学理分歧，笔者认为，首先，"完全肯定说"以批判我国建筑业包工制规避劳动法的乱象为出发点，通过在建筑施工企业和劳动者之间直接

---

① 《工伤保险条例》第37条规定："职工因工致残被鉴定为七级至十级伤残的，享受以下待遇：……（二）劳动、聘用合同期满终止，或者职工本人提出解除劳动、聘用合同的，由工伤保险基金支付一次性工伤医疗补助金，由用人单位支付一次性伤残就业补助金。"可以看出，上述两个一次性补助金的支付前提是劳动合同（关系）的解除或终止，既然已经判定不存在劳动关系，何来劳动关系的解除和终止，当然不满足支付条件。

② 参见《工伤保险条例》第33条。停工留薪以"用工"（建立劳动关系）为前提，而建筑企业在违法发或转包下很明显不存在用工的事实。

③ 参见《工伤保险条例》第35条。

④ 参见李培智：《建设工程领域劳动关系的迷局和立法改进》，载《河北法学》，2013年第8期。

⑤ 参见林嘉著：《劳动法的原理、体系与问题》，99页，北京，法律出版社，2016。

⑥ 参见金英杰：《劳动关系的法律适用辨析》，载《中国劳动》，2016年第22期。

确立劳动关系从而迫使隐藏的用人单位走到台前，充分发挥劳动法的保护功能，庇护居于弱势地位的劳动者。该说总体来说符合我国现行法律规定和未来愿景。但是，从建筑领域自身实践特点来看，由于工程种类、规模、时程、场所等多处于变动状态，客观上存在劳动力弹性需求的空间，实行多层次的承包体系不可避免。① 当前的关键在于如何进行制度设计，平衡行业经济发展和劳动者权益保护。建筑行业包工制在我国有深刻的历史形成背景，已产生相对稳定的秩序格局，对此，当下宜进行多维度、渐进式的改革，如果直接对建筑施工企业课以完全的用人单位责任，不啻自缚手足，矫枉过正。其次，"拟制说"和"完全肯定说"至少从法律效果上看并没有本质上的差异，上述结论对其也同样适用，但"拟制说"还面临着针对其自身的独特诘难，即该说只停留在学理上的探讨和学者的提倡之中，缺乏实定法上的明文规定，欠缺令人信服的力量。"部分肯定说"有利于在传统劳动法领域内解决工伤认定等问题，但却人为地割裂了劳动关系的整体性，只在有保护需要的时候才例外地承认劳动关系，何为有保护"需要"则是一个见仁见智的标准，法官自由裁量的空间过大，审判结果可能会千差万别。

2. 劳动关系"否定说"是我国当前的次优选项

笔者认为，"否定说"尽管以最严厉的方式将劳动者排除在传统劳动法领域之外，但仍不失为较为符合我国当下对劳动关系"全有或全无"理论认知的次优选项。我国劳动关系认定遵循二元化的视角，即外部从属性与内部合意性。从外部视角来看，劳动关系是一种具有紧密的人格从属性和经济从属性的社会关系；从内部视角来看，劳动关系是劳资双方对一方提供持续职业劳动和另一方给付报酬达成的合意。② 而在建筑业违法分包用工情形下，劳动者不必遵守建筑施工企业的规章制度和纪律，而是直接受到实际施工人的监督和管理，工资报酬也由后者决定和发放，故而具有较弱的从属性。而谈及合意，在正确认识劳动合同的本质的基础上，应承认合意在劳动关系建立中的核心地位，无合意就无劳动关系的建立。③ 达成合意有明示和默示两种方式，而用工行为本身即是通过默示方式达成的合意，只有事实上的用工而无合意，只能是强迫劳动，应由刑法予以惩治，绝不可能建立劳动关系。

① 参见［日］马渡淳一郎著，田思路译：《劳动市场法的改革》，95页，北京，清华大学出版社，2006。

② 前者体现在《通知》第1条，即用人单位依法制定的各项劳动规章制度适用于劳动者，劳动者受用人单位的劳动管理，从事用人单位安排的有报酬的劳动，劳动者提供的劳动是用人单位业务的组成部分；后者体现在《劳动合同法》第3条，即订立劳动合同，应当遵循合法、公平、平等自愿、协商一致、诚实信用的原则。

③ 参见沈建峰：《论劳动合同在劳动关系协调中的地位》，载《法学》，2016年第9期。

现实中，劳动者通常由于信息不对称而不知道建筑施工企业的存在，即使知道，考虑到其自身工作的流动性和短期性，通常也没有建立稳定劳动关系的打算，故而也缺乏必要的合意。因此，综合来看，以我国目前的劳动关系"全有或全无"的认定思路，建筑施工企业和劳动者之间很难被认定为劳动关系。

3. 突破的前提："脱钩"的法理依据

首先，从"权利—义务—责任"结构的法理视角出发，用工主体责任与劳动关系缺少必然的逻辑联系。用工主体责任本质上是一种法律责任，而法律责任是一种特殊义务，具体是指一方由于违反了法定义务或约定的义务从而产生一种新的特定义务。根据相关规定①，建筑施工企业可以② 按照项目工程总造价的一定比例计算缴纳工伤保险费，参加工伤保险。而根据《社会保险法》第41条的规范目的可知，按照规定应当参加而未参加工伤保险的用人单位，其职工因工伤而产生所有的工伤保险待遇由该用人单位承担。因此，用工主体责任是立法对于建筑企业应当承担的法定义务（按项目参加工伤保险）的违反所课以的不利益（支付所有工伤保险待遇），但不必然推导出双方之间已成立劳动关系。

其次，社会保险法视域下的工伤保险与劳动法视域下的工伤保险遵循不同的法理。劳动法视域下的工伤保险权属于劳动权的一部分，以劳动关系为逻辑前提，是劳动者所专属的领域，非劳动关系的就业者不得染指，只能自担风险或仰赖商业保险，从而人为地造就了一种制度性歧视，也无助于更大范围社会风险的分担。因此，工伤保险是一种劳动保险而不是社会保险。而社会保障法视域下的工伤保险，其制度基础直接来源于《社会保险法》第2条③ 中的国家帮助义务。从权利面向上看，工伤保险权属于社会权和生存权的一部分，秉持社会连带和社会共存思想，着眼于在全体就业的公民（而不仅仅是单位职工）的范围内通过实行强制性的保险以实现互助共济，分摊由工作灾害所带来的风险，保障其社会权利。笔者认为，工伤保险在本质上应当归属于社会保险法而不是劳动法的范畴。因此，工伤保险应当顺应"公民化"的趋势，逐步实现与劳动关系的"脱钩"，回归社会保险的规范体系，以实现就业公民在工伤保障层面的互助共济以及风险分散的社会化。

---

① 参见《部分行业企业工伤保险费缴纳办法》第3条。

② 这里的"可以"是指建筑施工企业可以按照项目参保也可以按职工工资总额参保，而对于参加工伤保险本身，其仍然是建筑施工企业的法定义务，企业没有选择的余地。

③ 《社会保险法》第2条规定："国家建立基本养老保险、基本医疗保险、工伤保险、失业保险、生育保险等社会保险制度，保障公民在年老、疾病、工伤、失业、生育等情况下依法从国家和社会获得物质帮助的权利。"

4. "脱钩"的路径实现：实体与程序并举

在实体上，不认定劳动关系是最高人民法院在全国范围内明确统一的司法裁判口径。最高院于 2011 年和 2015 年发布的《全国民事审判工作会议纪要》中第 59 条和第 62 条分别都规定了（尽管在用语上稍有差异）建设单位将工程发包给承包人，承包人又非法转包或者违法分包给实际施工人，实际施工人招用的劳动者请求确认与具有用工主体资格的发包人之间存在劳动关系的不予支持。其中，在针对上述第 59 条作出的答复中，也明确了劳动者与违法发包的具有用工主体资格的单位既不构成劳动关系也不构成雇佣关系。2019 年最高人民法院在一份会议纪要① 中不仅明确相关情形不构成劳动关系，更进一步指出，此种情况下，若工伤申请符合工伤认定条件的，人民法院应予支持。上述观点已经为现今绝大多数法院所采纳并形成了系列判决。

在程序上，为了实现两者的"脱钩"，国家规定逐步明确在建筑施工企业非法发包（转包）领域，社会保险行政部门进行工伤认定不以劳动关系作为前提。如《规定》第 3 条赋予了社会保险行政部门认定违法发包、转包的用工单位承担工伤保险责任的法定职权。而人社部在《关于执行〈工伤保险条例〉若干问题的意见（三）（征求意见稿）》中进一步规定②，对于上述情形，社会保险行政部门不应以不存在劳动关系为由不予受理工伤认定的申请。对该条的理解应当是：尽管违法发包、分包的用工单位与劳动者之间不存在劳动关系，社会保险机构也应当依法受理工伤认定申请，而不得拒绝受理申请。

四、用工主体责任的承担方式——与连带赔偿责任之辨明

用工主体责任的承担方式在《通知》第 4 条中并未明确，而与此同时，《劳动合同法》第 94 条规定："个人承包经营违反本法规定招用劳动者，给劳动者造成损害的，发包的组织与个人承包经营者承担连带赔偿责任。"③ 有学者据此认为，用人单位承担的用工主体责任是一种连带赔偿责任，该责任是以招用劳动者的雇主责任为基础的。④ 反对者则表示两种表述包含的内容以及

---

① 参见最高人民法院《行政法官专业会议纪要（七）（工伤保险领域）》第 1 条。

② 具备用工主体资格的承包单位违反法律、法规规定，将承包业务转包、分包给不具备用工主体资格的组织或者自然人，该组织或者自然人招聘的劳动者从事承包业务时因工伤亡的……申请工伤认定，社会保险行政部门不应以不存在劳动关系为由不予受理。

③ 应当明确的是，这里的个人仅指自然人，即俗称的"包工头"，对于不具备用工主体资格的单位不适用本条规定。但有学者认为个人范围失之过狭，应当予以扩大解释，包括非法人单位。参见王全兴、黄昆：《外包用工的规避倾向与劳动立法的反规避对策》，载《中州学刊》，2008 年第 2 期。

④ 参见艾小川：《用工主体责任是否等同于用人单位责任》，载《人民法院报》，2016 年 10 月 26 日。

适用的情形是不尽相同的。① 此外，有地方规范性文件将用工主体责任（工伤保险责任）的承担方式界定为由违法发包、分包的用工单位和实际施工人按照《工伤保险条例》的待遇标准承担连带赔偿责任。② 但也有规定认为仅由违法发包、分包的用工单位承担。③ 可以看出，无论在理论还是现实层面上，对于用工主体责任与连带赔偿责任之间的关系亟须理清。同时，在此基础上，也需要从解释论的角度出发，阐明两者之间的适用逻辑和顺位。

（一）用工主体责任不同于连带赔偿责任

连带赔偿责任主要应用于侵权行为法中的共同侵权行为领域，是指受害人有权向共同侵权人或者共同危险行为人中的任何一人或数人请求赔偿全部损失，任何一个共同侵权人或者共同危险行为人都有义务向受害人负全部赔偿责任，其中一人或数人已经全部赔偿了受害人的损失，则免除其他共同加害人应负的赔偿责任的侵权责任形态。笔者认为，用工主体责任不同于连带赔偿责任，两者在归责原则、责任主体、责任内容、责任性质等方面存在如下区别：

首先，从归责原则上看，用工主体责任旨在让违法发包、转包的建筑企业承担用人单位应承担的工伤保险责任和欠薪清偿责任，适用无过错的归责原则，以倾斜保护弱势劳动者的利益，具有社会法的品格；连带赔偿责任则属于私法的范畴，以过错责任为前提，共同过错是各个行为人应当承担连带责任的伦理基础。将建筑工程发包、转包给无资质的实际施工人的建筑企业具有人员选任上的过错，违背了《建筑法》的强制性规定，且主观上存有对履行劳动法上义务的规避倾向，具有可责难性。而实际施工人作为直接的侵权主体，未尽到工作场所的照顾保护义务，可以认为，双方对于劳动者的损害至少存在着共同过失。

其次，从责任主体上看，用工主体责任的责任主体是违法发包、分包的具备用工主体资格的建筑企业，具有法定性，是单独主体承担的单一之债；而连带赔偿责任本质上是以责任为内容的连带债务，属于多数人之债的特殊情形之一，责任主体为复数，具有任意性，劳动者可以选择向其中之一或全

---

① 参见李帛霖：《承包用工形式下的责任主体认定研究——以〈关于确立劳动关系有关事项的通知〉第4条和〈劳动合同法〉第94条为视角》，载《山东工会论坛》，2018年第6期。

② 参见《天津法院劳动争议案件审理指南》第9条、《江苏省高级人民法院江苏省劳动人事争议仲裁委员会关于审理劳动人事争议案件的指导意见（二）》第10条、《河北省高院关于劳动争议若干疑难问题处理的参考意见》第8条。

③ 参见《深圳市中级人民法院关于审理工伤保险待遇案件的裁判指引》第4条、《北京市高级人民法院、北京市劳动人事争议仲裁委员会关于审理劳动争议案件法律适用问题的解答（2017）》第1条、《重庆市高级人民法院关于社会保险领域涉诉相关法律适用问题的会议纪要》第2条。

部主体主张赔偿，且不同的责任主体相互之间具有平等的法律地位。

再次，从责任内容上看，用工主体责任的外延是工伤保险责任和建设工程农民工的欠薪清偿责任；连带赔偿责任则包括除上述两项以外的其他人身或财产损害，最终受偿程度取决于雇主的责任财产状况，且雇主可因劳动者"与有过失"而主张责任减免。在赔偿项目上，精神损害抚慰金为侵权损害赔偿责任所特有，不属于用工主体责任的赔偿内容，而用工主体责任中的工伤保险责任则不限于损害赔偿，还包括工伤康复、工伤复发治疗、停工留薪期工资福利等待遇。此外，在相同的项目如死亡赔偿金上，两者的计算方式也有显著区别。

最后，从责任性质上看，对于工伤保险责任，根据《规定》第3条第2款规定，用工单位承担工伤保险赔偿责任或者社会保险经办机构从工伤保险基金支付工伤保险待遇后，有权向相关组织、单位和个人追偿。这里所指的追偿权，其正当性来源于预先给付义务履行后的法定债权转移。用工单位或社会保险人仅为侵权人承担预先给付义务，并因此使侵权人的义务退居后面，也就是说，其仅为债权人承担了其支付不能的风险，在履行行为结束后从债权人那里取得对其他债务的债权并可向其他债务人主张全部追偿。按照德国法的"同一层次理论"，当债务人的债务不处在同一层次时，不存在连带债务，也不存在不真正或者表见连带债务，而是存在一种完全不同的多数人之债。[①] 对于建筑领域农民工的欠薪清偿责任，《保障农民工工资支付条例》第30条第3和第4款分别规定了分包和转包情形下施工总承包单位的先行清偿责任和追偿权[②]，与上述工伤保险责任的责任性质与追偿构造如出一辙。然而，与此相比，连带赔偿责任则是真正意义上的连带债务，尽管在《劳动合同法》第94条中并未规定其追偿权，也应当参照民法的一般规定，由连带责任承担者就不属于自身应负担的责任份额享有对其他责任人的追偿权利。

(二) 用工主体责任与连带赔偿责任的法律适用逻辑与顺位

仅仅指出用工主体责任与连带赔偿责任的差异还远远不够，毕竟在现实中，两者都是可以指引法官审理案件的具有规范效力的法律文件，尤其《劳动合同法》更是贵为法律，在效力层级上要高于下位法，在法理上应得到优先适用。那么，如何把握两者的适用逻辑和顺位关系？连带赔偿责任在法律

①　参见张定军著：《连带债务研究——以德国法为主要考察对象》，232页，北京，中国社会科学出版社，2010。

②　参见《保障农民工工资支付条例》第30条第3、4款规定："分包单位拖欠农民工工资的，由施工总承包单位先行清偿，再依法进行追偿。工程建设项目转包，拖欠农民工工资的，由施工总承包单位先行清偿，再依法进行追偿。"

适用上是否优先于用工主体责任?答案是否定的。笔者认为,从法律解释的角度出发,用工主体责任应当优先于连带赔偿责任得到适用。

首先,关于工伤保险责任,最高人民法院《关于审理人身损害赔偿案件适用法律若干问题的解释》第11条第2款规定了具有过错的发包、分包单位与雇主对于劳动者的连带赔偿责任,但第3款转而规定,属于《工伤保险条例》调整的劳动关系和工伤保险范围的,不适用本条规定。前文已述,用工主体责任并不纠结劳动关系的有无,但在文义解释的层面,工伤保险责任应当属于该条所提及的"工伤保险"的涵摄范围,从而可以豁免本条而优先得到适用。四川、浙江等地方规定也明确了工伤职工请求用工单位参照工伤的有关规定进行赔偿的,法院予以支持。但若社会保险行政部门已认定为工伤的,按工伤保险规定处理。① 这是从正面肯定了工伤保险责任相对于连带赔偿责任的优先性。重庆市除了从正面规定违法分包转包的用工单位承担工伤保险责任以外,还从反面否认了工伤职工可以依据《劳动合同法》的规定请求相关主体承担连带责任的权利。②

其次,对于建筑领域农民工欠薪清偿责任,《保障农民工工资支付条例》第19条规定③将因用人单位违法发包导致拖欠农民工工资的情形,根据有关法律规定执行。这里的有关法律规定的确是指《劳动合同法》第93条和94条中的连带赔偿责任。但值得注意的是,本条是对违法发包、分包用工的责任承担的一般规定,建筑领域特别保障措施被《条例》第36条明确予以除外。从体系解释来看,第19条的规定位于第3章"工资清偿"中,是对欠薪清偿责任的一般规定,而第36条则规定在第4章"工程建设领域特别规定"中,根据法理,特殊规定优先于一般规定得到适用,即《条例》第36条规定的清偿责任应当优先适用。从这个层次上看,其与工伤保险责任的适用规则并无二致。

最后,从目的解释的角度看,用工主体责任优先于连带赔偿责任适用并不会削减对劳动者的保护,相反,还提高了其保护程度。《劳动合同法》之所以煞费苦心地引入连带赔偿责任,除了有共同过错的法理支撑以外,更重要的是为了实现最大限度地保护无辜受害劳动者的目的,即防止个人承包经营

① 参见《浙江省高级人民法院民事审判第一庭、浙江省劳动人事争议仲裁院关于审理劳动争议案件若干问题的解答(二)》第1条、《四川省高级人民法院民事审判第一庭关于印发〈关于审理劳动争议案件若干疑难问题的解答〉的通知》第13条、《内蒙古自治区高级人民法院、内蒙古自治区劳动人事争议仲裁委员会关于劳动人事争议案件适用法律若干问题的指导意见》第2条。

② 参见《重庆市六部门劳动争议案件法律适用问题专题座谈会纪要(五)》第4条第1款。

③ "用人单位将工作任务发包给个人或者不具备合法经营资格的单位,导致拖欠所招用农民工工资的,依照有关法律规定执行。"

者急功近利侵害劳动者权益或者损害劳动者利益后没有能力或逃避承担对劳动者的损害赔偿责任①，使劳动者得到及时足额赔偿，而工伤保险责任和欠薪清偿责任由违法发包、转包的用工单位直接承担。由于用工单位具有雄厚的资本实力，且赔偿适用无过错责任原则，相较于原先的连带责任而言丝毫不会减损劳动者获赔的可能性。更重要的是，根据《社会保险法》和《保障农民工工资支付条例》的相关规定，当用工单位不支付或难以支付相应的赔偿待遇时，由工伤保险基金（社会保险经办机构）和县级以上政府的应急周转金进行先行支付。对于处于分包链底层的劳动者而言，其从公共保险基金和政府机构中获得赔偿的可能性更大，且赔偿待遇通常是符合法定标准，实实在在的。套用德国 W. 杜茨教授的一句话，即政府及其机构"作为请求权的义务人都是可靠的债务人"②。与此同时，劳动者也省去与原债务人对簿公堂所需要花费的时间和经济成本，解除了后顾之忧。综上所述，用工主体责任的优先适用提高了劳动者的保护程度。

五、结语

用工主体责任是我国为了解决建筑工程等特定行业中的劳动者权利救济应运而生的，着眼于层层违法分包转包盛行、安全事故多发的建筑工程等领域，坚持以解决劳动者实际问题为导向，而不论劳动关系成立与否，由具有用人单位资格的用工单位承担的工伤保险责任和农民工欠薪清偿责任。在我国现阶段"劳动关系—民事雇佣关系"二元分立的现实基础上，违法分包用工制度下的劳动者与建筑企业很难被认定为劳动关系，因此，用工主体责任应当尊重当下国家制度安排，通过与劳动关系保持适度"脱钩"保护违法发包链末端的劳动者。用工主体责任的承担方式是用工主体的清偿责任而非连带赔偿责任，通过法定债权移转的方式进行追偿可以保证实际施工人不会逃脱至责任体系之外，以保障责任分配的正义。通过综合运用文义、体系和目的解释的方式，可以得出用工主体责任在法律适用顺位上优先于连带清偿责任的结论，且前者在保障劳动者获得及时足额的赔偿待遇上要比后者具有更大的优越性，扩展了劳动者的保护程度。

在当下的制度完善层面，可进一步根据建筑行业的特点，落实具体的工伤保险待遇确定和发放，如针对因间接用工而无法得知劳动者本人工资报酬

① 参见信春鹰主编：《中华人民共和国劳动合同法及实施条例解读》，235 页，北京，中国法制出版社，2008。

② ［德］W. 杜茨著，张国文等译：《劳动法》，104 页，北京，法律出版社，2005。

的情况，可以考虑参照地方规定以劳动能力鉴定结论作出之日的统筹地区上年度职工月平均工资为基数进行计算。对于建筑工程领域欠薪清偿责任，目前仍然只适用于农民工群体，未来可考虑进一步扩大适用范围，并完善工资保证金等配套制度。如此，工伤保险责任和农民工欠薪清偿责任——可以根据情况适时纳入新的责任类型——作为用工主体责任的两大支柱，可在不破坏灵活用工优势的前提下回应劳动者的现实需求，从而在劳动力市场中真正构建起"安全的同时也是有效率"的用工模式。

在未来的理论进路层面，应当针对当下社会经济的发展和劳动用工灵活化的趋势，考虑改革和完善劳动法的理论，尤其是对不完全具有传统工业劳动关系下的人格从属性，也不属于完全独立自主的民事雇佣关系的中间地带的第三类劳动者赋予与其从属性程度相当的劳动保护。届时，用工主体责任便可以功成身退，离开劳动法的历史舞台了。

新就业形态劳动者权益保障规范解析[①]

——基于发展法学的视角

于楚涵[*]

[摘要]　　新就业形态劳动者权益保障问题既是关乎劳资利益协调的社会法热点，也是与平台经济息息相关的发展问题。基于发展法学的视角审视国家出台的一系列新就业形态劳动者权益保障规范，可以看出其既在实然层面依托"劳动三分法"的理论路径，遵循促进平台经济规范健康持续发展的根本目标，设置了同平台用工从属性程度相符合的规则，实现了劳资利益的兼顾，也在应然层面因满足了协调发展主体利益、顺应高质量发展路径、遵循新发展理念的现实需要而具有合理性。这一实然与应然相结合的研究思路在帮助理解平台用工监管问题的同时，也为发展法学研究的开展提供了坚持社会法与发展法学的理论互动，确立连接历史、现实与未来的研究理念，以及构建由局部到整体的系统性思维等重要启示。

[关键词]　新就业形态　平台用工　平台经济　发展法学

---

* 于楚涵，北京大学法学院博士研究生。
① 收稿时间：2021年9月。

一、问题的提出

平台经济作为经济发展的新动能，在催生出一系列新企业、新业态、新经济的同时，也引发了新就业形态劳动者权益保障的难题。相关问题的核心在于界定平台企业与包括网约配送员、网约车驾驶员、互联网营销师等在内的非典型劳动者间的关系，并在合理协调双方利益的基础上给予劳动者适宜的保障。长期以来，学者围绕其展开了充分的讨论，提出了将此类特殊用工关系归入劳动关系范畴、创设全新的"类劳动关系"（或"类雇员"）概念进行保护等多元解决方案①，并就各方案的有效性进行了持久且深入的争论。

2021 年 7 月，国家相继出台《关于维护新就业形态劳动者劳动保障权益的指导意见》及《关于落实网络餐饮平台责任 切实维护外卖送餐员权益的指导意见》，为我国新就业形态劳动者权益保障之进路指明了方向。相关规范既是对劳动者应当获得的劳动基准、社会保险、职业伤害保障等多重保护的明确，也是对平台企业用工责任的规范与界定。当前我国并未采取将平台用工关系纳入劳动关系加以严格监管的模式，现有规则也由于为劳动者提供了较为充分的保护而大大增加了平台企业的用工压力。两份指导意见一经出台，外卖平台企业便遭遇了股价下跌的情况，相关监管规范对于平台企业的冲击力可见一斑。据此，有必要进一步思考指导意见是否合理有效地实现了平台与劳动者间利益的平衡，分析现有程度的保障是否存在过度抑制平台经济发展的嫌疑，进而对规则的合理性加以阐释。

以发展的眼光审视旨在调整平台用工关系的两份指导意见，可以看出其实质在于使新就业形态劳动者共享平台经济发展带来的巨大红利，即解决平台与劳动者之间存在的发展严重不平衡、不协调的重大问题。由于该问题属于兼具经济性与社会性的发展问题，可以考虑基于发展法学的视角对其展开研究，一方面借助于发展主体、发展阶段、发展格局等发展法学重要理论对相关问题进行深入剖析，另一方面也可在理论与实践的互动中为发展法学的理论完善提供思路与启示。

据此，本文依托发展法学的基本理论，首先从实然层面出发，对两份指导意见提供的新就业形态劳动者权益保障规范的具体内容展开论述，明确规

---

① 学者关于新就业形态用工关系的讨论可以参见谢增毅：《互联网平台用工劳动关系认定》，载《中外法学》，2018 年第 6 期；王全兴、王茜：《我国"网约工"的劳动关系认定及权益保护》，载《法学》，2018 年第 4 期；王天玉：《互联网平台用工的合同定性及法律适用》，载《法学》，2019 年第 10 期；肖竹：《第三类劳动者的理论反思与替代路径》，载《环球法律评论》，2018 年第 6 期。

则的实际内涵，进而转向应然层面，研究监管规范的合理性。在此基础上，从这一"理论指导实践"的研究过程中汲取有益经验，进一步探讨发展法学相关理论的可能完善进路。

二、实然层面：规则、理论与目标

厘清两份指导意见在实然层面的意涵是相关研究的基础和前提。对此，可以从三个层面出发展开论述：一则提炼指导意见中有关劳动者权益保障的核心规则，明确研究的切入点；二则探析规则背后的基本法理，界定规则的理论路径；三则梳理相关部门出台指导意见的宗旨与目标，把握规则背后的监管态度。通过上述由表及里的递进式思路，实现对于两份指导意见的深入理解，并为后续研究的展开奠定基础。

（一）新就业形态劳动者权益保障的核心规则

《关于维护新就业形态劳动者劳动保障权益的指导意见》（以下简称《新业态指导意见》）主要规定了明确劳动者权益保障责任、补齐劳动者权益保障短板、优化劳动者权益保障服务、完善劳动者权益保障工作机制等四方面内容，《关于落实网络餐饮平台责任 切实维护外卖送餐员权益的指导意见》（以下简称《送餐员指导意见》）则结合餐饮行业自身特征对相关内容进行了贯彻落实。总体而言，两份指导意见基于劳动法及社会保障法为新就业形态劳动者提供了全面且充分的保障：在劳动法层面，综合运用个别劳动关系及集体劳动关系维护劳动者基本权益；在社会保障法层面，借助社会保险及职业伤害保障机制为劳动者解决陷入困境的后顾之忧。

具言之，就劳动法而言，两份指导意见主要聚焦于个别劳动关系的相关问题，核心规则可以梳理为四个方面。首先，在劳动关系认定上，并未一刀切地界定平台与劳动者间关系，而是将其划分为存在劳动关系、不完全符合劳动关系、存在民事法律关系三种情况进行分别处理。这在一定程度上回应了司法实践与学理讨论中存在的互联网平台用工的合同定性分歧。[①] 其次，针对劳动基准问题，要求保障劳动者在最低工资、休息休假、劳动安全卫生方面的基本权益，尤其强调将不完全符合确立劳动关系情形的新就业形态劳动者纳入最低工资及支付保障的保障范畴，这必将大大增加平台企业用工成本，压缩企业盈利空间。再次，在劳动保障方面，提出建立适合新就业形态劳动者的职业技能培训模式，并加快建设一系列有助于便利劳动者工作生活的硬

---

① 参见王天玉：《互联网平台用工的合同定性及法律适用》，载《法学》，2019年第10期。

件设施。最后,关于劳动争议处理,既要求平台建立有效的风险防控及矛盾处置机制,也就各级法院、劳动仲裁机构、调解组织等在争议解决中发挥的具体功用作出了专门强调。除此之外,两份指导意见也高度关注集体劳动关系的重要作用,提出建设符合新业态用工的工会组织,积极吸纳劳动者入会,将处于弱势地位的独立分散的个体劳动者汇集为一股合力,从而更加有力地同强势的平台企业进行博弈与较量。

就社会保障法而言,两份指导意见一方面强调新就业形态劳动者应当参加基本医疗保险和基本养老保险,做到应保尽保,要求平台企业引导和支持不完全符合确立劳动关系情形的劳动者参与社会保险。另一方面也在工伤保险的制度框架下引入了职业伤害保障制度①,旨在通过这项制度创新,为无法纳入现行工伤保险范畴的新就业形态劳动者提供较高水平的保障。

值得关注的是,两份指导意见还对平台企业的"算法"问题进行了特别规制。在平台经济的发展过程中,信息及通信技术发挥着至关重要的作用。作为劳动者与消费者间中介的平台在获取大量数据的基础上,借助于算法设计和调整管理劳动者的规则②,通过日益增强的精确化和标准化管理,将劳动者的劳动过程置于细致入微的监管之下。③ 这充分说明算法在协调劳动者与平台关系中发挥着关键作用,严格管制算法是落实指导意见、切实保障劳动者合法权益的必由之路。也正因此,《新业态指导意见》要求督促企业制定修订直接涉及劳动者权益的制度规则和平台算法,《送餐员指导意见》提出企业应优化算法规则,采取"算法取中"的模式规划外卖骑手的派单数量、路线及时间等。

对两份指导意见的核心规则进行梳理,可以看出其既向劳动者利益作出了倾斜,也并未完全忽视平台利益,体现出兼顾劳资利益的努力与尝试。首先,其为劳动者提供的各项劳动保障,诸如最低工资、休息休假、基本社会保险和职业伤害保障,虽然保障程度相对较高,给企业造成了一定的压力,但都是针对劳动者核心需求进行的有的放矢的安排,并非刻意为难企业之举。其次,保障不是劳动者的免费午餐,而是以劳动作为基础和前提。以最低工资为例,两份指导意见都将"提供正常劳动"作为劳动者获取该项保障的前置条件,意味着平台仅需向提供与最低工资数额相符合的劳动的劳动者支付

---

① 参见《维护新就业形态劳动者劳动保障权益指导意见国务院政策例行吹风会》,见国新网,http://www.scio.gov.cn/32344/32345/44688/46592/index.htm,访问日期:2021年8月23日。

② 参见叶韦明、欧阳荣鑫:《重塑时空:算法中介的网约劳动研究》,载《浙江学刊》,2020年第2期。

③ 参见孙萍:《"算法逻辑"下的数字劳动:一项对平台经济下外卖送餐员的研究》,载《思想战线》,2019年第6期。

不低于当地最低工资标准的劳动报酬，这显然是一种合理的对价支付模式。最后，来自社会保障法的两项保障对于企业利润空间的压缩也是有限的。就社会保险而言，企业为与其之间存在劳动关系的劳动者办理基本医疗保险及基本养老保险本就无可厚非，对于与其之间不完全符合劳动关系的劳动者，指导意见仅要求企业对劳动者进行引导与支持，而非承担相应的费用。至于职业伤害保障，尽管目前相应的试点规则仍在筹备中，但作为一项面向无法纳入工伤保险保障范畴的新就业形态劳动者的制度安排，其对企业的要求必然远低于工伤保险，企业仅需缴纳较低标准的费用，承担"有限雇主义务"①。

以过去平台承担的不合理的"低成本"为参照审视今日的"适宜成本"，的确可以直观感受到平台企业在未来发展道路上所将承受的压力及面临的挑战。然而正如《送餐员指导意见》所言："外卖送餐员的工作任务来源于平台，通过平台获得收入，平台应通过多种方式承担劳动者权益保障方面的责任。"两份指导意见加诸企业的重担虽会带来持续的阵痛，甚至减缓平台经济的发展速度，但这并非对平台的恶意打压，而是对过往劳资利益不平衡的调整，是企业享有新就业形态劳动者之劳动所应支付的合理对价。

（二）"劳动三分法"的理论落实

从理论层面解读两份指导意见，可以发现其实际上采取了"劳动三分法"的路径，即其超越了以往将劳务给付活动划分为"从属性劳动"与"独立性劳动"，并分别运用劳动法及民法加以规范的"劳动二分法"模式，在二者之间引入了处于中间地带的"经营性劳动"，并以专门法对其进行保护和调整②，以此为劳动者提供与其工作属性相适宜的保障。这在《新业态指导意见》将劳动者划分为与企业间存在劳动关系、不完全符合劳动关系、存在民事法律关系三种情况中得到了充分体现。

值得注意的是，两份指导意见对"劳动三分法"的落实也反映出监管机构在处理新就业形态劳动者权益保障问题时，所采取的努力平衡劳资双方利益的谨慎态度。一方面，若仅以保护劳动者作为核心关切，显然将平台与劳动者间关系解释为一种特殊类型的劳动关系，进而适用劳动法加以调整能够最大限度满足劳动者需要，为其提供完备且充分的保护。然而，平台经济的蓬勃发展与灵活用工的低成本息息相关，劳动关系的介入势必抹杀这一独特优势，并对平台企业造成根本性打击，显然得不偿失。另一方面，日新月异

---

① 参见胡京：《我国新业态从业人员职业伤害保障问题及其解决》，载《广东社会科学》，2020年第6期。

② 参见王天玉：《互联网平台用工的"类雇员"解释路径及其规范体系》，载《环球法律评论》，2020年第3期。

的平台经济既为消费者提供了衣食住行的巨大便利，也极大地促进了经济的发展。出于刺激平台经济发展的考虑，无疑应为企业"减负"，从严界定平台企业与劳动者间关系，将不符合劳动关系的情形全部归为民事法律关系，遵循意思自治原则加以调整。不过，在强大的平台面前，新就业形态劳动者显然处于弱势地位，缺乏与企业博弈和谈判的实力，这将使"自治"沦为"妥协"，具有以牺牲劳动者利益为代价谋求企业发展的嫌疑。

由此可见，"劳动二分法"提供的两条路径都具有极端化倾向，在处理平台与劳动者关系时，往往顾此失彼，无法实现二者利益的有效平衡。此时，便有必要引入"劳动三分法"的思路，在二者之间开辟一条折中路径，既根据劳动者的实际处境及迫切需要为其提供最为关键的保障项目，也尽可能减轻平台企业负担，使其承担远低于劳动关系之下的保障责任，继续享有灵活用工的核心优势。这不仅同平台经济背景下劳动者与企业间的从属性水平相适应，也有助于实现劳资双方的和谐共赢。

事实上，两份指导意见对于旨在实现劳资共赢的"劳动三分法"的采纳也充分展现了监管机构的实然态度：明确平台企业劳动者保障责任并非对于企业的蓄意打压，而是在兼顾劳资利益的基础上进行的合理安排。尽管其在短期内可能提高企业用工成本，抑制平台发展空间，却有助于充分释放企业内部积压已久的劳资矛盾，为平台经济的行稳致远奠定良好基础。

(三)促进平台经济规范健康持续发展的根本目标

基于规则、理论层面的分析，可间接推测出监管机构出台指导意见，通过缓和劳资矛盾、协调劳资关系，助力平台经济长远发展的用意。事实上，《新业态指导意见》也开宗明义地指出，意见的出台是为了"切实维护新就业形态劳动者劳动保障权益，促进平台经济规范健康持续发展"。其中，前者以现实中存在的平台用工缺乏监管的问题为导向，是指导意见旨在实现的直接目标；后者则着眼于整个平台经济的发展趋势，是在保障劳动者权益的基础上所欲追求的更深层次的目标，具有根本目标的地位。根本目标统领全局，在规则的设计中发挥着引领方向的关键作用，对其进行详细拆解，有助于直观感受监管机构对于发展平台经济的实际态度。是以，本部分结合发展法学的视角，对"促进平台经济规范健康持续发展"这一根本目标展开研究，以期对指导意见的规则选择建立更为深入的理解。

之所以要促进平台经济向着规范、健康、持续发展的道路前进，是因为其存在着相应的发展问题。长期以来，平台用工都处于缺乏监管的"自发生长"状态，劳动者的权利缺乏合理的保障，难以共享平台经济发展红利。这便导致了劳资矛盾的产生与积累，在平台企业的繁荣表象下，实则掩藏着一系列病态问题。长此以往，平台经济的根基必然遭受侵蚀，使其只能成为"互联网＋"发展史上的昙花。据此，便有必要对症下药，合理运用"规范"这一发展手段，在"健康"和"持续"两大发展目标的引导下对上述发展问题作出及时有效的处理。

首先，就"规范"而言，上述发展问题的根源便是平台用工监管规则的缺失，指导意见的出台是实现规范的关键步骤。尽管现有规则还不足够具体完善，但以两份指导意见为基点，未来还将扩展出更加丰富有效的监管体系，从而填补制度缺口，推动平台经济真正步入规范的轨道。其次，"健康"关注现实问题的解决，是一项即期目标。当劳动者的权利因受规范保障而不再处于"裸奔"状态时，劳资矛盾便会逐步得到缓和，以此促进平台经济从潜在的病态中康复。最后，"持续"是一项着眼于未来的远期目标。这意味着不应拘泥于平台经济在现阶段带来的巨大红利，而应树立长远目光，通过合理规范使其保持健康，从而为其注入绵延不绝的发展动力，真正肩负起引领我国经济转型升级、提质增效的重担。

总而言之，从指导意见的根本目标出发，可以清楚地看出相关规则的制定虽然增加了平台企业的用工成本，使其承受了较大压力，却并不具备遏制平台经济发展的动机。恰恰相反，扫清平台经济发展障碍，为其未来发展赋能才是相关规则的核心要义。

（四）小结

从规则、理论、目标三个维度展开研究，可以看出指导意见是以平台经济未来发展为导向的制度安排，相关规则对于平台企业的约束均处于适宜水准，充分体现了对平台用工关系中劳资利益的合理调整。在规则层面，指导意见提出的一系列保障劳动者权益的要求皆同平台用工属性相符合，其所带来的企业用工成本的增加是企业借助灵活用工盈利所应支付的合理对价。在理论层面，为避免认定劳动关系给平台企业带来的巨大压力，指导意见创造性地引入了"劳动三分法"的理论路径，在适度增加企业成本的基础上为劳动者提供最为核心的保障。在目标层面，监管机构在"促进平台经济规范健康持续发展"这一根本目标的引领下，出台的指导意见虽使企业在现阶段面临较大压力，却着眼于平台企业未来发展，具有促进而非抑制平台经济发展的深层用意。

综上所述，两份指导意见在实然层面旨在通过保障新就业形态劳动者合法权益，解决平台用工关系中的劳资矛盾，扫清平台企业发展障碍，并为平台经济未来更好、更快发展奠基。

三、应然层面：监管规范的合理性审视

在对两份指导意见的内涵进行实然层面的解读后，还应将目光转向应然层面，结合发展法学的理论框架分析当前出台的一系列平台用工监管规范的合理性。应予注意的是，本部分的研究不再拘泥于规则本身，而是转向指导意见出台的"前因后果"，即带着问题意识探索规范平台用工的具体背景，进而分析指导意见的现实适应度，以此明确其在应然层面是否具备充足的合理性。

据此，本部分从微观、中观、宏观三重维度出发，尝试对两份指导意见在协调发展主体间关系、顺应发展路径、回应发展阶段需要方面的表现展开深入研究。

(一)发展主体：劳动者与平台利益的协调

保障新就业形态劳动者利益作为一项重要的发展问题，关乎劳动者与平台企业两方主体。在相关问题的处理上，唯有合理协调各发展主体利益，方能推动平台经济的进一步发展。毫无疑问，两份指导意见基于政策需要对现行劳动法作出了突破①，实现了各方主体利益状态的重构。为深入理解这一创新性尝试的合理性，有必要梳理指导意见出台前后各方主体的利益情况，并结合"效率—公平"价值对其所触及的平台经济发展与劳动者权益保障这对重要矛盾加以分析。

在缺乏平台用工监管规范的时代，绝大多数工作灵活性较强的新就业形态劳动者因与平台企业间从属性较弱，不能依据《关于确立劳动关系有关事项的通知》(劳社部发〔2005〕12号)被认定为与企业之间存在劳动关系，也就无法在"劳动二分法"的制度模式下得到保障。然而，由于在平台用工场景之下，劳资关系不同于传统的民事法律关系，二者之间尚存在一定的从属性，加之以网约配送员为代表的劳动者也因其工作属性而面临一系列风险②，一味对其放松监管虽然具有合法性，却不具备合理性。是以，将新就业形态劳动者纳入监管范畴已成为时代发展的必然趋势。

应予注意的是，两份指导意见如同调控劳动者与平台企业间关系的一架

---

① 参见阎天：《平台用工规制的历史逻辑——以劳动关系的从属性理论为视点》，载《中国法律评论》，2021年第4期。

② 2020年9月，微信公众号"人物"曾刊登一篇题为《外卖骑手，困在系统里》的报道，对外卖骑手在工作中面临的一系列交通事故、恶劣天气、高强度工作、心理健康等风险进行了详细报道，引起了社会各界的广泛关注。

天平。其所提出的保障劳动者权益之规则在将重心偏向劳动者一方时，必定同时减损平台企业之利益。而在平台企业与劳动者较量的背后，是更深层次的促进平台经济发展与保障劳动者利益间的矛盾，其可进一步抽象为经济法上的个体营利性与社会公益性这对基本矛盾。此时，便需要引入"效率—公平"这对重要价值加以阐释。①

效率与公平既是劳动宪法的重要价值②，也是经济法调整所应追求的一般价值。二者之间具有密切关联，既可能存在矛盾，也可能兼容共存。③ 这意味着不应割裂看待两种价值，而应结合具体情况把握其背后的实际联系。具体到平台用工监管问题：一方面，为新就业形态劳动者提供保障既是对过往其与平台间利益严重失衡的调整，也有助于让劳动者共享平台经济发展红利，无疑符合公平价值；另一方面，要求平台企业承担一系列劳动保障责任显然增加了其用工成本，可能减缓平台企业发展速度，对效率价值造成一定的影响。这似乎说明相关问题背后存在着两种价值的重大矛盾。然而，正如我国《宪法》第14条所言："国家通过提高劳动者的积极性和技术水平……以不断提高劳动生产率和经济效益，发展社会生产力。"劳动者的积极性也是影响经济效益的一项关键因素。劳动者的劳动是平台企业盈利的重要基础，当劳动者的权益得到充分保障时，其劳动积极性也将大大增强，无疑有助于企业效率之提升。由此可见，当监管规范提供的劳动者保障水平处于合理限度之时，平台企业用工成本提高所引起的效率降低可以为劳动者积极性增强带来的效率提升所填补，从而在"效率—公平"价值有效共存的基础上，实现劳动者与平台企业两大发展主体利益的合理协调。

据此，就保障新就业形态劳动者利益而言，应当坚持劳资共赢这一基本理念，既要为劳动者提供充分保障，努力落实公平价值，也要避免对平台企业利益的过分压制，尽量维护效率价值，如此方能在"公平—效率"的有序互动中实现两大发展主体的共同发展。运用这一标准审视两份指导意见，可以看出其在规则、理论及目标层面均旨在实现劳资利益的平衡协调，充分体现了对于二者利益的兼顾，具有发展主体这一微观维度的合理性。

（二）发展路径：平台经济应以高质量发展为导向

习近平总书记在党的十九大报告中指出："我国经济已由高速增长阶段转向高质量发展阶段，正处在转变发展方式、优化经济结构、转换增长动力的

---

① 参见张守文著：《经济法原理》，61页，北京，北京大学出版社，2020。
② 参见阎天：《重思中国劳动宪法的兴起》，载《中国法律评论》，2019年第1期。
③ 参见张守文著：《经济法原理》，61页，北京，北京大学出版社，2020。

攻关期，建设现代化经济体系是跨越关口的迫切要求和我国发展的战略目标。"① 可见，我国发展路径已经发生了根本性转变，由"高速增长"转向了"高质量发展"。对此，平台经济也应及时采取行动，以充分回应这一全新的发展要求。

在改革开放初期，由于我国经济具有"落后的生产力"这一基本特征，为了解决这一现实问题，必须提高增长速度。这也使得市场经济具有了浓厚的工具理性色彩，收入、利润、GDP等经济关系中的工具性目标受到了全社会的热烈追捧。然而，这种过分关注发展"数字"的做法也引发了一系列发展矛盾，使得我国经济发展逐渐暴露出"不平衡、不协调、不可持续"的问题。② 随着经济发展"量"之目标的日益实现，有必要将目光转向"质"的层面，解决过往片面追求物质财富所引发的发展问题，推动经济向高质量发展的轨道迈进。

所谓高质量发展，即经济总量与规模达到一定水平后，出现的经济结构优化、新旧动能转换、经济社会协同发展、人民生活水平显著提高的结果。③ 较之高速增长以数字为核心的衡量标准，高质量发展的评判体系更为抽象和模糊。总体而言，其主要着眼于经济活力、创新效率、绿色发展、人民生活、社会和谐等五大方面④，旨在改变过去高速增长时代过度依靠劳动力、资源、环境、土地等生产要素投入的粗放型发展模式，逐步转向依靠科技、效率驱动的集约型增长模式。

具体到平台经济领域，高质量发展路径主要向其提出了三方面要求：第一，由爆发式的繁荣逐步转向平稳增长。这意味着不再一味追求平台经济飞速发展带来的阶段性快速增长，而是在保证质量的基础上考虑速度。因此，有必要适度降低发展速度，为平台经济的多维、全面发展蓄力。第二，摆脱对于劳动要素的过度依赖，充分发挥创新驱动发展的重要作用。以平台经济为代表的数字经济，得益于互联网技术的普遍运用，具有技术创新引领经济增长的属性，无疑有助于推动经济的高质量发展。⑤ 然而，长期以来平台经济

---

① 习近平：《决胜全面建成小康社会 夺取新时代中国特色社会主义伟大胜利——在中国共产党第十九次全国代表大会上的报告》，见新华网：http://www.xinhuanet.com/2017 - 10/27/c_1121867529.htm，访问日期：2021年8月30日。

② 参见金碚：《关于"高质量发展"的经济学研究》，载《中国工业经济》，2018年第4期。

③ 参见任保平、李禹墨：《新时代我国高质量发展评判体系的构建及其转型路径》，载《陕西师范大学学报（哲学社会科学版）》，2018年第3期。

④ 参见李金昌、史龙梅、徐蔼婷：《高质量发展评价指标体系探讨》，载《统计研究》，2019第1期。

⑤ 参见荆文君、孙宝文：《数字经济促进经济高质量发展：一个理论分析框架》，载《经济学家》，2019年第2期。

过度依赖低成本的灵活用工，逐渐显露出"劳动密集型"属性①，这显然与现阶段的高质量发展路径相悖，应予及时调整。第三，更好服务于便利人民生活、满足社会需求的目标。既要为消费者提供更加多元丰富的服务，也要充分保障内部劳动者的待遇及福利，使人民得以共享平台经济发展成果。

就两份指导意见而言，其所提出的一系列旨在协调劳动者与平台企业利益的监管规则不仅通过提升企业用工成本，实现了对于平台经济发展速度的有效调控，也有助于摆脱其对廉价劳动力的依赖，从而更加专注于发挥创新驱动发展的作用。此外，为新就业形态劳动者提供的劳动法及社会保障法方面的保障也能使其共享平台经济发展红利，是高质量发展所要求的普惠性的充分体现。基于此，两份指导意见能够为平台经济满足高质量发展之要求提供有效助力，无疑具有发展路径这一中观维度的合理性。

（三）发展阶段：坚持新发展理念的引领作用

当前，我国已经进入新发展阶段，开启了全面建设社会主义现代化国家的新征程。在这一发展阶段，我国肩负着从全面建成小康社会到基本实现社会主义现代化，再到建成富强民主文明和谐美丽的社会主义现代化强国的历史使命。"理念是行动的先导，一定的发展实践都是由一定的发展理念来引领的"②。这意味着在新时期必须坚持新发展理念的引领作用，以充分回应现实中的发展问题及发展矛盾，推进社会主义现代化建设的科学、有序进行。

2015 年，党的十八届五中全会提出"创新、协调、绿色、开放、共享"的新发展理念，并赋予这一发展理念的革新以"关系我国发展全局的一场深刻变革"之地位。③ 新就业形态劳动者权益保障问题着眼于调整固有失衡的劳资关系，旨在通过为劳动者提供充分保障，使其切实享受平台经济发展红利。这与新发展理念中的"协调""共享"理念息息相关，在此主要围绕二者展开论述。

协调发展着眼于解决我国发展中存在的一系列失衡失调问题，旨在建立平衡的发展结构。其既要处理整体层面的区域、城乡协调问题，也高度关注个体层面的贫富差距以及社会阶层的流动与稳定。共享发展则侧重于解决公平分配和发展正义问题。④ 其倡导人民公平享有经济发展成果，追求经济增长

---

① 参见闻效仪：《共享经济本质是劳动密集型经济》，载"劳动关系与工会研究院"微信公众号，2018 年 12 月 10 日。

② 习近平：《在党的十八届五中全会第二次全体会议上的讲话（节选）》，见中国共产党新闻网，http://cpc.people.com.cn/n1/2016/0101/c64094 - 28002398.html，访问日期：2021 年 9 月 1 日。

③ 参见《中共中央关于制定国民经济和社会发展第十三个五年规划的建议》，见中国共产党新闻网，http://cpc.people.com.cn/n/2015/1103/c399243 - 27772351 - 2.html，访问日期：2021 年 9 月 1 日。

④ 参见张守文：《新发展理念与"发展型法治"的构建》，载《人民论坛·学术前沿》，2021 年第 13 期。

与人民富裕生活的同向一致。①

长期以来,平台用工监管处于空白状态。以网约配送员为代表的新就业形态劳动者在缺乏保障的背景下,以"廉价劳动力"的形态服务于平台经济的蓬勃发展。在这一逻辑之下,平台企业成为这一用工关系中的主要受益者,付出勤勉劳动的劳动者则难以得到与其贡献相匹配的收益与保障。长此以往,便引发了"强者恒强,弱者恒弱"的恶性循环,造成了企业与劳动者间贫富差距的日益悬殊。这一发展失衡问题既有违协调发展理念,也因忽视了劳动者之应得利益而与共享发展理念相背离。

在此背景下,两份指导意见应运而生。其所提出的劳动基准、劳动保障、社会保险、职业伤害保障等规则,一方面有助于调整劳动者与平台企业收益,缓解二者之间日益拉大的贫富差距,是对协调发展理念的有效回应;另一方面也使得新就业形态劳动者对其"应得"利益与保障具有合理预期,从而有效增强其在共建共享之中的获得感,符合共享发展理念要求。据此,两份指导意见深入贯彻落实了新发展理念,结合新发展阶段的时代需要对平台用工进行了有效调整,具有发展阶段这一宏观维度的合理性。

四、基于研究思路的理论反思:发展法学的进路探讨

从发展法学的视角出发对两份指导意见进行分析,可以看出其既在实然层面运用适宜的规则、理论与目标实现了对于新就业形态劳动者与平台企业利益的有序调整,也在应然层面因满足了发展主体、发展路径、发展阶段提出的现实需要而具有充分的合理性。可见,在研究中引入发展法学理论有助于对问题进行多维度、多层次的系统性剖析,从而充分理解研究对象的表象及本质。

事实上,这一运用发展法学理论分析指导意见的研究思路不仅实现了对新就业形态劳动者权益保障问题的深入探索,也能够为发展法学自身的进路探讨提供有益启示。据此,本部分旨在反思上文研究思路,试图从中提炼出可资推广的原理与方法,以期给未来研究以借鉴。

(一)坚持社会法与发展法学的理论互动

所谓发展法学,即以发展问题为研究对象,以促进发展为目标的法学分支学科。其具有狭义与广义两重维度:前者聚焦于经济及社会的发展,后者则延伸至政治、文化等方面的发展。② 发展法学所独有的研究对象及研究目标

---

① 参见王淑芹:《正确理解五大发展理念的内涵和要求》,载《思想理论教育导刊》,2016年第1期。

② 参见张守文:《"发展法学"与法学的发展——兼论经济法理论中的发展观》,载《法学杂志》,2005年第3期。

使其不再拘泥于传统部门法的划分标准，具有了跨部门法的独特属性。这意味着相关法律制度及法学理论只要能够有效解决发展问题，指引发展方向，无论其来自民法、刑法还是行政法等领域，皆可归入发展法学范畴，为其提供有力的知识支持。

在各部门法领域中，经济法和社会法作为受到法律现实主义引领的现代法学学科，较之着眼于微观层面的权义配置和定分止争的传统法学学科，无疑更加关注经济、社会在宏观层面的发展。据此，有学者认为二者可以大体归入发展法学之中，为推动经济和社会的协调发展提供有效的理论指引。[①] 然而，发展法学作为成长中的新兴学科，当前围绕其展开的研究并不充分，现有研究也主要立足于经济法的视角[②]，鲜见社会法与发展法学的理论互动。事实上，新就业形态劳动者权益保障问题既是关乎平台经济未来的发展问题，也是近年来社会法领域的重大热点，从发展法学视角出发围绕其展开的研究便是社会法与发展法学的一次理论互动，这有助于促进二者的共同发展，具有重要意义。

一方面，就社会法而言，引入发展法学的分析框架，有助于揭示劳动者权益保障问题背后的复杂关系，明确其所涉及的多元发展主体的利益状态与政策需求，并将个体、集体之间的关系置于更为宏观的社会、经济发展背景之下，从而在更为长远的社会进程中洞察调整不同主体利益状态的可能影响。针对平台用工问题，过往研究多来自社会法领域，聚焦于劳动者一方的利益需求。在研究中融入发展主体、发展路径、发展阶段等多元维度，无疑能够开阔研究视野，从而更为全面、深入地把握劳动者与平台企业的利益平衡点，并为制度设计的方向选择提供依据。

另一方面，对于发展法学来说，介入社会法领域的现实问题，既能够使相关理论在分析问题的实际过程中得以激活，也有助于在具体应用中拓展并完善发展法学的理论框架，从而在"理论指导实践"的过程中推动发展法学由书本走向现实，真正成为一门解读并引导中国社会发展的实用理论。平台用工作为一项关乎经济与社会发展的关键问题，无疑能够为发展法学提供接受检验与试炼的机会，使之在平台与劳动者的力量博弈中得到丰富与完善，这对于发展法学理论体系的构建而言至关重要。

---

① 参见张守文：《"发展法学"与法学的发展——兼论经济法理论中的发展观》，载《法学杂志》，2005年第3期。

② 关于经济法与发展法学的交叉研究可参见张守文：《"发展法学"与法学的发展——兼论经济法理论中的发展观》，载《法学杂志》，2005年第3期；张守文：《经济法学的发展理论初探》，载《财经法学》，2016年第4期；张守文：《区域协同发展的经济法解析与促进》，载《当代法学》，2021年第5期。

由此可见，坚持社会法与发展法学的理论互动，既有助于分析和解决社会法领域的发展问题，也能够为发展法学的完善提供重要经验。在未来的研究中，有必要延续这一思路，以此推动社会法与发展法学的共建共赢，为探索我国社会发展进路提供助力。

（二）确立连接历史、现实与未来的研究理念

发展是沿线性时间产生的一系列积极变化，发展法学以促进发展为目标的属性向其提出了关注时间维度的要求。这意味着在发展法学的研究中，应树立并坚持连接历史、现实与未来的研究理念，既要从历史中汲取经验、提炼规律，也要面对并解决现实中的发展问题，更要着眼于未来，不局限于一时的成败，关注事态的长远运行。

首先，就历史维度而言，其立足过往发展实践，旨在吸取经验与教训，以此总结中国发展道路，并为探索未来发展方向提供实证基础。针对平台用工问题，过去"劳动二分法"的体制的确使平台企业通过低成本的灵活用工获取了巨大的发展红利，从而促进了平台经济的高度繁荣。然而，这一具有劳动密集属性的发展模式已然成为"过去式"，不再符合新发展阶段的中国发展道路。基于此，显然应当根据发展阶段的变化，及时修正这一具有压榨劳动者嫌疑的竭泽而渔的发展方式，避免发生"历史的倒退"，干扰我国发展进程。值得注意的是，这一聚焦历史的思路也是同样关注法律与发展间关系的美国法律与发展运动（Law and Development Movement）的重大关切[①]，在发展法学中贯彻这一理念无疑有助于促进学术对话的形成与开展，具有合理性。

其次，现实维度要求培养问题意识，强调以发展的目光审视现实世界的矛盾与冲突，从而及时发掘并回应发展问题，为我国未来发展道路扫清障碍。长期以来，学界及实务界围绕新就业形态劳动者权益保障问题展开了深入且丰富的讨论，如何通过制度设计平衡劳资利益是这场讨论的核心关切。由于劳动者与平台企业的利益密切联结，往往具有一方进则一方退的特点，若仅将目光局限于二者的协调问题，无疑将受制于双方的博弈，难以把握各方皆赢的平衡点。但当引入发展法学的思维方式，将矛盾转化为发展问题时，研究视野便可从单纯的利益冲突上升至国家发展层面，制度设计的考虑因素也不再局限于劳资协调，而是融入了促进发展这一更为关键的考量，在此基础

---

① 美国法律与发展运动兴起于20世纪60年代，至今仍在进行之中。这场运动旨在探索法律与新兴的第三世界国家发展之间的内在关联。对这一问题展开研究的前提便是厘清这些发展中国家在历史进程中衰落的原因。相关内容可以参见姚建宗著：《法律与发展研究导论以经济与政治发展为中心的考察》，长春，吉林大学出版社，1998。

上形成的制度安排显然更具科学性与合理性。

最后，未来维度不拘泥于短期的成败，而是关注法律、法规、政策在其长期运行中对我国经济社会发展的可能影响。以两份指导意见为例，其所提出的一系列新就业形态劳动者权益保障规则在短期内的确会较大幅度地提高平台企业用工成本，增加其用工压力，从而造成平台经济发展速度减缓的结果。但从长远来看，相关规则符合国家发展战略的方向调整，非但不会抑制平台经济的发展，反而有助于推动其向着可持续发展的道路前进。可见，在发展法学的研究中引入未来维度的思考能够更为理性客观地把握发展问题及其解决之道，应当予以肯定。

综上所述，确立历史、现实与未来相连接的研究理念，能够从历史演进的视角出发，对发展问题的形成原因、内在矛盾、解决方案进行全方位的系统分析，从而有效回应现实世界的发展需要，更好地为国家发展战略服务。据此，这一构建于时间维度的研究理念的重要性可见一斑，其应在发展法学的未来研究中得到肯定与坚持。

（三）构建由局部到整体的系统性思维

发展是一项具有全局性、系统性的重要工程，其不仅关注个体的成长，更致力于推动经济、社会、文化等各方面的共同进步。这意味着在发展法学的研究中，应建立一套兼顾局部与整体的思维方式，既要把握发展问题涉及的多方主体的对抗与协调，也应将其置于时代发展的大背景下加以审视和分析，从而"以点及线，由线到面"，在点、线、面的联动中深入理解研究对象及其对于中国发展的影响。本部分便对这一由局部到整体的系统性思维进行详细阐释。

局部思维要求对发展问题进行拆解，深入发掘其在个体层面涉及的不同主体的角色、功能、利益以及其间的矛盾。之所以要着眼于这些细节，是因为发展问题通常源自发展主体间的冲突，明确各主体的利益需求、探索矛盾的处理方向是有效解决发展问题的基础步骤。以平台用工为例，其实质是平台企业与新就业形态劳动者的利益协调问题。在该问题的处理上，既不能仅关注一方主体利益，在失之偏颇的基础上设计规则，也不应脱离企业与劳动者的矛盾，在无视基本问题的前提下空谈发展。唯有厘清平台企业与劳动者这两大发展主体在平台用工监管问题上的利益冲突，在不忽视任何一方需求的情况下进行制度安排，才能实现纠纷的有效处理，并在此基础上融入发展的考量调整规则，方可真正推动平台经济的规范健康持续发展。

整体思维强调打破界限，拓展视野，将有关主体之间冲突与协调的讨论上升至国家发展的路径、阶段、格局上来。发展问题不同于是非分明的纠纷，其背后各主体间的利益关系错综复杂，其中的矛盾通常难以轻易解决。当局部层面的讨论陷入僵局时，便无须桎梏于私主体利益的计较，而应融入公共利益视角，基于国家发展这一整体层面展开讨论，这也暗含了经济法中个体营利性与社会公益性之间基本矛盾的解决思路。① 具体到旨在规范平台用工的两份指导意见，若仅着眼于其对劳资利益的影响，便意味着需要在保护劳动者利益与促进平台经济发展的重要目标之间，也即公平与效率这对基本价值之间进行艰难选择。而当缺乏具体语境时，价值选择因衡量标准不明而不具备实际意义。此时，便有必要融入发展的实际语境，从发展主体的较量转向发展路径、发展阶段方面的思考，通过微观、中观、宏观相结合的整体维度的讨论进一步明确指导意见的合理性。

可见，构建由局部到整体的思维方式不仅有助于协调发展主体间利益关系，为发展问题的有效解决奠定良好基础，也能够推进发展问题同国家发展环境相结合，进一步完善其处理路径，这对于发展法学的研究而言无疑大有裨益。

五、结语

综合以上分析，本文从发展法学的视角出发，对两份指导意见及其背后的劳资矛盾进行了深入分析，是一次发展法学与社会法交叉研究的理论尝试。相关研究旨在解决两方面问题：一则，两份指导意见提供的新就业形态劳动者权益保障规则是否实现了对于劳资利益的合理调整，其对平台经济有何影响，又能否满足时代发展需求？二则，发展法学作为一门成长中的新兴学科，其如何从理论走向实践，实现自身的发展与完善？

就两份指导意见而言，其在实然及应然的双重维度都充分体现了平衡劳资利益的努力，有助于促进平台经济的可持续发展，是对新发展阶段时代需要的有力回应。在实然层面，两份指导意见为新就业形态劳动者提供的保障水平同劳资之间从属性程度相适应，是旨在协调劳资利益的"劳动三分法"理论的具体落实，有助于促进平台经济规范健康持续发展。在应然层面，两份指导意见的规则、理论与目标既兼顾平台企业与劳动者两大发展主体需要，也遵循了"高质量发展"的发展路径，还对协调、共享的新发展理念进行了贯彻落实，无疑具有充分的合理性。

针对发展法学的完善问题，作为旨在解读并促进我国发展的重要理论，

---

① 参见张守文著：《经济法原理》，28-29页，北京，北京大学出版社，2020。

发展法学并非由概念堆砌而成的空中楼阁，而需走入现实世界，在实践中得以激活。这意味着对于发展问题的研究既有助于回应现实需要，也能够推动发展法学的自身成长。基于发展法学视角，从实然及应然层面解读两份指导意见的研究过程便可提供三点启示：第一，坚持社会法与发展法学的理论互动，为研究的开展输送社会层面的发展问题；第二，确立连接历史、现实与未来的研究理念，在更加完整的时间维度下，实现对于发展问题的全面理解；第三，构建由局部到整体的系统性思维，立足于多元的空间维度，形成以发展为核心的全局化思维体系。在此基础上，便可推动发展法学在理论与实践的协同互联中实现自身理论的更新与完善，从而更好地为我国经济社会的协调发展服务。

我国特殊工种养老金优待制度的问题及完善①

史常亮*

目次

[摘要]　　从事艰苦和危险工作的工人，由于其特殊的工作性质，往往会在其工作时间内接触大量可能对其健康造成长期的、不可逆转影响的因素，导致其劳动能力衰退时间的提前以及预期寿命的减损。该群体在我国被称作特殊工种，对该群体的养老金优待政策是生存权保障原则与社会公平原则的必然要求，致力于（在劳动力衰退后）维持其基本生活水平，具有正当性和合理性，体现了社会主义制度对产业工人权益的高度重视。我国特殊工种养老金优待政策主要体现为养老金受领时间的提前以及养老金待遇计算方式上的优惠。当前该制度存在诸多问题，亟待改革。首先，审批和剔除工作的停滞，使该制度不能较好适应社会变迁，引发群众的不满；其次，提前退休所造成的早领少缴的开支均由社会统筹，用人单位并未付出额外成本，企业或成该制度最大受益者，有违立法原意，亦违反社会保险缴费费率与风险相关的原则。

当前制度的革新需要从以下三个方面入手：从源头上收紧控制优惠政策的适用范围、积极探索提前退休的替代模式、保障现有特殊工种劳动者的权益。通过政策收紧，控制受惠群体的总体规模而非缩减个体福利，才是符合立法原意顺应时代要求的正途。在限制、收紧提前退休途径的同时，不宜过分削减甚至取消特殊工种现有的个体福利待遇。俄罗斯对 WAHJ 雇主根据工

＊　史常亮，山东济宁人，中国人民大学法学院博士研究生。
①　收稿时间：2021 年 9 月。

作环境危险类型强制征收额外税费以保障职工退休后待遇的做法值得借鉴。此外，个人账户中计发月数是基于预期寿命等要素精算得出的，特殊工种由于预期受领年限短，在确定计发月数时应当作出区别。

[关键词] 特殊工种 WAHJ 提前退休制度 养老金优待

一、引言

工业社会里，工业劳动客观上存在诸多劳动风险，而从事艰苦或危险工作的劳动者所面临的劳动风险更是倍增。本文聚焦特殊工种提前退休制度的现状、问题与其发展。"特殊工种"一词，原本是民间约定俗成的称呼，我国立法层面的官方表述是"井下、高空、高温、特别繁重体力劳动或者其他有害身体健康的工作"①，是指我国经行政法规或部门规章确认的工作岗位，政府对名录内工人群体采取了在退休年龄、养老金计算等方面的优待政策。1999年，"特殊工种"一词作为简称首次出现于官方表述中。② 对该类群体的养老金优待并非我国独有，国际上通常将此类群体定义为"从事艰苦或危险工作的工人"（workers in arduous and hazardous jobs，WAHJ）。欧盟对该群体的定义是"工人在一段时间内接触一种或几种因素，导致可能对其健康造成长期和不可逆转影响的职业状况；这些因素与身体限制、心理社会风险、侵略性的物理环境、工作组织和工作节奏（包括倒班工作）有关"③。工作中的诸因素会对工人的健康产生长期、不可逆影响是该类工作的共性，统称为艰苦、危险工作。此外，该定义还强调影响健康的要素为生产所必需且现有技术水平难以大幅改善其工作条件的，方可列入名录予以倾斜保护，这一限制能有效地将满足 WAHJ 定义的劳动者规模控制在合理范围内。

对该类群体的政策性倾斜优惠有其正当性基础。由于恶劣的劳动条件，特殊工种的工人往往遭受职业灾害的潜在风险高，预期寿命较正常退休工人要短，相应地预期社保待遇领取年限也短，对其进行养老金优待等事后补偿是分配正义的体现。社会保障法是对国民收入进行再分配的机制，是对国民收入的一种转移④，再分配时应当向家庭负担重、健康状况差群体适度倾斜以

---

① 参见国发〔1978〕104 号。

② 参见劳社部发〔1999〕8 号。

③ Natali, D. , S. Spasova and B. Vanhercke, Retirement Regimes for Workers in Arduous or Hazardous Jobs in Europe. A Study of National Policies. 2016.

④ 参见林嘉：《论社会保障法的社会法本质——兼论劳动法与社会保障法的关系》，载《法学家》，2002 年第 1 期。

保障实质公平。对特殊工种的养老金优待政策便是贯彻了这一原则，该政策是一种对其职业风险的事后补偿，是分配正义的体现。恶劣的劳动条件会导致预期寿命降低、未来潜在的治疗费用增高等一系列风险。优待政策致力于（在劳动力衰退后）维持其基本生活水平，具有正当性和合理性，体现了社会主义制度对产业工人权益的高度重视。我国特殊工种养老金优待政策主要体现为养老金受领时间的提前以及养老金待遇计算方式上的优惠。

然而，这项创始于1951年的制度运行至今亦存在诸多问题，亟待解决。首先，名录陈旧未能动态调整，无法适应社会变迁。"1998年以来，国家没有审批过新的提前退休特殊工种。"[①] 当前该制度未能随社会变迁进行动态调整，导致"新的进不来，旧的踢不出去"现象，造成了不同岗位工种间待遇差异大等社会不公正现象，引发部分群众不满，这在一定程度上削弱了该制度存在的合理性与正当性基础。其次，地方政府违规越权"扩大政策性提前退休适用范围"、单位与职工共谋以"档案造假"方式违规提前退休的乱象频发，这使得该政策受惠群体规模无序扩张，加重了社保基金的压力。上述问题亟待监管与规制，更需要立法层面的回应。另外，在延迟退休改革势在必行的大背景下，特殊工种提前退休制度必然要随之调整，理由有二：其一，人均预期寿命在提高且生产环境在改善、生产技术在改进。该制度的前提预设是恶劣劳动条件导致预期寿命降低，随着社会变迁，WAHJ工作的数量减少，政策收紧符合客观趋势。其二，是对养老金财政可持续性的担忧。据相关研究，我国退休年龄在世界范围内都是偏低的，特殊工种群体提前支取养老金更是会加重社保基金的压力，过于宽松的提前退休审批、受惠群体的逐渐臃肿化会加重社保基金的负担，更会影响社会公平。故而在人口老龄化以及延迟退休改革的大背景下，特殊工种法定领取养老金年龄随之提高是趋势，特殊工种养老金优待政策的收紧也是大势所趋，特殊工种养老金优待制度如何进行调整以更好适应改革要求，一直缺乏足够关注，值得研究。

二、特殊工种养老金优待的法理分析

特殊工种群体养老金优待政策有其正当性基础。从事艰苦和危险工作的工人，由于其特殊的工作性质，往往会在工作时间内接触大量可能对其健康造成长期的、不可逆转影响的因素，导致其劳动能力衰退时间的提前以及预期寿命的减损。这些因素包括职业环境等造成的生理损害、心理社会风险，

---

① 劳社厅函（2002）251号。

亦包括工作节奏（倒班、夜班）等造成的潜在健康威胁。预期寿命的减损意味着因预期社保领取年限的缩短而实际受领的养老金金额较正常退休人员少，这显然并不公平。预期寿命降低的恶果已然由劳动者承受，社会保障制度应当为其提供可靠的稳定的经济来源，以维持其劳动力衰退后的基本生活。而劳动能力衰退时间的提前则意味着其在劳动力市场上的弱势地位，在其无法胜任原本从事的艰苦困难工作时，再就业亦将面临巨大困难和就业歧视。鉴于其劳动能力衰退时间的提前以及预期寿命的减损，赋予特殊工种群体提前领取退休金的权利以及保障其退休待遇，是实现实质公平的必然要求，体现了社会保障制度的再分配功能，使得危险工作所面临的风险在社会、雇主、劳动者之间合理分担。当前制度设计便是建立在上述前提预设基础之上的，归根结底在于保障特殊工种行业的产业工人劳动力丧失后的经济来源以维系其基本生活。事实上，这也是生存权保障原则的必然要求，国家有责任帮助这些弱者，使其在劳动力衰退后维持基本的生活，保障其能有尊严地生活、安享晚年，这也是《宪法》第45条"从国家和社会获得物质帮助的权利"的体现。从这一角度看，特殊工种养老金优待实际上是生存权保障原则的必然要求，其根本目的在于保障特殊工种从业者晚年基本生活，使劳动者更有安全感。这也有助于更好发挥社会保障制度的安全网、稳定器作用。

从风险分配的角度看，社会正常运转离不开相关的艰苦危险工作，而特殊工种劳动者从事相关工作所遭受的工业风险远超普通劳动者面临的职业灾害风险水平，对特殊工种劳动者来说，因病致贫、年老、劳动力衰退等社会风险复合在一起，使得其晚年经济状况处于不确定状态。而这些劳动所产生的效益不仅为企业所享，很大程度上系社会运行所必需，社会全体成员也实际因此获益。因此应当在雇主、劳动者、社会三者间合理分担这些风险。有观点认为，"对遭受工作风险的回报"和"弥补平均预期寿命的缩短"[1]是特殊退休计划的理由。也有观点区分了对特殊工种的劳动保护补偿的两种类型，并认为养老金优待制度（提前退休制度）属于"事后补偿"[2]。这都是从补偿风险的角度进行的正当性论述。

从社会公平正义的角度看，社会保障法是对国民收入进行再分配的机制，是对国民收入的一种转移[3]，再分配时应当向家庭负担重、健康状况差群体适度倾斜以保障实质公平。艰苦危险工作的从业者，由于恶劣的劳动条件，往

---

① 参见胡务：《经合组织国家特殊工种退休制度》，载《中国劳动》，2012年第10期。

② 参见梁忠兴、杨继忠：《谈特殊工种劳动保护制度问题》，载《劳动保护》，2019年第11期。

③ 参见林嘉：《论社会保障法的社会法本质——兼论劳动法与社会保障法的关系》，载《法学家》，2002年第1期。

往遭受职业灾害的潜在风险高。因工作对其健康产生的长期的、不可逆转的影响，致使其预期寿命较正常退休工人要短，相应地预期养老金受领年限也短，劳动能力衰退的时间亦较常人提前，属于经济上的弱者。社会政策的制定必须有利于增进社会正义，提供有利于弱者的积极差别待遇措施① 便是达成途径之一，对特殊工种的养老金优待等事后补偿是分配正义的体现，体现了社会公平思想，使广大特殊工种劳动者可以共享改革成果。

三、我国特殊工种养老金优待制度沿革

我国特殊工种养老金优待制度主要体现为养老金受领时间的提前以及养老金待遇计算方式上的优惠。前者落实到政策上便是特殊工种提前退休制度，其本质上是通过允许该群体提前退休使其养老金受领年限提前，保障该群体实际领取养老金待遇的年限不低于正常退休人员；而后者是保障特殊工种提前退休者晚年的基本生活待遇，不会因提前退休而面临养老金缩水。该制度自新中国成立之初一直延续至今，历经多次改革。

（一）初创奠基阶段

新中国成立之初就对有毒、有害、高温、井下作业工人处境表达了高度关切。1951 年出台的《中华人民共和国劳动保险条例》第 15 条丙、丁项首次规定了特殊工种提前五年退休的制度以及工龄折算制度，经 1953 年、1956 年两次修订扩大适用范围，主要适用于企业职工。该条例区分列举了两类特殊工种：一类是井下工作或固定在低温（32℉以下）或高温（100℉以上）环境工作的工作者；另一类是化工或兵工业中直接从事有害身体健康工作者。其中，井下、低温、高温作业人员工龄按一年零三个月折算；从事有毒有害工作者工龄按一年零六个月折算。《中华人民共和国劳动保险条例实施细则修正草案》第 29 条细化了认定标准，工人连续从事井下、低温或高温工作满十年或有毒有害工作满八年，即可享受提前五年退职养老的待遇。《劳动保险条例》及其实施细则明确了特殊工种认定的双重年限标准，也即达到退休年龄（较正常退休年龄提前五年）以及从事特殊工种年限达到法定要求。该条例确定的社保模式具有鲜明的苏联国家统筹模式之特征，也即"由国家包揽养老保险活动和筹集资金，实行统一的保险待遇水平。劳动者个人无需缴费"②。

---

① 参见林嘉著：《社会保障法的理念、实践与创新》，141 页，北京，中国人民大学出版社，2003。

② 参见林嘉著：《社会保障法的理念、实践与创新》，158 页，北京，中国人民大学出版社，2003。

根据规定，相关养老保险待遇的费用全部由企业负担，一部分由企业直接支付，另一部分由企业缴纳社会保险金。需要说明的是，当时"以企业为载体的养老保险制度""事实上主要是一种国有经济范围内的大统筹制度"①，养老保险费用以及退职养老待遇均由国有企业负担。此外，在劳动条件改善方面，周总理还指示国家经济委员会对从事有毒、有害、高温、井下作业工人的食品供应情况开展调查研究，制定合理标准。② 最终确立了对特殊工种的实物配给优待制度。③ 1958 年《国务院关于工人、职员退休处理的暂行规定》基本延续了上述制度。这样，新中国成立之初便初步确立了退休年龄优待、退休金计算优待、劳动保障方面优待三个方面的优待政策，形成了具有中国特色的特殊工种保障制度并影响至今。

（二）转型阶段

改革开放后，我国社会保障体系也经历了由计划经济时代的国家统筹型社会保障体系向市场经济时代的社会保障体系转型。作为社保体系的组成部分，特殊工种优待制度也随着社会变迁而进行转型。实物配给制度逐渐退出历史舞台，工龄折算制度也随着社保缴费模式的改革而逐步退出，只有提前退休制度仍被保留。

改革开放之初，1978 年出台了《国务院关于工人退休、退职的暂行办法》（国发〔1978〕104 号），该行政法规采取列举加概括式定义的方法划定特殊保护的范围，并将工种名录的审批权限交由劳动部门行使，初步建立起动态调整模式。除了 1951 年《劳动保险条例》规定的井下、高温、有毒有害工作以外，该办法还首次将高空作业工种划为特殊工种，岗位名录基本定型。

特殊工种的审批权限的规定经历了政策性的反复。1985 年，劳动部门出台《劳动人事部关于改由各主管部门审批提前退休工种的通知》（劳人护〔1985〕6 号），将审批权限转给国务院各主管部门，以便发挥各部门专业优势、更好地识别确认岗位的艰苦或危险性。但是实践中出现了大量违规审批、降低门槛的乱象，劳动部门出台《关于加强提前退休工种审批工作的通知》（劳部发〔1993〕120 号）重新将审批权限收归劳动部门行使。值得说明的是，劳人护〔1985〕6 号文件中为各部委圈定了审批的原则，即要求在现有水平无

---

① 参见邹丽君：《建国初期养老保险法律制度的构建及启示》，载《时代法学》，2018 年第 16 卷第 5 期。

② 参见（63）国经周字 216 号。

③ （63）国经周字 216 号："对该类群体要建立保健食品制度，供应实物。从事有毒有害作业工人每人每月不低于肉二斤、食油半斤、糖一斤。从事高温作业工人，每人每月不低于肉一斤、食油半斤、糖一斤。"

法控制其危害、劳动条件在短期内仍难以改善的情况下，方可纳入名录范围内，具有一定的先进性。该项原则符合国际通行的认定标准，本该成为动态审批调整名录的指导原则以更好适应社会变迁，然而相关工种的审批和剔除工作不久便处于停滞状态。

（三）制度困境与发展趋势

随着社会变迁，会有大量特殊工种因生产环境改善而不再高危，亦会产生无数新型的艰苦危险工作种类，特殊工种名录应当进行动态调整以适应社会变迁。然而实际上，自"1998 年以来，国家没有审批过新的提前退休特殊工种"[1]。客观上出现了"旧工种未及时清退，新特殊工种无法得到政策性承认"的情况，该情况已有多名两会代表在不同场合指出。[2] 需要说明的是，这种情况客观上会加剧社会不公平现象，引起底层劳动者的不满，值得警惕。

从宏观来看，制度变迁体现了较为明显的政策收紧趋势。这主要是基于下列原因：首先，随着技术水平进步，大量工作已不再如以往那样高危；其次，对该制度造成的养老金负担的担忧也是重要原因。

从工种审批权限看，特殊工种审批权限经历了由劳动部门分散到国务院各主管部门而后又重新归劳动部门行使的过程。且自 1998 年以来未审批通过新的工种进入名录，特殊工种审批和剔除工作均处于停滞状态，未能动态调整。可以说，特殊工种名录的审批剔除工作实际正处于搁置争议阶段。

从退休年龄优待政策上看，提前五年退休的政策自制度创始至今未变。提前退休制度的本质是养老金受领年限的提前，该设计是基于以下考量，即特殊工种由于预期寿命减损导致预期受领年限相应缩短。

从实际领取的养老待遇上看，养老金计算优待正逐步收紧甚至取消。工龄折算制度是对特殊工种在养老待遇计算上的优待，随着社保改革，工龄被社保缴纳年限替代，该优待事实上被取消，新计算公式下，职工提前退休将同样受到缴费年限过低的惩罚，面临养老金待遇缩水的局面。

四、比较法视野下的 WAHJ 改革趋势与经验借鉴

（一）宏观政策收紧趋势

根据欧盟的报告，从世界范围看，各国都在逐步收紧 WAHJ 群体的特殊

---

[1] 参见劳社厅函（2002）251 号。

[2] 参见《全国人大代表方敏：特殊工种提前退休政策需完善》，http://www.nxrd.gov.cn/rdzt/qgrdhnxdbt/ssschy/sssdblz/202005/t20200528_183655.html，访问日期：2021 年 6 月 12 日。

优待政策。① 欧洲国家也一直在收紧 WAHJ 的养老金规定，之所以收紧政策主要是基于对公共养老金计划财务可持续性的担忧以及工作条件的改善。② 以意大利为例，自 1993 年起意大利通过立法将从事艰苦或危险工作的劳动者认定为从事特别繁重体力劳动的劳动者，并于 2007 年起草了相关类别的清单。2018 年改革后收紧了认定标准，要求劳动者在职业生涯中必须有一半以上时间从事相关行业，方有资格提前退休。提前退休申请被拒比例在提高。较低退休年龄会导致较低的退休金替代率，影响退休后的经济状况。改革前退休的群体则享有较高待遇，不受影响。

在比利时，到 2030 年退休年龄将提高到 67 岁。比利时三个工会联合会 ACV/CSC、ABVV/FGTB 和 ACLVB/CGSLB 提出了一项联合提案，以促进从事艰苦工作的工人提前退休。社会合作伙伴已经在国家养老金委员会（CNP）内就辛勤工作的共同定义达成一致，涵盖有身体限制、精神或情绪压力、安全风险较高或工作组织复杂的工作。③

（二）强调企业的社会责任

俄罗斯也存在针对高危行业的优惠退休政策，该制度肇始于苏联时代的国家型社会保障体系。岗位目录较为详尽且随社会变迁逐步调整收紧。④ 据有关研究称，2012 年，在 3 300 万养恤金领取者中，有近 1 100 万人，即三分之一的劳动群体，以优惠理由退休。其中，600 万提前期退休的人员是有害和危险生产的工人。大量提前退休人员在现收现付模式下加重了养老财政的压力，提前退休养老金也是从一般社保基金池中支付的，有批评称这种现象是不公正的、不诚实的。此外，俄罗斯 WAHJ 群体在养老金金额上是根据传统社保计算方式计算的，倘若雇主没有给缴纳额外社保基金，他们的退休待遇将严重缩水，影响基本生活。再者，提前退休对企业来说反而有利于减轻其雇佣成本。这点与我国状况十分类似，当前我国也存在着大量通过不诚实手段提前退休的现象，给社保基金造成巨大负担。此外，特殊工种所面临的风险如何在企业与社会之间分配，也是我国社保体制改革所必须直面的问题。

可以说，我国特殊工种优待政策与俄罗斯政策有着相类似的制度起源，也都经历着由计划经济时代国家统筹型社会保障体系向市场经济时代社保体

---

① See Natali, D., S. Spasova and B. Vanhercke, Retirement Regimes for Workers in Arduous or Hazardous Jobs in Europe. A study of National Policies. 2016.

② See Spasova S, V. B., The "Generosity" of Pensions for Workers in Hard Jobs: in Need of a Nuanced Debate. SSRN Electronic Journal，2018.

③ 参见 https://www.etuc.org/en/unions-define-arduous-jobs，访问日期：2021 年 6 月 14 日。

④ 1992 年 1 月 1 日之前的工作期间，适用 1956 年 8 月 22 日苏联第 1173 号《国家委员会条例》批准的名单；1992 年 1 月 1 日之后的工作适用 1991 年 1 月 26 日第 10 号法令规定的清单。

系的转型。其间面临的困境有着相似性,俄罗斯联邦政府的改革措施对我国有着很强的借鉴意义。

为了解决上述问题,俄罗斯出台法案规定"自 2013 年起,拥有有害和危险工作条件的生产或工作场所的雇主必须支付附加费率的保险费"。换言之,政府强制雇主缴纳额外的社保费用以保障 WAHJ 劳动者享有较高的退休金待遇,而缴纳数额则取决于工作危害类别。该制度有两重意义:第一,通过额外费率方式,使雇主分担了部分有害工作带来的客观损害后果,在保障 WAHJ 群体退休待遇的同时减轻了养老金财政压力。第二,通过规定额外费率负担的方式,来倒逼雇主改善工作条件,提供了有效的激励机制。有学者认为,社会保险的缴费费率应当与相应的风险相对称。[1] 俄罗斯的改革措施无疑是贯彻了上述原则,既保障 WAHJ 群体的退休待遇不缩水,又缓解了养老金财政的压力,并提供了有效激励机制,鼓励企业改善劳动环境,有利于构建和维系一个公平且可持续的社会保障体系。

(三) 提前退休向正式退休的过渡期:养老金转换制度

由于诸多原因,特殊工种者劳动者提前退休所领取的待遇过低的现象客观存在。对于劳动者来说,当养老金数额不足以替代劳动收入,不足以维持其基本生活时,继续劳动便成为其近乎唯一的选择。根据我国养老金计算公式,当前特殊工种劳动者客观上会因缴费年限过低而面临养老金降低的惩罚。特殊工种提前退休群体内部的男女待遇差异更加严重。据笔者走访观察,山东某三线城市里,特殊工种提前退休后选择继续就业的人群数量庞大,女性劳动者(45 岁提前退休群体)占比大,且从事的工作多为薪酬微薄、内容繁重、年轻人不愿从事的工作。

对我国特殊工种提前退休人员来说,在当前制度下继续工作的意义仅为维持家庭生活,并不会对退休金待遇产生正面影响。而爱沙尼亚则允许劳动者提前退休后继续工作五年申请转换为标准养老金,前提是必须选择另一种能够享有养老金的职业继续工作(其间个人、雇主仍在缴纳社保,个人领取提前退休的低额退休金,正常退休年龄届满时转换成标准养老金)。这样达到正常退休年龄时进行转换,便不会受到提前退休的惩罚。原本提前退休的成本主要有早领和少缴两部分,该政策某种意义上使提前退休的群体在继续创造社会财富的同时履行缴纳社保的义务,使得社保财政压力有所减轻。该制度的意义在于在保障 WAHJ 劳动者退休后基本生活水平的基础上,并未打破"长缴多得"激励机制下的养老金计算公式,同时又对劳动者退休后继续工作

---

[1] 参见林嘉:《公平可持续的社会保险制度研究》,载《武汉大学学报(社会科学版)》,2017年第 70 卷第 4 期。

提供了激励机制，避免劳动力资源的浪费。更重要的是，这种制度切实保障了 WAHJ 劳动者选择继续工作还是彻底退休的权利，允许劳动者在受领特殊退休金的同时继续工作（继续缴费），到龄转换标准养老金。

五、特殊工种养老金优待制度改革方向的论争

关于特殊工种养老金优待制度改革方向，学界看法不一，争论主要围绕是否应当取消该制度，该制度成本由谁来负担等方面展开。

（一）直接争论：该制度是否应当继续存在？

有学者持否定态度，认为应当取消该制度。还有学者考察了制度的时代背景，认为该制度已不符合时代发展之要求，主张取消提前退休，用高额工资或者高额岗位津贴替代。[①] 该种观点存在以下问题：首先，其对制度沿革史的考据存在偏差。该制度并非诞生于 1978 年而是早在 1951 年便已确立。其次，该观点认为该制度出台的原因之一是计划经济时代的分配政策无法给该类群体高工资，并进而认为当今时代已具备可以高薪聘用等市场经济方式解决的条件。这或许有些想当然，只要实地调查一番，就会发现劳动力市场上劳动者所承担的风险与其报酬并不必然一致。笔者赞同该制度存在与当今时代不适应的情形，但并不认同其解决方案。提前退休政策仍属于社会保障体系范畴，而取消该制度后，该群体能否领到高额工资则是由市场决定的。正如前文所述，由于预期寿命缩短和劳动力衰退时间早，该群体将会面临较大经济压力，再就业亦面临歧视。加之该群体在劳动力市场的交涉力和信息搜集力均弱于资方，处于经济上的弱势地位。在这种情况下，高薪聘用只能在部分优质企业实现，而其余企业劳动者的退休后处境堪忧，全部交由市场解决只会默许企业在榨取完劳动者价值后甩掉包袱，逃避社会责任，最终受损的还是劳动者的权益。

有观点认为该制度将改革的成本强加给社会，会造成不同企业间不同工种间的不平衡，有违社会公平正义原则，故而该制度应逐步退出历史舞台。[②] 必须承认，当前审批和剔除机制的停滞一定程度上有违社会公平原则，亟待改革。但这并不足以论证该制度应当被废除。笔者认为特殊工种养老金优待制度本身是实质正义的体现。正如前文所述，社会政策的制定必须有利于增

---

① 参见刘云、刘渝峡：《特殊工种提前退休政策的时代考察》，载《中国社会科学报》，2017 年 8 月 2 日。

② 参见吴伦、左文辉：《特殊工种提前退休存在的问题及建议》，载《四川劳动保障》，2019 年第 8 期。

进社会正义,提供有利于弱者的积极差别待遇措施① 便是达成途径之一,对特殊工种的养老金优待等事后补偿是分配正义的体现。总而言之,盲目取消特殊工种所享受的养老金优待政策并不明智,一刀切式的改革不仅会引发新的社会矛盾,亦不符合该制度的设立初衷,必须兼顾公平与可持续性。

反对取消该制度的学者亦同意政策收紧是必然趋势,但指出"完全废除赋予他们的提前退休权是不可取的"②,认为应当制定系数表,区分不同工作环境进行工龄折算。这点笔者是认同的,制定系数表,根据工作环境而进行工龄折算的思路准确体现了"社会保险的缴费费率应当与相应的风险相对称"的原则。

如前文所述,优待政策收紧是改革趋势,但并不意味着对特殊工种的优待政策即将终结。切忌一刀切式的改革,损害劳动者的权益,挫伤其劳动积极性,激化新的社会矛盾。

(二)深层逻辑:成本应当如何分配?

值得肯定的是,上述两种观点皆看到了制度存在的核心问题,即提前退休"多领少缴"的成本完全由社会承担会引发一定的公平公正危机。其实,上述问题的深层逻辑还是该制度成本应当如何分配的问题,也即,特殊工种所面临的风险如何在企业与社会之间分配的问题。早在2003年,已有观点对该制度发出灵魂拷问——"谁应当为特殊工种提前退休制度'买单'?"③,提出了提前退休制度的成本应由谁负担的问题。其核心观点是特殊工种提前退休的成本不应由社会承担,而应由直接受益的企业来负担,所提出的解决方案之一是设置过渡期,逐步使提前退休期间所支取的费用由企业负担。过渡期内提前退休的职工,社会与企业在其缴纳养老保险费用之外,再各自额外缴纳一笔费用用以支付提前退休成本。笔者认为,特殊工种提前退休产生的成本不应完全由社会负担,也不能完全由企业负担,而应该在企业与社会间合理分配。国家和社会的保障义务亦不容忽视,片面强调企业的责任,将该社会成本一股脑儿推给企业,其后果只能是企业进一步转嫁成本,最终导致劳动者权益的严重受损。

(三)被忽略的问题:控制受惠规模与保障个体待遇的关系

主张取消该制度的学者主要论据就是当前受惠规模的无序违规扩张,有

---

① 参见林嘉著:《社会保障法的理念、实践与创新》,141页,北京,中国人民大学出版社,2003。

② 参见[俄]M. A. 伊万诺娃、张广翔、刘颜青:《退休金制度与劳动力积极性:以各国经验为例》,载《社会科学战线》,2020年第7期。

③ 参见仲德维:《谁应为特殊工种提前退休"买单"》,载《中国社会保障》,2003年第11期。

违公平正义原则，进而得出该制度已不符合社会发展要求的结论。笔者认为，上述论据充其量只能论证控制受惠群体规模的正当性，却无法从逻辑上得出必须要取消优待政策的结论。必须认识到，当前制度的主要矛盾在于受惠规模的无序违规扩张，而非特殊工种个体待遇过高。限制规模与保证个体待遇并不矛盾，反而是相互支撑的关系，只有将受惠规模控制在合理范围内，才能更好地保障受惠群体待遇，将政策落到实处。通过政策收紧，控制受惠群体的总体规模而非缩减个体福利，才是符合立法原意、顺应时代要求的正途。

六、特殊工种养老金优待制度的改革建议

以上分析表明，在保留该制度的基础上进行改革才是最符合现状的做法。应当认识到，当前制度的主要矛盾在于受惠规模的无序违规扩张，而非特殊工种个体待遇过高。只有将受惠规模控制在合理范围内，才能更好保障受惠群体待遇，将政策落到实处。通过政策收紧的方式控制受惠群体的总体规模而非缩减个体福利，能够更好地实现立法目的。此外，改革必须处理好特殊工种所面临的风险如何在企业与社会之间分配的问题。

基于上述原则，我们可以从控制总体受惠规模以及合理分配企业责任两方面分析，给出改革建议。

（一）提高法定退休年龄，但保留提前退休制度

随着社会变迁，我国人口预期寿命逐渐提高，人口结构也与新中国成立初期有了很大变化，退休年龄的调整只是时间问题。2013年《中共中央关于全面深化改革若干重大问题的决定》指出要研究指定渐进式延迟退休年龄政策，"十四五"规划明确"小步调整、弹性实施、分类推进、统筹兼顾"原则，可以说推行延迟退休势在必行。在这一背景下，特殊工种提前退休制度将何去何从？特殊工种的法定退休年龄也应按照上述原则随之逐步提高，以适应人口结构的变化，但笔者认为，提前五年领取退休金的权利应予以保留。换言之，特殊工种劳动者的退休年龄亦应与改革保持一致，但较普通劳动者提前五年退休的政策性优待应予保留。这样既考虑到预期寿命提高等社会现实，避免了劳动力资源浪费，减轻社保负担，又同时没有忽略特殊工种劳动者的特殊情况，坚持了普遍性与特殊性的统一。

（二）建立完善特殊工种名录动态调整机制

控制该政策的总体受惠规模已是学界共识。自1998年特殊工种审批停滞至今的二十余年内，劳动主管部门既没将新型艰苦危险工作纳入名录，部分职工合法权益难以保障，"企业间职工的切身利益不能平等维护"；也未能及

时剔除工作条件已获改善的工种，导致受惠群体不断扩张。针对上述问题群众反映不断，也引起了两会代表的关注。全国人大代表方敏就指出，特殊工种岗位名录已不适应当前经济社会发展需要，并进一步提出解决建议，即"对原先颁布的特殊工种岗位名录进行清理和调整，重新公布新的特殊工种岗位名录"。笔者认同方敏代表的看法，建立完善特殊工种名录动态调整机制是当务之急。如前文所述，当前该制度的受惠规模庞大臃肿，且无法动态调整，这在一定程度上加剧了社保基金的负担。一方面，随着工作条件的改善，一些岗位不再艰苦危险，需要及时清退；另一方面，随着社会变迁，社会上亦会出现新的一批危险工作。而动态调整机制既能够有效控制受惠群体的规模，又能确保将优惠政策精准落实到真正需要的群体。当前审批和清退工作的停滞状况亟待改变，建立动态调整机制是必要的。动态调整机制的建立，需要在人力资源和社会保障部的统一部署下，注重调查研究、尊重客观实际，在岗位审批上严格把关。原则上，只有当"生产所必需且现有技术水平难以大幅改善其工作条件的"岗位才能被纳入名录范围内，享受相关优待政策。

（三）严格规范审批职工提前退休申请

审批流程中的违规行为是受惠群体规模无序扩张的原因之一。通过规范严格执行相关政策，控制受惠群体规模，将有助于将政策真正落到实处，切实保障职工权益。当前违规办理提前退休、档案造假等乱象频发，威胁职工权益和养老金基金安全。为此，人力资源和社会保障部出台《关于进一步加强企业特殊工种提前退休管理工作的通知》（人社部发〔2018〕73号）要求地方严格执行相关政策，未经备案的参保单位特殊工种不得办理提前退休政策，并要求严格审核单位报送的申请材料和档案，打击越权违规审批特殊工种和违规办理特殊工种的行为，打击档案造假骗取社保基金的行为。这无疑是有利于整顿当前提前退休制度被滥用的乱象的。

应当清楚，当前制度的主要矛盾是标准把控不严导致的受惠规模过大，而非提前五年退休带来的养老金负担，更非提前退休制度本身不具备正当性。切不可由于有人利用该制度管理漏洞牟利、不正当地提前支取养老金，就盲目主张取消该制度。

（四）完善立法以保障劳动者在继续工作与退休之间的选择权

对于企业来讲，劳动者提前退休能降低企业社保开支等用工成本，因此效益不好的企业往往倾向于鼓励甚至变相强迫职工提前退休。但提前退休对劳动者来说，则并非全是好处。提前退休虽然可以提前受领养老金，但也意味着因缴费年限过短而导致只能领取微薄的养老金。在社会保险法相关制度激励劳动者长缴多得的同时，需要考虑特殊工种群体的特殊处境，切实保障其自主选择退休的权利。改革的另一目标是注重保障劳动者在继续工作与退休之间的选择权。实现这一目标的前提是，贯彻"退休权利说"理念，尊重保障退休的自愿，保障超龄劳动者再就业的权利，消除高龄就业歧视以及变相通过提前退休制度劝退工人的乱象。

应当形成对劳动者继续工作的激励机制。当前制度下特殊工种在达到提前退休年龄时，因为缴费年限不足，部分劳动者的养老金待遇不足以涵盖其家庭生活必要开支，选择继续工作是常见的现象，但提前退休的自由选择受到现实环境的阻碍。

（五）恢复和完善退休金计算方式的优待

从事艰苦困难工作的群体面临预期寿命降低和潜在职业病风险加剧的双重风险，劳动能力衰退后其退休生活的保障成为国家关注的问题。新中国成立之初便确立了特殊工种工龄折算制度。改革前工龄在养老金待遇计算上举足轻重，工龄折算制度系考虑特殊工种实际工作年限（工龄）较正常退休职工要少的实际情况，当劳动力衰退时为保障退休后的生活而在退休金计算上体现的优待。改革后，养老金计算方式发生变化，工龄计算已被社保缴费年限所取代，工龄折算优待亦将逐步退出。

而因缴费时间短导致的工资替代率低，是"多缴多得，长缴多得"激励机制下的结果，将导致 WAHJ 群体仅靠退休金无法维持其现有生活水平而选择继续工作、缴费。这本符合改革趋势，也即允许该群体在工作与退休之间自主选择。但现实是残酷的，在现有制度的激励下，原有雇主往往鼓励甚至变相逼迫职工选择提前退休以减少用工成本和辞退成本：对于年老体衰、不能胜任的工人，企业自然乐意甩掉所谓的"包袱"；而对于有能力胜任的工人，企业也更倾向于为其办理提前退休手续，之后再返聘。无论何种情况，企业均有效降低了其人力成本和雇主责任风险，是该制度最大的获益者。特殊工种劳动者个人看似是制度的受益者，实则仍处于弱势。实际上，在强制退休的背景下，患者自主选择提前退休的权利受到挤压。

当前制度不仅没有向雇主提供任何激励来保障劳动者继续工作的权益，恰恰相反，对雇主劝说劳动者提前退休的经济激励是客观存在的，这显然存在严重问题。笔者认为，削减特殊工种劳动者的退休待遇是与制度设立的初衷相悖的。特殊工种面临劳动能力提早衰退和预期寿命缩短的双重不利境况，笔者认为即便是改革需要收紧优待政策，也要在鼓励和保障有关的个人能够工作更长的时间同时，确保其因年老或者劳动力衰退无法继续工作时享有替代性的收入保障，以维系晚年的体面生活。

简言之，盲目削减甚至取消特殊工种退休待遇计算上的优惠，是不符合制度设立初衷的，将会导致该群体晚年贫困。

（六）政策制定应当激励改善企业劳动条件

正如前文所述，当前特殊工种提前退休所导致的"多领少缴"这一进一出的成本全由社会担负，企业并未额外负担，这也是该制度之所以为人诟病的最主要原因。可以说，当前制度并未向雇主提供任何经济激励来改善工作条件，反而客观上激励企业雇主劝说劳动者提前退休以节省人力成本，规避企业社会责任。关于这一点，俄罗斯的经验或许值得借鉴。2013 年俄罗斯相关改革使得企业需要支付 WAHJ 工种的额外社保费率，而这一费率直接与工作环境和劳动条件挂钩，企业改善工作条件的举措能够切实减轻成本。这样便形成了有效的激励机制，激励企业努力改善劳动条件以换取相关社保费用的减免。此外，通过立法规制致力于改善工作环境的做法亦值得我国借鉴。例如，ETUC 旨在促进 REACH（欧盟有关化学品贸易新法）实际实施的做法值得我们借鉴。REACH 授权的想法是识别目前欧洲市场上最危险的化学品，控制其使用产生的风险，并用更安全的替代品取而代之。[①] 这实际上是一种动态的识别机制，有助于及时更新公示危险行业信息以及替代性方式。我国《职业病防治法》第 5 条规定"用人单位应当建立、健全职业病防治责任制"，加强了其管理责任，并明确企业应对"对本单位产生的职业病危害承担责任"。在新旧动能转换的过程中，环保工作的开展与特殊工种劳动者权益保障是一体两面的，应当统筹兼顾。

---

① 参见 https://www.etuc.org/en/pressrelease/etuc-earmarks-priority-chemicals-reach-authorisation，访问日期：2021 年 6 月 6 日。

图书在版编目（CIP）数据

社会法评论. 第八卷 / 林嘉主编. --北京：中国
人民大学出版社，2023.10
　　ISBN 978-7-300-32015-1

　　Ⅰ.①社… Ⅱ.①林… Ⅲ.①社会法学-文集 Ⅳ.
①D90-052

中国国家版本馆 CIP 数据核字（2023）第 149028 号

中国人民大学劳动法和社会保障法研究所主办
顾问　曾宪义　关　怀　贾俊玲

社会法评论（第八卷）
主　编　林　嘉
Shehuifa Pinglun

出版发行	中国人民大学出版社				
社　　址	北京中关村大街 31 号		**邮政编码**	100080	
电　　话	010—62511242（总编室）		010—62511770（质管部）		
	010—82501766（邮购部）		010—62514148（门市部）		
	010—62515195（发行公司）		010—62515275（盗版举报）		
网　　址	http://www.crup.com.cn				
经　　销	新华书店				
印　　刷	固安县铭成印刷有限公司				
开　　本	720 mm×1000 mm　1/16		**版　　次**	2023 年 10 月第 1 版	
印　　张	16		**印　　次**	2023 年 10 月第 1 次印刷	
字　　数	292 000		**定　　价**	69.00 元	